アイヌ わが人生

JN147927

アイヌ　わが人生

貝澤　正

岩波書店

編集委員

萱野　茂
姫田忠義
米田秀喜
小川正人
北川　大
新井幹子
貝澤耕一
鵜沢道子
新井かおり

凡例

一、本書は、貝澤正氏の厖大な遺稿を、貝澤氏遺族を含む編集委員（別記）と岩波書店との協議によって選択し、テーマ別に構成したものである。各章は、発表された、あるいは執筆された時期の順序でならべた。

一、底本は初出に従ったが、未発表のものは遺稿を用いた。

一、本書への収録にさいして、明らかな誤記・誤植を改め、表現や句読点の位置など、原文の調子を損なわない程度で改めた。また具体的な年代や数量、記載されている事実関係なども可能な範囲で確認し、明らかな誤りは改めた。さらに、分かりにくいと思われる語句の解説・注釈を（　）に入れて加えたところもある。しかし、本書の歴史資料としての意義に鑑み、基本的には底本の記述を尊重している。

一、紙幅の都合で、同趣旨の記述が幾つかの篇で重複する場合、より詳細な記述を残して他方は削除した。その旨は各篇の末尾に注記してある。

目次

一——わが人生

（上） 1910 年頃．前列右より祖父・ウエサナシ，叔父・貝澤松雄，祖母・モヌンパノ，後列右より叔母・二谷はな，父・与次郎，叔父・貝澤正雄
（下） 1941 年．正氏が満州に渡る前．右より正，次女・妙子，母・ヘカスヌ，父・与次郎，六男・昭七（ブラジル在住），七男・謙三，次男・芳夫，長女・とき（抱いているのはときの長女・きみ江）

夕暮

うらゝかな春の日も暮れ夕陽が真赤に燃えた、烏が二三羽夕焼雲を浴び乍ら飛んで行く、赤い雲が空いつぱいに散らばつてゐる。
何処からともなく流れ来る音律、メノコ共がコタンの唄をうたつてゐます。
ヤイシャマネナー、ホウレンナ、ホウレー
余韻は微に始めは高く、終りは低く、赤い夕陽と共に消えて行く。
　如何に美しく輝けばとて
　遂には沈むべき陽ぞ
　青春人にして幾何ぞ
　思へば惜しき過去なりき
有名な高山樗牛氏の作だ、沈み行く夕陽を観て世を厭ふ人もあるが又米人ホーソン氏は
　あゝ夕陽は沈みぬ
　されど星東に輝きそめき

と詠んだ。

そうだ。よしや陽は西に沈んだとても星も出よう月も照ろうのみならず夜のとばりは明日の序幕ではないか。

保護民亡び行く民族と俺達アイヌは呼ばれつゝあるが果して亡びつゝあるや、否、之は沈む夕陽のみを観て歎ずる語だ。今や我等同族は一歩一歩堅実なる道程へと歩み始めた。

近時保護法の改廃、社会の改善など叫ばれて居るのは誠に慶賀すべきことだ。此の叫びはアイヌ民族が、更生への第一歩を踏出した旗幟ではないか、夕陽は西に沈みぬ、然れ共星東に輝き初めたり。起てよ同族新興の意気を持て、社会の改善に同族の生活向上に努力しようではないか。

窓にもたれてじつと斯んなことを考へ乍ら夕陽の沈む遠い地平線の彼方を見つめた。

何時の間にか夕靄が濃くなつて、附近一帯暗くなつた山麓に取残された雪が幽霊の様だ。星が輝いてる。何事をか語るが如く。


一九三一年八月、北海道アイヌ協会発行『蝦夷の光』三号、所収

老アイヌの歩んだ小道

アイヌ――生まれたその時から背負わされた宿命。小学校に入学した時から差別は始まった。文字を知らないために文字を知っているシサム（和人）から差別される。文字を知ることがシサムと対等の立場になれるのだと甘い期待を持った。エカシ（老翁）の先覚者が草葺きの校舎を建て、シサムの先生を呼び、子弟の教育を始めたのが明治二五年と聞いている。明治三二年、「旧土人保護法」が制定され、旧土人学校となり、「旧土人児童教育規定」によって教育されたのが私達だった。六〇人余の学童に老先生が一人。六学年の複式で大半は自習、始業も終業も先生の都合だけで一定の時間はない。天皇の写真に最敬礼することや教育勅語を中心とし、日本人がいかに優れた民族であるかをシサムの先生によってくり返しくり返し、たたき込まれた。

シサムは白い米を常食とし柾屋《まさや》の住宅に住み身なりもキレイだ。アイヌはヒエ・アワの常食、萱葺きの小さな小屋、焚火で煤《すす》くさいきたないなりだった。祖父は長い鬚《ひげ》を生やし祖母は口のまわりに入れ墨をして、父はいつも酒を飲んでは母と口論をし、家庭内は常にゴタゴタがたえない。こんななかでの生活は、私に〝シサムは良いものだ〟と思わせ、私は〝シサムになりたい〟、そのことだけを思い続けて成長し大人になった。

働く事だけが人生と思い込み、青春も恋も知らない。恋を語る現実もない。「農は国の本なり」を基本とした教育で五反百姓をしながら青年時代を過ごした。大陸への侵略が始まり軍事訓練を強いられ、アイヌもシサムもない日本国民として米英撃滅に火の玉となった。波に乗って大陸へ渡った。日本軍人や開拓農民が、中国人や朝鮮人を差別していることに対しても、「俺は日本人だ」という優越感を持たなければならなかった。

生まれた故郷の地に戻って敗戦を迎えた。他国で他人種のなかでの生活で知ったことは、前半生で受けた教育に対する疑問だった。炭焼きを始めた。食うことだけで精一杯といった当時のことだ。気がついたら私も老齢に達していた。多くの年寄りは死にたえていた。あれほどまでに嫌悪していた鬚の老翁も入れ墨の老婆もいなくなっていた。酒に飲まれて駄々をこねていた父も死んでしまった。アイヌがいない。残っているのは、脱アイヌだけだ。これで良いのか！　ひとつの文化を持った民族がその文化とともにこの地球上から消えてなくなってしまう。

北海道の長い歴史のなかで、大自然との闘いを闘い抜いて生き続けてきたアイヌ。北海道の大地を守り続けてきたのはアイヌだった。もっとも無知蒙昧で非文明的な民族に支配されて三〇〇年。アイヌの悲劇はこのことによって起こされた。アイヌの持っていたすべてのものは収奪され、アイヌは抹殺されてしまった。エカシ達が文字を知り、文明に近づこうとして学校を作ったが、この学校の教育はアイヌに卑屈感を植えつけ、日本人化を押しつけ、無知と貧困の烙印を押し、最底辺に追い込んでしまった。

世界の植民地支配の歴史をあまり知らないが、原住民族に対して日本の支配者のとった支配はおそらく世界植民史上類例のない悪虐非道ではなかったかと思う。アイヌは「旧土人保護法」という悪法の陰にかくされて、すべてのものを収奪されてしまったのだ。日本史も北海道史も支配者の都合によって作られた歴史だ。

アイヌの内面から見た正しい歴史の探究こそ望ましい。敗戦後の教育を受けた若い人々の声が出てきた。〝正しいアイヌの歴史を〟と。またこのこととあい呼応して、アイヌ民族の生活文化を保護・保存するための資料館を建てたいと。この声が大きくなり、昨年日高平取《びらとり》町二風谷《にぶたに》に建坪五〇坪、平屋鉄筋コンクリートの資料館ができた。内部の資料展示の作業も進められている。開館も間近い。アイヌの血がアイヌを呼び起こしたのだ。アイヌの歴史を書き改める基盤ができた。資料館を足場として、若いアイヌが闘いの方向を見極め、これからの正しい生きかたの指標としていくことを期待したい。


一九七二年五月、『近代民衆の記録　5　アイヌ』月報、新人物往来社、所収

我が家の歴史

私の生まれたところ

私がいま住んでいるところは、私の生まれた村でもある。札幌始発の急行様似《さまに》行きで二時間、富川駅で下車、バスに乗り沙流《さる》川に沿って上流に三〇分、山間の段丘に小市街をなしているのが、二《に》風谷《ぶたに》。戸数一六七戸、人口五三五人、七割余はアイヌで道内一のアイヌの集落地である。

日勝道路の開通で、国道二三七号線は道南と道東を結ぶ主要幹線となり交通量も多い。国道沿いには、土産品店やドライブインが並び観光地化もしている。平取《びらとり》温泉、老人福祉センターもあり、保養地と行楽地も兼ねている。

平取町は人口八五〇〇人、農業を主産業とし、沙流川に沿った僅かの平地が農地、周りの山林は国有林と社有林で占められている。

清流、沙流川と背後の山林は、狩猟民族のアイヌには絶好の猟場ともなっていた。その上、雪が少なく、冬は雪をさけて鹿の群れが日高山脈を越えて移動して来る。いまでも平取町人口の二割をアイヌで占めている。

大昔は、本州との接触が早く、アイヌ文化の基礎をつくったが、明治以降の文化からは取り残された。近年までアイヌの伝統文化が残り、アイヌ芸能や彫刻なども素朴な形で伝承されている。二風谷には、アイヌが中心となって造ったアイヌ文化資料館がある。

私は大正元年父与治郎《よじろう》、母ヘカスヌの間に生まれた。父は長男、母も長女で初孫の私はどちらの祖父母からも溺愛された。娘時代の父の妹などは「目に入れても痛くない」ほどの溺愛だったのだろう。「正《ただし》、カッチンカッチンどれ」で時計の方を向いたと大騒ぎ、少し大きくなると「正、タプカラ（踏舞）しれ」といわれると、両手を前に広げ足に力を入れて一歩一歩と踏み出すときの可愛かったこと、と叔母は思い出しては笑い転げた。

母の両親は四キロ離れた平取に住んでいた。祖父母は日本語で日本の御伽噺《おとぎばなし》を聞かせてくれる。それを家に帰って話す。祖父母や叔父叔母は、それを聞いて大喜び、一晩に同じ御伽噺を何回も言わされては鼻高々としていた。

私の幼児期は、よくしゃべり、可愛い児であったのが、成人するにつれて性格も顔も一変した。

小学校へ

八歳となり父につれられて学校へ。その時私の家はコタンから遠く離れた一軒家だった。離れてシャモの農家が点在していた。同級生もおりいっしょに通学した。

学校は道路から離れ、道の両側は桜並木で、通称一町（六〇間）といわれた奥にあり、一教室と屋内運動場があった。道の中間、両側には天皇、皇后両陛下のご真影のある奉置所があり、登下校の際には必ず最敬礼をさせられた。五〇人の児童で先生は一人、自習の時間が多かった。

学校は明治二五年、八坪の教室を建ててシャモ（シサム〔本当の隣人〕がなまってシャモ）の先生を呼んだ。二風谷にシャモが定住した最初の人で、阿部喜代治《あべきよじ》先生である。

草葺の校舎を木造柾葺に改築したのは明治三二年、次いで四四年、僅かの村費と有志の篤志寄付で建築したのが私達の学校で、床は高く、壁は外側内側ともに板一枚、天井も板、南国風の学校で冬は寒さにふるえながら学んだ。

修業年限は当初三年、四年となり六年となったが、一人の老先生は変わらなかった。読み、書き、ソロバンから算術、地理、歴史と教科はふえたが、教科書だけで学習はしていない。後で一番困ったのは算数で、三学年の教科書の半分だけを終えて卒業、基礎ができていないために苦労した。

大正一四年、平取校に三人の同級生と共に入学、アイヌは私一人、大きな学校だと思った。高等科併置の四学級で、奥地の者は下宿、隣村の鵡川《むかわ》、門別《もんべつ》からも同級生はきていた。

大正天皇のご病気で、全校生は義経神社で平癒祈願を行い、薨去《こうきょ》されると御大葬の歌を練習した。大正が昭和と変わりその春には学校を卒業した。

私達は四キロの道を歩いた。着物に下駄ばき、道路は雑草が繁り朝露にぬれた。沙流川の増水で川止めになると学校を休む。昭和一五年春、沙流川に吊り橋が架かる。忘れもしない三月二五日、全校生徒は祝賀の歌と旗行列で橋を渡り、餅もまかれ村を挙げて祝賀行事が行われた。その夜大雪が降り通行できなかった。

青春の頃

父は長男であったが家を出たので耕作する土地もなく僅かな借地を耕作していた。近所の移住農家が水田耕作をしているのに刺激され、湿地帯を借りて造田したが熟田にしては取り上げられる。次は小沢の周辺で水田を造った。大正一一年の大水害は一夜にして父の汗の結晶を砂礫に変えてしまった。

百姓になりたいとの夢が破れた父は出稼ぎに出た。春から秋まで、遠くは北樺太《からふと》まで、冬は造材山を渡り歩き、私達兄弟は長い間父のいない生活を続けた。村の周りは三井山林と国有林が多く原始林のまま残っていた。三井山林に木材業者が入り、その他の山林にも製炭業者が入った。家にいて働ける場所ができ、父は私を連れて山の道路つけ、雪が降るとともに角材の運搬、春からは僅かの土地の耕作、と次から次と生まれる子供を育てるのに必死に働いた。

この地帯は広葉樹の楢《ナラ》・桂《カツラ》が多く品質がよく、ヨーロッパに輸出され楽器・家具に加工され重宝されていると聞いた。太い木を四角に削り角材とし、玉という簡単なそりのような道具に乗せ二連も三連もつらねて駅土場まで運ぶ。自動車も通らない道路は私達の天国だった。

春先から夏にかけては沙流川いっぱいに松丸太が流送される。苫小牧の王子製紙工場の原料丸太で、平取に集められ、平取の市街は木材景気に沸き、酒場や料理店が軒を並べていた。

仕事を終え、夕食もそこそこにして青年夜学へ。先生は校長と中学を出て間もない若い先生で、その先生は長髪を後ろに垂らし、眼鏡をかけていた。私達は異様な先生の風体に驚いた。しかし先生の教え方は熱が入っていた。

大学志望の先生は学費を稼ぐために造材飯場で働いていたのを、請われて代用教員で勤務することになったと聞かされた。腰かけのつもりで来た穂坂《ほさか》徹先生が私達と長い間のつながりを持つとは、誰も想像していなかった。

先生が若いだけに子弟の関係は急速に親密になるとともに長い間私達の頭にこびりついていた「先生とは我々と違った偉い人」という観念がなくなった。先生の部屋は若者のたまり場になり、先生の月給二五円の半分以上は真向かいの雑貨店に支払われた。甘味に飢えた私達は先生のところで満たされた。

昭和三年校長先生の勧めで、二人の青年が海軍を志願したが、その内の一人が私で、兵隊好きの父は喜んだ。父は明治二六年の生まれで、日露戦争の頃は学齢期で戦争の影響を強く受けていた。学校の壁には勲章を胸一杯につけた人の写真が飾られ、戦利品も展示されていた。校庭に築山が二つあり、遊びは兵隊ごっこ、二〇三高地の占領などと騒いだ。

父は何も知らない私を連れて軍事講演によく行った。その私が軍人になることを父も望み、私も軍人になる夢を持っていた。

兵事係りに連れられ静内の検査場で受験、学科は合格したが、身体検査で不合格。原因は人さし指のつけ根の傷で、握力を失っていた。けんけんで行き片手でロープにぶら下がる。「こらっ、離したら海に落ちるぞ」とどなられたが駄目で父はがっかりした。そのことを報告した私に「よかったなあ正さん、軍人になれなくて」と穂坂先生は言った。私は先生の言葉を意外に思い、先生の真意は理解できなかった。

私と同じくもう一人の青年も不合格、その後その弟は海軍軍人となり戦死した。

一七年後の昭和二〇年、召集され横須賀の海兵団に入団し、桜の下で裸になって身体検査を受けたり、緬羊の薬浴のようにタオルと石鹸を頭に乗せ腰をかがめて浴場の中を歩いた。両側にムチを持った兵隊が見張っていた。精神バットでしりをたたかれ、「米本土爆撃」をやらされるなどの苦難は一週間で終わった。胸に病巣があり使いものにならないからと帰郷を許された。若かりし頃志願した場所でもあり因縁があると思った。

平取小学校で青年訓練所が開所され入所した。初めは鳥打帽であったが、制服制帽ができ得意になって身に着けた。青年訓練所や夜学に行ける者は良い方で、大半の青年は卒業とともに国有林の造材飯場で働き、女子は農家の子守り奉公や年雇いに出て、村に若者の姿はあまり見あたらない。

その後各小学校に青年訓練所が併置されるとともに、入所を強制された。

不景気と死亡者

不況に加えて冷水害が続き栄養不良による結核患者が続出した。英国人、ニール・ゴールドン・マンロー博士が二風谷に永住することになったのは昭和六年で、博士は考古学者で医学博士でもあった。

博士は明治三八年日本に帰化、『先史時代の日本』の著者で日本考古学の先駆をなした人である。博士は横浜、軽井沢の病院長を務めながら度々北海道を訪れ、生涯をアイヌ研究にかけるために病院長をやめ、二風谷に永住、研究に専念した。

アイヌの老人を集めては聞き取りや実演をさせたが、周りに余りにも病人が多いので診療にも応じた。結核患者にはミルクを与えたり絶対安静をすすめたが、熱が下がると働く、働くと悪くなる、その繰り返しで死期を早める。

最近私は祖父の近くに住んでいた貝澤金次郎が記録した雑記帳を見せられた。真っ黒くすすけてはいたが鉛筆の跡は読みとれる。金次郎の娘佐藤定子が持っていた。定子は金次郎家でただ一人の生き残りだ。

記録は昭和四年から一八年まで二風谷の死人を列記、金次郎家のものでは、昭和六年金太郎死亡(大正二年生まれで二〇歳)、昭和一一年孫義秋死亡、昭和一六年嫁節子死亡、昭和一八年次女ふじみ死亡と書いてある。金次郎は明治二二年生まれ、明治三六年二風谷小学校第五回卒業である。

昭和五年の二風谷は六〇戸、三八七人で、この記録では幼児を含めて死亡二〇人。昭和六年一七人となっているが記入漏れもあると思う。

記録例の一部

昭和七年二月一四日午後ニ死亡。一五日札幌ヨリ自動車ニテカリクル(帰りくる)、自動車タイ(代)五五円タソウテス、四二歳、貝澤元吉

昭和七年八月、函館ニムカイニ行、貝澤与次郎和西(輪西)ヨリ、タイ車カイキリニテサルフト(佐瑠太、今富川)マテカイリキタル、貝澤サラバクテ(チヤラパクテ) (原文のまま、( )内は筆者)

記録が止まった昭和一八年頃は、次男正義は応召、華中戦線にいた。次男の帰郷にも会えず金次郎は昭和二〇年四月死去、後を追うように妻のゆきも六月死亡した。終戦後帰ってきた正義も二二年結核で死亡した。

このノートに覚え書き風に書かれた中から、同化教育がアイヌに及ぼした影響を知る材料を転記する。金次郎はアイヌプリ(アイヌの風習)を絶対に守り、アイヌのカムイノミ(神祈)には司祭をつとめた人でもある。

明治三一年九月二一日ノスケ(しけ)ニ、大水害ニアッテ村内一同カヨウナ(このような)ナンギヲシマシタ、此年ワ御上与リ金子借受、三二年度ニタスケラレマシタ。

水ガイノトス(年)ニワス(私)ワ一一歳テシタ。

大正二年ハ大不作。

大正七・八年ワアクセカンホ（悪性感冒）。

大正一一年八月二四日大水ガイ。

大正一二年東京大地スン（震）。

大正一五年一二月二五日今上天皇午前一時二〇分ニオカクレアソバサレマシタ。

大正一五年一二月二六日ヨリ、午前一時二八分ニ天皇オカクレ、昭和元年ト定メラレタリ。


（原文のまま、（　）内は筆者）


テレビもない時代に、天皇の死が庶民にこんなに大きな影響を与えたことに驚きを感じる。

昭和六年満州事変が起こり不況は益々深刻になる。造材山の仕事もなくなり救済工事に出て川砂利を背負う。頼んでやっと造材山に入っても、日当は一日八〇銭、飯場料は五〇銭、仕事を休む日が多いとさがり（赤字）になる。仕事にありつけた者は良い方で、仕事のない者が沢山いた。

満州開拓

昭和二年日本軍の山東出兵、六年の満州事変、一二年の日華事変と大陸の戦争は拡大して行った。国内では三・一五、二・二六事件と、言論と思想の弾圧が強行された。昭和四年、治安維持法改正案が可決、一人反対した山本宣治代議士がテロリストの手で刺殺された。私はこのことで強い衝撃を受けた。

穂坂先生がかねて話したことが事実となったことでもあり、国家社会のしくみに疑いを持った。満州事変に次いで満州国が建国、移民計画がたてられ第一次武装移民が北満に渡ったのは昭和七年、次いで第二次、第三次と渡満した。この人々は開拓の先駆者と讃えられ、大陸に夢を持つ私達の心をかきたてた。

狭い日本に住みあきた。

シナには四億の民が待つ。

土地のない農民が汗して働ける大地が私達に双手を挙げて待っている。

昭和一一年二・二六事件、一二年の日華事変が起こり、出征した村の若者も戦死、白木の箱で帰ってくる。盛大に村葬が行われ葬式の形も変わってきた。神式又は仏式で、伝統を重んずる老人も黙してしまった。

昭和一二年、満蒙開拓青少年義勇軍として、一六歳から一九歳までの青少年が茨城県内原で訓練を受け渡満して行った。

青年の集まりでは村の将来を語り合った。戦争の話、満州の話など。

「不況と冷水害が続く、狭い耕地でひしめきあっても、貧乏から抜け出せない。貧乏だから仲間は結核で死んで行く、元気な者は戦死して行く、名誉ではあるが村に残った老人や子供はどうなる。」

「私達いま残ったものは新しい道を切り開くしかない。満蒙では健全な農民を必要としている。遠くてしかも寒い所だそうだが、我々は寒さには馴れている。」

「行かないか、満州へ。」

「そうしよう、賛成だ、賛成だ。」

若者の意見は一致した。

昭和一二年、私の弟二人、三男と四男を先遣として義勇軍を志願渡満させた。私は七男二女、九人兄弟の長男で父の片腕でもあり父は反対はしなかったが、さすがに母は淋しそうであった。

満州開拓に北海道農法が取り上げられ、指導農家の募集が始まり、私は応募したが採用にならない。アイヌだからだけではない、妻もない上に五反百姓だから駄目だったのだと悟ってあきらめた。

常に私達の中心となっていた穂坂先生も、村での農業をやめ青少年義勇軍の幹部となって渡満したのは昭和一五年(先生は前年他校への転勤命令を機に退職、農業に転じた)。

弟の一人が中学を卒業、室蘭で会社勤めをしていた。素行が悪いので、たたき直そうと二人連れだって内原(茨城県)の幹部訓練所に希望入所した。

昭和一五年九月からの三カ月間は、私の生涯の中でも一番充実した日々であった。所長の加藤完治先生と並んで鍬をふりあげ天地返しの指導を受け、日本農民の根本精神に触れる思いがした。

農作業の辛さはなく、ただ衛兵に立って電話を受けると、電話で話した経験がないので声が大きいと叱られた思い出。当番になって早朝便所を汲み取り、天秤でかついで肥溜まで運ぶ作業。入浴には入口で大声で「風呂を頂きに参りました」、大根の害虫を一匹一匹手で捕殺、こんな馬鹿らしいことを無心でできる世界が楽しかった。

頭のはげた人、若い人、お互いに前歴を問わず先生、先生と呼びあい、おやつのイモを食ってお互いに平気でポンポンと出す。

最後の視察旅行も楽しかった。福島、山形、宮城と農家に分宿し、援農もした。接待でごちそうを食べすぎて途中下痢で苦しんだことなど、今思い出しても赤面する。

私は拓務省にある満州移住協会を訪れ、現在アイヌのおかれている立場を話し、渡満のお世話をお願いした。私の話を聞いた本間という係官は「白系露人が自由移民として成功している例がある。畜産を主体とした開拓団があればお世話しよう」と約束してくれた。

翌一六年三月「苫小牧冨士屋旅館にて会いたし」の電報を受け、苫小牧で竹崎団長に会う。一夜枕を並べて語りあった。団長は熊本県庁から開拓総局に入り、退職して開拓団を編成して、満州の佳木斯《ジアムス》郊外四〇キロの東で畜産を主体とし都市に肉と牛乳を供給する構想で発足し、主力団員、農耕馬、乳牛を北海道から導入する目的で来道した。一夜の話し合いで私は入団を約束して別れた。

準備を整え、六月新潟港を出航、朝鮮の羅津《らしん》に上陸、佳木斯に着いた。団長は私に先進移民団の視察や、義勇軍の弟への面会などを許してくれ、私は旅に出た。次いで北海道から来る馬の貨車輸送を命ぜられ、朝鮮の清津《せいしん》で一週間の船待ちなどをして、団に落ち着いた時は初秋の風が吹いていた。

団本部や団員住宅の建設は遅れている。雨は降り続く。団員間のいらいらした空気に私は気づいた。

開拓団の入植地は、満拓公社が満州農民の土地を買収、満州農民を一定の土地に集合させた跡地で、雑草が生い繁っている。治安維持のために取った方法だ。

集団をなした満州農民は開拓団の雇用者となる。農耕も建設も満州農民に依存する。団長が資金繰りに奔走、資金が止まると建設も止まる。

団員は監督だけで働かない、毎日ゴロゴロとして白酒《パイチウ》を飲み音をあげるだけ、満州国のことを本で読んでいただけに、私は我慢ならなかった。五族協和の建国精神はどうしたのか、開拓とは人跡未踏の地を開墾するのではなかったのか。

私はだんだん分かってきた。北海道出身というだけで入団させた者の中には満州でひと儲けをしようと流れ歩いた者、義勇軍の脱落者など出身地もまちまちである。

団員の一人で、義勇軍在隊中、朝鮮人の娘と愛し合ったが義勇軍では結婚できないので入団した一組の若夫婦がいた。その若妻が早産児を生んだ。遺体を団の墓地予定地に埋葬したのが悪いと「朝鮮人の子供を我々が眠るべきところに」と言った者がいた。この一言が私の胸につきささった。後から入った我が立場も忘れて、

「満州に来て建国の精神も忘れて、民族を差別するとは何事だ。」

「何を生意気なこのアイヌ、ぶっ殺してやる。」

彼は枕もとの歩兵銃を取りあげ私をねらった（警備のため全団員は銃を持っていた）。周りにいた者は

総立ちになって取り押さえたが、私の気持ちは収まらない。団を出る決意をかためた。

満拓公社から巡回指導に来た人に理由を話して身の振り方を頼んだ。私の得た仕事は、満拓公社・長発屯《チアンファトウン》弁事処の雑役夫であった。満系職員について小作料の取り立てをする。物納された大豆の計量、野積をする。大豆を入れる麻袋の貸与などであった。

満拓は開拓団入植予定地を買収、開拓団の入るまで満州農民に小作させていた、弁事処は小作地の貸付と小作料の取り立て、開拓団の指導をする出先機関でもあった。

小作料の収納が終わってからは、水汲み、風呂とペチカの焚きつけ、戸じまりが仕事で、こうして渡満最初の冬を過ごした。

春三月年度末で、長発屯弁事処が閉鎖されることになり私も職を失った。

山崎所長は、旭川出身で空知《そらち》農学校を卒業、農会の技術員の経歴を持っていた。大陸での農業を夢見ていたので、弁事処の閉鎖を機に転身を決意、退職した。

ハルビンの中国系資本家と手を結び大農場の経営に踏み切った。私に手伝ってくれと言う。断ることもなく承知し協力することにする。

満拓弁事処を購入、根拠地とし農地の購入その他の準備で忙しさに追われた。

佳木斯には関東軍の大部隊が駐屯していて演習の度に農地が荒らされ、農民は泣き寝入りをしていた。土地を買うというと農民は喜んで売ってくれた。面積は判然としないが五〇町歩はあったように思う。

初年度は馬鈴薯を作付け、澱粉に加工する計画で、蒔き付けが終わると澱粉工場の建設に取りかかった。気温が急上昇するので馬鈴薯の成育はすばらしい。工場建設が遅れ、水が冷たくなり、期待した成果は挙がらなかった。

職場も決まり、生活の方途に目処がついたので、両親を安心させるべく帰国したのが昭和一八年一月末、故郷は暖かく迎えてくれ、毎晩のように飲み歩いた。

母の強い勧めで、母の意中の娘と結婚し任地に帰ったが春近くになり微熱が続く。通院、入院を繰り返したがなおらない。肺結核と診断され、満州を去ることにした。七月の暑い日が毎日続いていた中で秋まで苫小牧で入院。退院したあとも五年間療養に専念した。

病気との闘い

肺結核のため満州を引き揚げ、療養生活を続けてやっと快方に向かった頃、妻が肋骨カリエスとなり、手術を再三繰り返した。体質が両親からの遺伝なのか、長女は皮膚結核、長男、次男は小児結核と、結核一家であった。

我が家では、乳牛を飼い牛乳を大鍋で沸かし、食事後お茶代わりとしてたっぷり飲んだ。また休息を充分に取るため、どんなに忙しくても午睡をとった。来客に備えて入り口には「急用以外の方は一二時から一四時までの御訪問をお断りします」の札を下げておいた。

昭和二一年赤痢の大流行で、我が家では、三歳の長女に父と弟の三人が同時に感染、仮の病室で枕を並べて苦しんだ。食塩注射を受けて泣きわめく娘には夫婦で共に泣いたものだ。この年平取での患者百人余り、死亡一二人と記録されているが、我が家では幸いにもこの一二人の中に入らないですんだ。

町政へ参画

新憲法のもとに、地方自治法が制定され、公選による村議会の選挙は、昭和二二年に行われ、私達の部落からは、貝澤善助を立候補させた。

私は選挙責任者となり、陣頭指揮に当たり見事当選させた。この地区からアイヌの議員として初の快挙であった。

次いで昭和二六年、三〇年と三期続いた。善助は、「後進に……」と引退、私に白羽の矢が立ったが私は辞退した。

次に選ばれたのは、私の後輩で友人でもある貝澤松太郎で、私はまたも責任者となった。この頃の選挙は各部落の代表を出すという傾向が強く、票数のある部落は脱落者が出ないように守ればよかった。投票日が近づくと他からの侵入を防ぐため見張りをたてた。

貝澤松太郎も、昭和三四年、三八年と当選した。

昭和三九年任期満了による町長の選挙が行われた。二風谷小学校の校長で私達が信頼できる人を町長にと、労働組合も全面的に支援してくれたので、辞退する先生を説得し、先生は退職して選挙に臨んだ。

勝算充分ありと読んでいたが、最後の巻返しで逆転した。「アイヌの町長を出したら」と。穂坂徹先生はアイヌではないが、アイヌの学校の校長でアイヌの信頼も厚かった。保守色の濃い町であるとともに初期入植の農家が多く、差別意識の最も強い所だけに、「アイヌ」の一言で戦に敗れ、先生は町を去った。

私は選挙にこりて再び選挙だけはすまいと決意していた。ところが昭和四二年の町議選に、若い層の不満が出た、「部落の平和のためにと、投票を強制する」「我々は自らの意志で行動する」と。昭和二二年以来、二〇年間続いた部落の平和が乱れると私は苦慮した。

説得も功を奏せず日を重ねて行く、そのうち不満分子は私に立候補せよと、毎晩のように波状攻撃をかけてきた。私は事態を収拾するため受けようと判断した、「私が出れば遠慮するだろう」と。ところが読みは甘かった。信じた者に裏切られた怒りは大きい。骨肉の争いとなったが、幸いに二人とも当選できた。

町民はこの予想外の結果を見て改めて二風谷を見直した。生活保護家庭が一番多く担税力は一番少ない部落から町議が二人出た。

昭和四六年の選挙にも私は立候補した。対立候補は同じ部落内ではあるがシャモを後任に推し、二五年間守ってきたアイヌの代表はこうして崩れた。

昭和五〇年の選挙には後進を立て責任者となった。五四年も前回同様に部落から二人、「部落の平和」は崩れて、アイヌとシャモの対決という形になり、「まあまあ」から「負けるものか」の意識へと高まった。

「選挙民がこんなに大切にされ、一人一人の声が町政に反映されるので大変よかった」という声がある反面、「議員は名誉職ではない。年間二〇〇万円も歳費が入る。選挙に金を使うのは当然」と、たかりの様相も出てきた。

明治二五年学校ができて以来八〇年、シャモを中心に動いて来たアイヌ部落も、アイヌが自ら声を出し自ら行動する、その芽生えが見えて来た。

農業から商工業へ

二風谷は沙流川流域の平地が農地、周辺が山林で、その割合に人間は多い。山を利用して収益を上げようと、椎茸生産組合を組織、三井山林の星技師の指導を受けたのが昭和二二年。二〇万本も植えたが、春の雨量が少なく天然栽培は失敗に終った。

支庁林務課の勧めでコウゾを植え、これも失敗。狭い耕地で多収をあげるものはと葉たばこ、ミブヨモギ、種子馬鈴薯、デントコーンの採取、甜菜、採種大豆など百姓の作るものはほとんど手をつけたが皆失敗であった。

昭和三六年、小家畜の奨励にと、種豚生産組合を作り組合長となる。一五戸連帯で世帯更正資金三〇〇万円を借りて土地購入、豚舎を建設、種豚の購入をして共同経営を始めた。豚肉の下落と管理不充分で三年で倒産、負債だけが残った。

この年、不良環境地区改善事業で生活館を建設、旭川から講師を招き木彫をはじめた。この木彫制作が定着するのには一〇年もかかったが、専業とする者が出てきた。

昭和三八年、沙流川流域や奥地の庭石や観賞石が人気を呼び、これの採掘販売を業とする者が出てきた。関係官庁への交渉や、技術の向上のため組織を作ろうとの声が出て、日高銘石保存会が出来て会長となる。

銘石保存会の心のよりどころを作ろうとの話が出、協議の結果、金田一京助《きんだいちきょうすけ》氏の石を讃えた歌の歌碑を作ることとなり、昭和四三年、萱野茂《かやのしげる》と二人で東京へ飛んだ。金田一京助氏の許しを得た。博士は筆をとって、

物も言はず声も出さず
　石はただ全身をもっておのれを語る

と書いてくれた。九月に完成。博士をお招きして除幕式を行った。

昭和四六年、二風谷アイヌ文化資料館がこの歌碑の近くに建てられた。

火山灰地で農耕の適地でない所、通称上地区は戦前二十数戸で最も環境の悪い所であった。環境改善のため生活館を建て、共同井戸、道営住宅も建ち、そこへ金田一京助歌碑、アイヌ文化資料館もできた。

これらの施設を中心に人が集まり、物を作り商売を始め、二風谷の中心はこの地区に移った。ド

ライブイン、土産品店、木彫、観賞石造り販売、庭園業などを業とし、そこに雇用される者も多い。私はあまり関係はないが、二風谷商工振興会の会長に迎えられ、相談を受けている。

狩猟から農業に変わり、我々の先祖は戸惑いながらも一生懸命努力してきた。百年間の苦労は報われなかった。農耕民族としての歴史を千年以上も持った、日本農民との競争には勝てるはずもない。

二風谷に限りアイヌの農民化は成功していない。しかし天性の器用さと、美に対する感覚の特技を生かして新しく生きる道を開拓していっている。

妻しづのこと

しづは、平村太郎といよの次女として、大正九年二風谷で生まれた。昭和二年四月、一家は鵡川村イモッペ（宮戸）に移住した。いよの強い希望で米の食える鵡川を選んだ。しづは二風谷小学校に入学一週間目のことで、イモッペ小学校に転校した。

一家は農家の納屋に住み農家の出面《でめん》（日賃稼ぎの労働）をしながら小作地を借りて米作りに専念した。その後、関農場の開放で自作農一戸分を与えられ自作農となった。

イモッペ小学校から鵡川の本校に進み、六学年を卒業、姉と共に一家の柱となって働く。父が病弱で入院、手術を繰り返し遂には農作業ができず、農協で働くことになったので、農作業は女の肩に重くのしかかって来た。年少の弟を除き、女三人で開田、客土と泥炭地の荒れ地に取り組んだ。

粗末な家を建て農耕馬も買ったが、一家の暮らしは赤貧洗うが如しの状況だった。良い米は売り、悪い米が自家用で、それもおかゆにして食う。おかゆをすする音が近所に聞こえると恥ずかしいから静かにすすれと叱られる。

初夏の頃、充分実の入っていない馬鈴薯を掘り取っては急場をしのぐ。力を合わせて働いた結果どうにか食うことだけは不自由がなくなった。

昭和一八年一月、妻は私から結婚を申し込まれた。「私は満州に行きたい一心から結婚を承知した。あの頃は大陸の花嫁は娘の憧れだった」ともらしている。

負け惜しみと根性の強さは格別で、絶対に弱音を吐いたことがない。娘の頃牛に引きずられ胸を打ったのが原因で肋膜炎を患い、その後遺症で肋骨カリエスその他の病気で入院、手術、退院を重ねながらも農作業、炭焼き、造林など家族の先頭に立って働いた。私の療養中の長い間は勿論、公職で出歩く留守の間に出る不満は皆しづが受けなければならない。

「私は余りの苦しさに、前庭の梅の木に首をつろうと考えたことが何度もある。その時、母を思い浮かべて決断できなかった。出て行こうかとも思ったが姉が嫁に行って戻ってきた時の家族中のいやな思い出があったので我慢した。こんなひどい所はなかった。」

と、いつも言われている。不甲斐ない夫を持った宿命だろう。夫の私は身近な者を犠牲にしても他人の世話をやきたがる欠点を持っているので妻は耐えられなかったのだろう。

妻は動物好きで、犬猫のほか大型の家畜まで手がける。実家にいた時子馬を可愛がり、軍馬に仕上げたのを自慢の種にしている。

子供も成長、責任が軽くなった夫婦は自由な道を歩くことにした。妻は好きな競走馬を生産している。繁殖馬三頭と共に雨の日も、寒い冬の日も働いている。還暦を迎えて白髪を風になびかせて馬を追っている。

私の先祖

私が物心ついた時（大正六、七年）生きていたのは、父の両親と曽祖母、母の両親であった。男は髪をのばしひげも垂れていて、女は口のまわりに入れ墨をしていて、みんながアイヌであった。
父は昭和三六年、母は四六年死去した。私は父の死んだ年齢となり、先祖を知りたいと文献をあさったが不明な点が多い。両親の在世中聞いておけば、と思ったがもう遅い。役場に保存されている戸籍謄本（次頁）を見る。
私の父与治郎の生まれは明治二六年、父が生まれた一〇年後に戸籍は作られた。ウエサナシの父となっている、カネモノの戸籍ではこうなっているが、実際のウエサナシはカネモノの弟で、前戸主うゑからの夫は門別会所の通辞だといわれている。
松浦武四《まつうらたけし》郎《ろう》の『左留《さる》日誌』（安政五年）に、
ピパウシ
人家此処に一五軒有、七軒目に、家主サンクラヌ五二歳、妻コヱサレム四七歳、娘ウヱカラ、

本籍　北海道沙流郡平取村大字二風谷番外地

父母トノ続柄知ルコト能ハザルニ付其ノ記載ヲ省略

中略

沙流郡二風谷村二十番地　貝澤ペニアシクル　養子分家届、明治三拾六年参月拾日受付

以下省略

前戸主

族称

前戸主

父　貝澤　カネモノ

母　あわしぴ

養父　貝澤　ペニアシクル　養子

貝澤　ウエサナシ

出生　万延元年壱月拾七日

北海道沙流郡二風谷村拾壱番地

明治弐年参月五日相続

以下省略

前戸主　貝澤　うゑから

母　うゑから　長男

貝澤　カネモノ

戸主　安政参年壱月壱日生

（片かな名は男、平がな名は女）

二七歳、倅一人五歳、弟一人二歳、妹シユトラン一九歳、弟カリワウク一四歳、妹ポシウシ一一歳、同一人八歳等家内九人にて暮し、其内妹と弟二人雇いにとられり。また隣……と一五軒の名と歳、雇いに取られた人数が書いてある。

松浦武四郎はアイヌを道案内にし、アイヌと寝食を共にしながら北海道内を踏査し、記録を書き残した。武四郎は悲惨なアイヌの生活を見、不幸になっていくアイヌを悲しんだ。

私の曽祖母ウエカラペも、会所のシサムの犠牲になった一人であった。武四郎が二風谷に立ち寄った時は、幼児二人を連れてコタンに戻っていたのか定かではないが、その後も四人生まれている。子供は全部この通辞の子だとも言えない。夫がいたかもしれない。昔の人はこのことは口をつぐんで語らない。

最も悲惨なのはウエカラペの妹ポシウシで、シャモと密通した罪で、アイヌの最高の刑罰を受けた。鼻頭をそがれ、アキレス腱を切られ、生涯一人で暮らした。

明治四三年に結婚した母が「隣家の納屋の横で小さい小屋に住んでいた老婆は、いつも鼻に布をかぶせ足も不自由だった」と話していた。隣家にはポシウシの甥トペンモヌクが住んでいた。

よく聞いたことで、貝澤八郎が幼児の頃、父母恋しさに「ハポトット(母の乳)浜さ行きたい」と泣き叫んだ。通辞の長男がカネモノ、孫が八郎(明治三四年生まれ)で、この年代になっても両親は浜で働いていた。

祖父ウエサナシは「若い頃、浜さぱっかり行っていたので、トイタ(開墾)できなかった。それでウェンクㇽ（貧乏）していくるんだ」と、後悔していた。

明治末期までこの一族がシサㇺエカシ（シャモの老翁）に忠誠をつくした心理は私には理解できない。祖父の口から出る言葉に「前川ニㇱパ、飯田ニㇱパ」がある。場所請負人、山田文右衛門から、世代はこの人たちに代わっていたのかもしれない。

門別町史で、布施忠右衛門の名を見つけたので私は確かめに足をはこんだ。国道二三五号線で浦河方面へ、門別橋を渡りゆるい坂道の中間左側の道端に、稲荷神社の一の鳥居がある。急な石段を上がると二の鳥居、眼下に太平洋が波うっている。

鳥居の右裏側に、

願主　去御場所

請負人　山田　文右衛門

同　又治

請負人代　山田　富右衛門

同支配人代　大関　吉兵衛

帳　役　山田　久次郎

同　山田　富次郎

通辞代　布施　忠右衛門

左の柱には、

慶応四年戊辰正月吉日
加州橋立蒲西出

世話人
広徳丸　長蔵
同　船中
船頭　甚作
同　重作
（以下略）

山田文右衛門は、文政五年（一八二二）より嘉永六年（一八五三）まで沙流場所も請け負い、その後厚《あっ》岸《けし》場所、勇払《ゆうふつ》場所も請け負っている。

沙流場所の区域はアイヌ人口が多いのに比して漁獲高は少ない。それで遠く厚岸場所まで行かされた。

春トマ（敷物）を背負い、日高の海岸伝いに十勝から厚岸まで歩いた。夏中働き冬近くなると日高まで帰った。

武四郎の『左留日誌』によれば、今の二風谷区域で、二六軒一二〇人で、一二歳から五二歳までの男三〇人、女一六歳から二七歳まで一一人、合わせて四一人で、全人口の三分の一の若者が雇いにとられた。コタンには老人と子供だけが残されていた。

祖父のアイヌ祖系

ウエサナシのアイヌプリの祖系即ち戸籍は、パセオンカミ（主神祈）、イトッパ（祖印）、エカシモト（祖先）など、昭和一五年、名取武光が人類学雑誌に発表した中から引用する。

ウエサナシは南部の人（フセジュウエモン）とカリワウクの姉ウエカラとの間の混血児であったが、コレアシノの系統の古老が祖印を与えたので、其の一派の人々と同じ祖印である。コレアシノの祖系は、ケマスエクル→カムイヘカチ→オロアシ→イコエフ（この時十勝アイヌから挑戦さる。シケレペ付近からピパウシに移入す）→ペトランケ（この時川下のポノサッに移る）→ブザウク→チャンリキタ→コレアシノとなる。（後略）（コレアシノは貝澤貢男の伯父）

祖印は私生児や混血児の場合はどうするか。私生児は婦道の破戒と称して、夫を探した上談判をして償いをとり、血統を引く男児の祖印を継がせた。混血児は実に気の毒な程人間扱いされず、私生児よりも不幸だったとされている。それも誰か心よい者が救って祖印を持たせた。祖父ウエサナシは、心のよい人の祖印を持たされたことになる。

私の家では父の時代に既にカムイノミを行わず、祖印祖系の事も知らない。同じ母から生まれたカネモノについては不明で、三男のトペンモヌクは、ニオイの人、ツキタアイヌ→カメルツラ→イトンコツ→八歳（この時ニプタニに移入）→サンクルアイヌ→カリワウク→藤蔵→サルンクルアイヌの祖印を持っている（カリワウクは私の曽祖母ウエカラの弟でトペンモヌクは祖父の兄である）。

二風谷の人はどこから来た

二風谷が文献に出ているのは、文化六年（一八〇九）『東蝦夷地各場所大概書』で

ニヒタニ、ヒラトリより一八丁蝦夷家一一軒、ピパウシ、ニヒタニより一八丁蝦夷家一〇軒、カンカン、ピパウシより一五丁蝦夷家二軒。（『平取町史』より）

今の行政区域の二風谷には三つのコタンで二三軒あった。

松浦武四郎の『左留日誌』は、安政五年（一八五八）

ニプタニ二八軒、ピパウシ一五軒、カンカン三軒。

前記の『東蝦夷地各場所大概書』から五〇年たって、軒数は倍になっている。『左留日誌』から五〇年、明治四〇年、戸数六六戸、人口二九七、それから約五〇年、昭和三〇年、一一一戸、五八二人、昭和五五年三月現在、一六七戸、五三五人となっている。

昔から二風谷に住んでいた人の祖先はどこから来たか、解明は容易ではないが、古老の語り伝えによると、約四五〇年前、（門別町）厚賀《あつが》方面から来てアベツ沢口に住み、クオピラ、ニプタニと移った。この一族が現在の平取、二風谷に分かれた。

祖印、祖系の推察で、十勝、北見から来た人々がポロサル、オサツナイ、シケレペを経て、カンカン、ピパウシと下り現在の所でアベツ系の人々と混住するようになった。大体ではあるが上流から来た人は貝澤姓が多く、下流から来た人は二谷姓が多い。

昔のコタンは、シンプイ（泉水）の周りを取りまくようにして、日当たりや風当たりの強いところを避けた。アイヌはつつましくひっそりと生活するのを信条としていた。

明治二五年、小学校が開設され、シャモの先生を招いて子弟を教育した。シャモが定住した始まりである。

明治二七年、松崎順吉が開拓のため入植、同じ年、学校の先生として黒田彦三が赴任した。

明治政府はアイヌを狩猟採集の生活から、農耕で生活をさせる方針で指導した。松崎の入植が刺激となって開拓も進み生産も増加した。沙流川の流域は肥沃な沖積土で無肥料でも二、三反も作れば、一年間食えるだけの収穫があり、大小豆は馬の背に乗せて門別浜で商取引を行った。

貝澤一族は新しい時代に応じた進取の気風を持っていた。ウサメトク、ウトレントクは学校設置に奔走、チャンリキタは明治二〇年頃洋式プラオや馬車などを導入、使用した。又家の近くに井戸を掘り、水汲みの苦労も解消した。

二風谷の黄金時代にひびが入ったのは、明治三一年の大水害であった。無計画の乱開発に破壊された自然が怒り爆発した。この大水害で家屋の流失、人畜の被害も大きく、二風谷も流失又は砂礫となったもの一四七町歩余りといわれ、一戸当たり三町歩の被害を受けている。

コタンが学校中心の共同体に変わり、先生はコタンコロクル（村の長）の役割を持った。

生まれた子供の命名、役場への届け出、役所の交渉と地域内の取りまとめも先生の仕事であった。私の名も先生が付け、父の恩師で私の恩師、親子二代で教わった。一人の先生が三十余年間同じ学校に勤務、母校の教え子の人格形成に影響を与えている。甚だしいのは文字まで先生に似たものもある。

小沢を中心にして学校周辺が下地区、上流を上地区といっていた。大正初期には下地区三五戸、上地区は一五戸であった。

昭和三六年に生活館が建設されてから二〇年近い。その間村の様相が一変した。村の中心が学校周辺から離れ上地区へ移動した。今一六〇世帯の多くが上地区で、下地区は二〇戸、ほとんど上へ移動した。かつての二風谷は貧乏と生活環境が悪いので役場ではいろいろと手を尽くした。国が不良環境地区改善事業の実施をすると、早速第一番に生活館を建てることとなり、場所の選定をした。公共施設の無い最も環境の悪い上地区に決定、貝澤正雄の所有地三〇〇〇坪、二〇万で町が買収した。

生活館は集会所とともに授産所にもなり、人口はここに集中し、いまでは坪一万円でも買えない。

母の養父母と先祖

母には一度も血のつながった者が現れなかった。だが母は完全なアイヌになりきっていたので、生前一度も親のことに触れていない。

養父母からはよく聞いていないが、札幌生まれで、生まれるべくして生まれた児でなく、アイヌは子供を大切にするからと養子にだされた。

戸籍では明治二八年生まれとなっているが、母が生前「はたちの時結婚した夫は一九で一つ下だった」と、母の言っていたことを裏付けたのは、関場不二彦の『あいぬ医事談』で、明治二七年、アイヌ患者施療表に

一月二六日、ヘカスヌ、平取、二年二カ月、慢性湿疹、治とある。

母は明治二五年一月生まれに違いない。名もないこの少女をあわれんで、ジョン・バチェラーが名付け親になったと聞いている。

母は死ぬまでポンカと呼ばれ本名を知っている人は少ない。養母の名はカヌモレでポン（小さい）カヌがなまってポンカとなった。バチェラーはシノピリカレヘ（大変よい名）といって「ペカシヌレ」と付けた。戸籍届けの時、間違って「ヘカシヌ」となった。

父は晩年「こんな変な名では孫達が恥ずかしがるから」と改名するために裁判所まで行き「ふめ」と変えた。

明治三二年アイヌの子供を教育訓化するため、バチェラーがロンドンの病院で看護婦をしていたブライアント嬢を、平取の教会に派遣した。ブライアントは「キリスト教の布教につとめながら、アイヌ婦人や貧困な少女数名を自宅において寝起きを共にし、衣食を給して教化につとめた」（『平取村開村五十年史』より）。

学校に行けなかった母はこの教会に入り浸った。育児、衛生、編み物など、ブライアントの教化を受けた。文字を知らない母が七男二女を生み、全員を育てあげたのもこの人の教化の賜であった。

母は、大酒飲みでわがままの父にもじっとこらえて育児のために働いた。正月に子供に着せる晴れ着用の反物を買ってくれたのが大晦日だ。翌日着せるために夜を徹して縫い終わったら夜は白々と明けて来た。「ひざが凍傷になった、寒さも忘れて縫っていたので」と。

アイヌである父は日本化しようと努力する。アイヌの血の入っていない母は育った環境のせいでアイヌの伝統を大切にと、夫妻の考え方は相反していた。閑を見てはアッシ(木の皮の織物)を織りカロプ(アッシで作った袋)にして現金収入を得た。

戦後の民芸品ブームでこのアッシ織りに人気が集まり、二風谷の人々の副業として大きな収入源となった。これも長い間アイヌの伝統を受け継いできた賜である。

父の死後解放された母は観光地へ出稼ぎに出て、若い頃覚えたアイヌ芸能を披露し、又後進の指導にもあたった。

昭和四六年一二月、二風谷アイヌ文化資料館が完成。古老が集まり完成を祝ったその時のこと、母は「ウゥン」と声を出して倒れた。私の膝に抱かれたまま永遠の眠りについた。

健康で死ぬまで働いて母は死んだ。集まっていた仲間のおばあさんの一人が「ケライ　カッケマッネクス(さすが淑女だ)」とうらやましげにつぶやき誰一人悲しまなかった。

母の養母カヌモレは、私の祖父ウエサナシの母の弟カリワウクの娘で、平村コタンピラに嫁した。コタンピラの先祖は約四五〇年前、コイカウンクル(日高沿岸で沙流から東方の人をさす)がアペップッ(平取市街の向かい)に移り住み、クオピラ、ニプタニ、ピラトリとその子孫は分かれた。

先祖フモシシルシから一六代、イタキトカアイヌの弟コタンピラは先祖一人一人の名とその係累を暗記していた。

大正一一年コタンピラが金田一京助氏に招かれてユカㇻを演じ、同席していた知里《ちり》幸恵《ゆきえ》が「ノート二冊分一四一頁、約四〇〇〇行の筆録。ただ一回聞いただけで〔全く不完全な〕博士の速記を座右におき一週間で書き上げた。驚くべき記憶力である。」（藤本英夫『銀のしずく降る降るまわりに』）

金田一氏の愛弟子、久保寺逸彦《くぼでらいつひこ》氏も昭和六年、コタンピラを訪れて筆録した。

「コタンピラ翁に知っているユカㇻの題名を尋ねてみると、ざっと二十余曲、これを筆記するとしたら、二、三年続けて書いても書き終えられるかどうか」と、記憶力に驚いている。

考古学者で医師の、ニール・ゴールドン・マンローは昭和六年以来二風谷に住み、アイヌ文化の研究と施療活動をしていた。コタンピラはマンローの研究にも協力、『アイヌの信条と文化』の著作もコタンピラの記憶によると言われている。

コタンピラ夫妻は初孫の私を溺愛し、私も入り浸った。幼児の私に日本語で日本の御伽噺を聞かせ楽しませた。何故かアイヌのことは何も教えてくれない。新しい時代に応じてアイヌを忘れ、なくしてもよいと諦めもあったのだろう。小学校入学とともに足も遠のき、年に一度のお祭りには四キロの道を歩いて祭りを見、祖父母の所で泊まった。高等科通学の途次には立ち寄ったが成人するにつれて疎遠となり以来不孝を重ねたことを反省している。

同化教育は私に貧乏とアイヌへの嫌悪感を植えつけ、私はそこから逃避したいともがきながら青春をすごした。

妻の両親と先祖

妻しづの父平村太郎は明治三一年平取で生まれ、幼少の頃父を失い、再婚の母とともに二風谷で成長した。

太郎の祖父アユッケは男の子が小さく、娘婿にペンリウクを入れた。

ペンリウクは、気骨があり、智略に富み村の代表格であった。ジョン・バチェラーにアイヌ語を教える外、義経神社の宮守りとして余生を送った。(『平取外八箇村誌』による)

義経神社の境内に彰徳碑があり、ペンリウクは、沢山のシャモの中で一人アイヌの功労者として写真がかかげられている。

太郎は、二風谷でいよと結婚、出稼ぎなどで暮らしながら三児の父となった。昭和二年鵡川村に移住、当初は農家の納屋を借りて住み、農家の出面とわずかの小作地を作っていた。

関農場が自作農に開放されたので、日頃の真面目さが評価され自作農に入った。病弱の上過労と再度の手術で、重労働ができず、鵡川農協に勤務、死を予期してか昭和一八年、資材不足の中で家の新築もした。達筆の上世話ずきで地域の世話役を押しつけられ、代書などをして重宝がられていたが、一九年六月、四七歳の若さで苦難の生涯を閉じた。

妻の母いよは、明治三四年青森県弘前に生まれ、三歳の時父源内《げんない》の働いている旭川へその母とともに来た。源内は下級武士の長男として安政六年(一八五九)に生まれた。明治の変革で兄は材木商となり、源内は呉服店の養子になったが、家風が合わないと養家を出て兄の許に身を寄せた。ここで木挽きの技術を身につけ、再婚し妻と子を残して旭川へ来た。

旭川で落ち着いた一家に不幸が訪れ、いよの母は死去、いよは義兄を頼って早来《はやきた》にきたが、その兄も伝染病で死んだ。身寄りをなくしたいよは再び父の後を追った。源内は、明治四四年二風谷小学校の建設に来てそのまま住みついていた。いよ一五歳の時であった。

いよは太郎と結婚したが、アイヌの生活に馴染めなかった。先ず米食のないことが一番苦しく、いよは夫に「どんなに苦労しても米の作れる所へ行こう」と誘った。太郎は決しかねて日を重ねているうち、子供はどんどん生まれて来る。

昭和二年、いよの念願かない一家は鵡川村へ移住した。太郎は死期も近づいた時、妻に「お前のために俺はこんなに苦しい思いをした」と、恨みの言葉を口にした。太郎は米を食うため働きそして若死にした。源内は娘の所に身を寄せ、昭和一四年、八一歳でその生涯を閉じた。武士の倅の頑固さを持ち続け、娘には苦労をかけた。

昭和四五年春、いよが幼児の頃母とともに墓参した先祖の墓参りをと娘達をつれて弘前を訪れた。記憶をたよりに立ち並ぶ寺院を調べたが分かるはずもない。長い間親戚との交流もなかった。源内も一度も里帰りをしていない。それでもいよは満足していた。弘前城の桜は満開で旅を楽しいものにした。

正としづの先祖

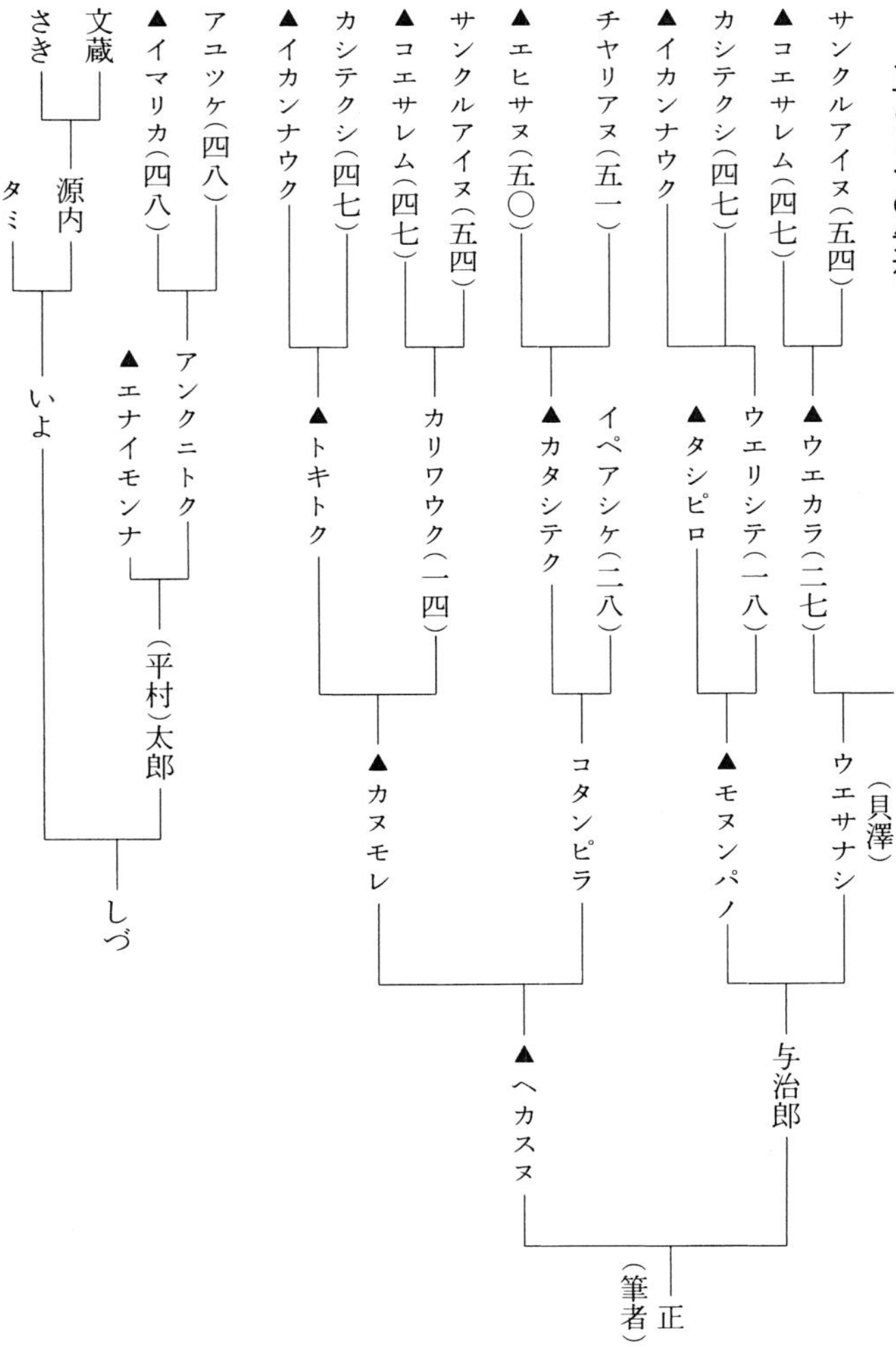

（▲は女、（　）は安政五年、松浦武四郎『左留日誌』の年齢）

昭和五四年いよは七九歳で没した。死後弘前市役所より除籍謄本を取って見て係累を知ることが出来た。源内親子はアイヌの親戚を持ったことで死ぬまで負い目をもっていたのだろう。腰の刀をはずした時の淋しさをよく話していたそうだが「貧乏しても武士は武士だ」という誇りを捨て切れずに死んでいった。父も子も。

一九八〇年、北海道新聞ノンフィクション「北海道に生きて」に応募、未発表

母《フチ》のこと

明治生れの鷲五朗《わしごろう》エカシが死を前にしても、アイヌの本性を失っていなかったことを知り、私は恥かしかった。私の体のなかのアイヌの血が私に反省させた。

祖父らが文字を学び新しい文化を吸収しようと、学校をたて日本人の先生を招いたのは、明治二五年であった。その時は、アイヌ文化とアイヌ語、アイヌ精神まで失うとは、エカシの誰も予期しなかったと思う。

父は学校で受けた教育で、先生の影響を受けて日本人化した代表的なアイヌとなった。天皇を崇拝し、日本民謡を唄い、晩年には、酒が入ると軍歌「戦友」をうたい自己満足していた。

父の先生は、元士族で封建性丸出しの教育者であった。この老先生から私も六年間学んだ。先生の教えは絶対と信じていた。先生の教えを守り、早くシャモ化して行く子供がほめられて、得意になっていた一人であった。

数の上ではアイヌの多い学校から、本村の高等小学校に通学すると圧倒的にシャモが多く、シャモ的意識が高くなってくる。裏を返すと卑屈感でしかなかった。

地元の学校に、旧制中学を卒えた若い代用教員が着任した。私が高等科を出た昭和二年のことである。コタンの文化の中心である学校では三〇年勤続の老先生一人であったのが、若い先生を迎えて新風が吹きこんだように変った。青年夜学会、青年団活動を通じて私達は先生の人柄に引きこまれた。

昭和のはじめの激動期の中で、不景気の上に冷害凶作、水害と、食うことが精一杯で、栄養不良と結核で死者が続出した。

山東出兵につづいて、三・一五、四・一六事件の社会主義者弾圧、済南事件と周囲が大きく動き出した。

コタンの若者も応召、神前に武運長久を祈り、銃後の私達と戦勝祈願をしたが、その効もなく、白木の箱で帰村する者が多くなる。

学校で受けた教育、人と人とが殺しあう戦争、神国日本への疑問が日増しに強くなる。若い先生を中心とした話しあいが続いた。結論として「宗教は阿片だ」と説いた学者の意見が正しいと思うようになった。そのことは、アイヌの信仰である天地自然すべてが神だという宗教観に不信をもつことにつながった。頼れるのは神ではなく己れだけだと思った。

父方の祖父は、松前時代の会所の通辞を、シサムエカシ（シャモの翁）と呼び、門別浜の漁場で働いていたので、金銭感覚を身につけ小銭を貯めていた。それでも生活習慣はアイヌ風《プリ》を守っていた。

母方の祖父は平取コタンのコタンコㇿクル（村の長）の家系で、一六代前の先祖を語りついでいたが、赤貧洗うが如しの生活に甘んじていた。

アイヌ研究の学者が来て、ユーカラを語らせて記録をとった。お礼として貰った焼酎を飲んではくだをまく。子供の私は祖父をなだめにふところに入り眠りについた。

祖父は足が悪く杖を頼りにヨチヨチと歩く。収入はなく子供にも恵まれず、私の母は養女であったが、結婚後は養父母の世話はできなかった。

ユーカラの伝承者金成マツが平取の教会へ赴任して来ていたので、この祖父との親交があったと想像している。教会が近かったし、二人とも足が悪かった。

封建的教育を受けた父は暴君であった。母はひたすら忍従をした。無学のことと養家の貧乏が負い目となっていたのだろう。ジョン・バチェラーの招きで、平取で布教していたブライアント女史がコタンの少女を集めて編物・裁縫などを教え、キリスト教の精神を説いていた。母もその一人で、九人の子供を育てた素地もここで学んだと思っている。

父と母とを対照すれば、父はシャモ的、母はアイヌ的であった。母は忍従を強いられてはいたが、アイヌの伝統は守っていた。アイヌの家で死者がでると、死装束や、葬儀での女の役割りをテキパキと指示していた。お産の手伝いから乳母まで引きうける。病人の付添いなど、目に一丁字もないのに、札幌へも行き私達を不思議がらせた。

昭和四六年、二風谷アイヌ文化資料館が完成、カムイノミの場で母は倒れた。私の腕の中で不幸であった生涯を閉じた。

母の血の中にはアイヌは入っていない。だが母を育てたアイヌ社会はすばらしいアイヌメノコを育てた。

鷲五朗エカシと同じく、私の母もアイヌの誇りを持ちつづけていた。エカシとの違いは、余りにも突然の死で、何もいい残していないことだった。

葬送は日本人僧侶の読経と火葬で夫の眠るトイピラの丘に埋葬した。忍従を美徳と思っていた、母の生涯は終った。

一九八六年六月、『くさのかぜ』(草風館だより)、第二三号、草風館、所収

「旧土人学校」に学んで

入　学

大正八年（一九一九）、八歳の私は父につれられて、二風谷小学校の門をくぐりました。

校門は二尺角の楢の木で両側の門標には「公立二風谷小学校」と筆太に書かれていました。道路側には柵を回し校庭に桜などの樹木があって公園のようでした。

校舎までは六〇間と教えられ直線に玉石を並べた外側は芝でした。リンゴやナシの果樹園、校舎の裏は畑と、農業実習を重点にした教育だったと思います。

校門と校舎の中心南側に天皇・皇后両陛下の御真影をまつる奉安殿が松にかこまれて建てられてあり、登下校の際は必ず最敬礼をさせられました。ここには御真影と教育勅語がおさめられ儀式の際に先生は礼服をつけ白い手袋をはめ、扉をあけ前にささげて全員最敬礼の中を重々しく式場に入りました。

三大節（新年、紀元節、天長節）には各戸に日の丸の旗をかかげ、父母や私たちは晴着を着て学校に集まりました。私たちは衣替えの時期でもあり新しく縫ってもらった着物に羽織・はかまをつけて嬉しかったものです。父母が学校に顔を出すのも卒業式かこの日だけでした。式は前面に国旗と両陛下の写真を前に国歌君が代の斉唱、教育勅語の朗読に続いて講話でした。講話の内容は、天皇・皇后両陛下は皆を赤子として、皆の幸福を願い常に心を痛めている神のようなお方である、皆は天皇の赤子として立派な大人になり天皇に忠節をつくすことだと、頭を下げ水洟をすすりながら聞いたものです。

こぶしを固くにぎり、大人になり戦争が起きたときは命を投げ出して君恩に報いたいと子ども心にも決意をかためました。そのころ、知識人といえば先生だけで、先生の話は絶対と思い先生の話をどんどん吸収したものです。

教室や運動場の壁には明治時代の元勲の勲章をつけた写真がたくさんかかげてあり、第一次世界戦争の戦利品、歩兵銃、砲弾、薬莢なども飾られてあり、日本が国威発揚した戦争教育でした。校庭には築山が二つあり、二〇三高地の攻略など戦争ごっこをしました。大国ロシアに勝ち再びドイツにも勝った戦勝国として、アイヌの子どもも日本人並みに誇りに思いました。

私の父も日露戦争のころ成人、軍人になれないことを悔やみ、わが子には親の意志をつがせたいと、小さな私をつれて一里も離れた平取校の講堂で行われた軍事講演を聞かせたものです。ひげをはやし軍服を着た将校は立派だと思い、あこがれたものです。

父は軍人への執念から長男であった私を海軍少年兵に志願させました。親不孝の私は不合格になり、父は残念だったと思います。

私たちの校舎

校舎は教室が二〇坪、運動場一二坪、職員室に便所という小さな学校です。外壁も内張も天井も一枚の板、床だけは二重だが高く、夏期はよいのですが、零下二〇度の冬の間は寒く、教室の中心に大きな薪ストーブが一つだけで、離れた席では習字の墨も凍ってしまいます。本州の建築そのまで風通しだけがよく耐寒は考えなかったのでしょう。

開校は明治二五年（一八九二）で萱《かや》ぶきの校舎でした。明治三〇年（一八九七）、コタン（集落）では初の木造柾《まさ》屋根の校舎になり、そして明治四四年（一九一一）、建てられたのが私たちの学校でした。

コタンには学校は俺たちで建てるのだという伝統があったようで、行政側からの補助金はわずかで大半は父母の労力奉仕だったのです。

私たちが親となり、わが子には親の味わった寒い校舎で学ばせたくはないと考えはじめました。父母会の結論もかたまり、村役場に陳情を重ね耐寒ブロックの校舎をと運動を展開したところ、「コタンの子どもにはぜいたくだ」と発言した有力者が出たのです。それを聞いた父母は「それなら俺たちの力で希望する校舎を」と発奮。役場は木造の予算だけを計上、勝手にやれとの態度でした。基礎工事から仕上げまで労力奉仕でブロック造り、水道、水洗便所、風呂、熱風炉と理想的な耐寒校舎を完成させたのです。

昭和二九年（一九五四）、当時の新聞が、「差別をはね返したコタンの人々の団結」と報道したほどの近代的建築でした。

学習の内容

私の学校は国立（北海道旧土人保護法による）で、私の入学時は六学年（それ以前は四学年）で、六〇名の児童に先生は一人でした。羽織はかまで謹厳そのものの先生でした。武士の伜だと聞いていました。先生は老齢のうえ肥満だったので、先生とともに運動するのは春と秋二回の遠足で裏の山へのぼるぐらいで、もちろん運動会も体操もなかったのです。

学校では始業・終業の時間も一定せず時間割などありません。私が晩年になって学校関係の帳簿をさがしましたが、ただ卒業生名簿一冊だけで、学校日誌もありませんでした。アイヌは文字で記録する習慣はなく、せめて学校だけでも記録していたら村の歴史がわかったのにと残念でなりません。

教科の内容も読方と習字だけ、先生が登校して来た時には何年は自習、何年は習字と、その場その場の授業でした。三学年になり算術の教科書を買いましたが、半分も進まず卒業。高等小学校で一番困ったのは算数でした。

五学年で、地理、歴史、理科は教科書が与えられただけで習わずに終わりました。唱歌、図画などは何もしないのです。ただ三大節の唱歌だけは習いました。

監督官庁の学務課や支庁の視学も、時折り学校視察に来たようでしたが、アイヌ子弟の教育はどうでもよかったのでしょう。父母も貧困に追われ子どもの教育はどうでもよかったものと思います。ただ、高学年になった頃、父に「今日は何時に学校がはじまり何時に終わった」と聞かれました。私は時計を見るのを忘れ、明日は必ず見ようと決意しましたが再び忘れ、叱られた記憶だけが残っています。父は先生を排斥しようと準備したと思いますが、父の恩師でありコタンでは皆の恩師であったために、父の計画は消えたものと思います。この先生も私の卒業後二年で定年退職しました。一つの学校で三三年もの勤務歴でした。

この老先生も赴任の当初は二〇歳の若さでアイヌの教育には情熱を傾けたようでした。コタンでの先生はただ一人の知識人で、手紙の代筆から、生まれた子どもの名づけや、役場への用事、腹痛や、けがをしたときの処置、学校その他に役人が来た時の接待や宿泊、あらゆることが先生の肩にかかり、学童の授業はその合間にするという本末転倒の時代で、そのようなときに教育をうけた私たちが一番不運だったのです。

先生には子どもが多く、上級校は、苫小牧か札幌へ下宿をさせねばならなかったのです。

晩年は一般農家と同じように畑を作ったり、農耕馬まで飼っていました。今でいうアルバイトです。上級生になった私たちは先生の馬の飼料の草切りや、豆の選別などにも使われたものです。先生に声をかけられることを誇りにして喜んで応じたものです。

アイヌ差別について

アイヌ児童の数は圧倒的に多かったので、子どもの間では何もなかったようです。ただシャモの子どもは身なりもきれいにしているのと、昼食の弁当がアイヌはヒエかキビなのに、白い米なので違うのだなあと思いました。

私の家はコタンから離れた一軒家で、学校も遠く、もっと遠くに開拓移民が住んでいて同級生もおり仲よく登下校したものです。貧乏な家の子どもは、身なりもきたなく身体も不潔なので、くさいくさいと遊んでくれないのは今も昔も同じでした。

私が晩年気がついたことですが、先生が同級生のシャモの子どもを前に並べて「お前たち、しっかり勉強をしないからアイヌにまで負けるのではないか」と説教していました。その時は私たちは得意になって聞いていましたが、差別は先生や大人がつくるものだと思っています。

私は、アイヌを無知だときめつけ、優越感をもった封建的な先生や移住者の日本人が、アイヌを不幸にした元凶だと断定します。私が教えをうけたのは二代目の先生です。二風谷校は明治二五年(一八九二)開校で、初代の校長はシャモとしてコタンに住んだ初の人でした。二年で二代目校長にかわったのですが、明治二七年、『北海道教育雑誌』に「当校の景況を述べ旧土人の教育意見に及ぶ」を発表しました。

長くなりますがその一部を載せたいと思います。一部現代文に直します。

当校の状況を説明するには村の概要と父兄の状況を先にせねばならない。当村は昔から本道旧土人の首都といわれている平取村の北一里にありて、現在戸数四十余、人口一五〇にして夏は海漁を主とせり（今は耕作牧畜を主にす）。性朴直・頑健・礼儀清潔ともに本道他郷の旧土人にまさるものの如し。

それなのに明治初年より鹿猟の盛んなため、和人の行商はずるく立ちまわり、物品の交換で多くの利益をあげたので、旧土人は正直変じてずるくなり、善悪正邪の別なく、和人を信用せず、逆に旧土人にだまされる和人をしばしば見ることがある。

右の原因は和人がつくったものとしても、彼等は和人は皆ずるいと信じこんでいる。彼等はふだん役人などに接するに、飼犬が主人にこびるような態度をとっているが、一時の歓心を買うだけで、現に日数を決めた約束には従わず、今日ありて明日あるを知らないのである。

（中略）

欲情は正邪曲直を判断する力をなくし、貪欲の弊については筆紙では書き表せない。この様な状態である上に家庭に教えなく外に学ぶ学校もない、このまま教育もせず放置しておくと成人になった時はどうなるかと心配である。我が国体を乱すものは教育を受けざる旧土人かと、長嘆息の至りである。

次で彼等は父母子弟に教えなく、昔から文字上について経験なく、見聞なし。加えて家に書籍の備えなく器具機械なく勿論一として例話なし。（傍点筆者）

新しい風がふく

昭和二年(一九二七)、私が高小を卒業した年に、三三年勤めた私の恩師が定年退職し、後任の校長が隣の学校から赴任してきました。この先生は老齢でしたが学校のことを心配して先生の新規採用に奔走しました。年度半ばに代用教員として穂坂徹先生が採用されました。

穂坂先生は大学志望で学費稼ぎのため近くの造材山で働いていたのを説得されてつれてこられたのです。校舎近くの青年図書館を教室として二学級の授業がはじまりました。次の年に新教室が増築されました。この年の冬から青年夜学が開始され、若い先生を中心に青年団活動もはじまったのです。私たちは、先生とは高い所にいて近づけない存在と思っていたのでしたが、先生は私たちの中にとびこんできました。交流の中で先生に対する信頼が高まってきました。

校長先生もまた老年でしたが四国出身でお国訛丸だしの所へ、コタンの父母と焼酎をのんだり裏の沙流川で鮭の密漁などを平気でやり奥さんの気をもませるような人柄でした。

穂坂先生は大学志望を断念して、アイヌ子弟の教育に情熱をかたむけようと決心したようでした。青年夜学で校長先生は別として穂坂先生は、私たちを知らない世界へとぐんぐん引きこんでいきました。学課は先生のプリントしたのを教材とした漢文・漢詩、古文などで、中学生を対象とした程度でしたが、基礎教育のない私たちはむつかしいと思いました。晩年、先生は教わる側の程度を知らず独りよがりの教育をしたと反省していました。

そのころの私たちの村は冷害、水害に不景気が重なり悲惨な生活をしていたのです。栄養不良と結核の蔓延で六〇戸のコタンから年間二〇人余の死者を出すほどにひどく、先生はそういう環境に立ち向かったのです。

昭和一四年(一九三九)、中心校に転勤命令を受けたのを機に退職してコタンの人と共に酪農をするべく居をかまえました。狭い農地での農業ではここの青年は救えないと一年で農業を断念、満州開拓へと転進しました。先生の後を追うように若者が渡満しましたが、終戦を迎え、故郷へと戻ってきました。

教え子たちが先生を再び教壇へよびもどし、その後、先生は校長となりました。「コタンの子どもにはぜいたくだ」との発言に発奮して理想的な校舎をつくりあげ、差別をはね返した大きな原動力は、コタンの人びとに信頼された校長が中心だったからです。

「ひいきのひき倒し」という言葉があります。私たちの身勝手から、「教育には限度がある」との先生の発言を真にうけて町政を担当させたいと、昭和三九年(一九六四)、平取町長候補にかつぎだしました。この町は全道でもアイヌ人口が多いだけにアイヌ差別が町民意識の中で大きいのです。「アイヌが推した町長では」と逆転、敗れました。ここでも差別の壁にはばまれました。先生は職を失い村を去りました。このことだけは生涯を通じての大失策だったと反省する毎日です。

一九九〇年四月、『解放教育』二五九号、所収

二——アイヌの復権

ⓒJefferik Stocklassa

近世アイヌ史の断面

日本歴史の疑問

小学校を終えた貧農の長男である私は、わずかの農地にイモ、カボチャ、アワなどの自給食糧と、わずかばかりの換金作物として大豆を耕作するかたわら、父が働いている造材山へも出掛けたものだ。山かせぎは、ただ一つの現金収入の道でもあった。九人兄弟の長男である私は、こうした苦しみは貧農がたどる宿命なのだというあきらめを持っていた。家族が多いのに住宅は狭く、そして寒いわが家には楽しみなどは一かけらもなかった。私は寒い冬山から材木を駅の土場へ運んだ後、馬の世話もそこそこにして、小学校で開かれている青年団の夜学へ通った。寒く凍りつくような教室でストーブを囲み、ランプの灯の下で先生の講義を聞いた。中学を出たばかりの若い教師は、私たちの学力など知る由もなく、『論語』とか、有島武郎の『惜しみなく愛は奪う』や、『徒然草』の一節などをプリントし、これを教科書代りに使用した。毎夜、寒さと疲れでおそってくる睡魔に負け、先生の話も上の空だったと思う。学校から帰ると冷たい寝床にもぐり込み、朝は再び暗いうちから起きて、奥山へ出掛ける生活をいつも繰り返していた。

大陸政策が国策となり、村にも青年学校が開設されて軍事教練と壮丁教育が半ば義務化されてきた。当時の新聞は、日本軍の山東出兵を報じていた。日露戦争の頃、「日本人絶対」の教育を受けた父は、大のアイヌぎらいで、軍人礼賛のコチコチだった。だから週一回の青年学校へは行かせてくれた。自転車も買えず、隣部落にあった学校へは往復で一〇キロもあるところを徒歩で通った。私は、校長先生と父の勧めで海兵団を志願したが、手指の切傷が原因で不合格となり、父は自分の息子を帝国軍人にできなかったことを残念がったが、なぜか、夜学の若い先生だけは「よかったなあ」と言ってよろこんでくれた。そのことも今にしては思いあたるふしもあるが、当時は先生の言葉の意味がよく分らなかった。

その頃、二風谷に一人の外国人が住みつきアイヌの老人を集めては古いことをいろいろ聞き出していた。ある冬、山での飯場生活の無理がたたって、急に倒れた私が担架に乗せられてかつぎ込まれたのが、この外国人のマンロー先生の所だった。先生は医者で、部落や近郊のアイヌを無料で診療していた。急性肺炎のために絶対安静を言い渡されていた私は、先生の治療によって回復することができ、九死に一生を得た。その後は命の恩人であり、また、妹が先生のところで女中奉公をしていたこともあって時折り訪問し、先生の話を聞いた。そのなかで、先生は「私は、日本の古い歴史を勉強していますが、日本の歴史には正しくないことがたくさん書いてあります。日本の歴史学者は、権力にこびて正しい歴史を勉強しません。私は、それを知っています」と言われた。先生には『先史時代の日本』という著書のあることも後で知った。先生は横浜で病院を開業するかたわら考古学を研究されたうえに、日本列島を北上したアイヌの研究もされていたと聞いている。先生は、看護婦を兼ねた日本人の奥さんの通訳で、たどたどしい日本語で若い来客にも気軽に話しかけてくれた。先生は、土質の酸性度を調べて、その土地には、石灰が必要であるとか、クリ、クルミ、ナシ、リンゴなどの苗木を取り寄せて植え、その消毒の仕方までもわれわれに教えた。また、先生は「ここの気候は軽井沢によく似ている」からと、結核療養所の建設計画を立てておられた。そうして療養所ができれば、東京方面の金持が先生をたよって来るようになるので、土地の人は、野菜やお土産品を作って売れば、暮しはもっと豊かになるだろうとも話していた。そのほか、近くの小川をせき止めてスケートリンクを造り、裏山はゴルフ場にするなどと、先生の構想は次々と広がり、病院の設計図などを取り出していつも楽しんでおられた。しかし、先生がどんなに立派なお人柄であっても、子供の時から家庭や学校教育のなかで日本歴史を学んできた私は、日本の神話を否定する先生の意見には、絶えず疑問を持ち続けていた。

第二次世界大戦が始まると、先生に対する官憲の弾圧は強くなったばかりでなく、先生の研究資料の大半が輸送中海底に沈められてしまったことは残念でならない。再び得られない貴重な資料がなくなったことは、アイヌ史研究の上からいっても一大損失であったと思う。

歴史上北海道の原住者は、まさしくアイヌであることをだれもが認めている。時代は明らかでないが、日本人の漂流民や流刑者が移住して土着した頃、これらの人たちは数も少なく、勢力も弱かったため、当然そこには搾取もなく、闘争もなく、原住者と協力し、自然の猛威と闘って生活し、次第にアイヌ化して行ったものと思う。ある外国人宣教師は、「アイヌ部落をたずねて」と題する写真の説明でいっている。

何千年もの間アイヌは北海道に強い勢力を張っていた。約六〇〇〇年前にはサハリンや千島列島にまでも及んでいたが、その頃すでに、日本人は本州からじりじりと北上してきていたのである。一六〇〇年代までアイヌは、サハリンやアジア大陸をはじめ、日本の諸島と盛んに交易をしていた。アイヌは毛皮を大陸産のにしきや飾玉と交換した。また、日本人からは米や酒、うるしの箱などを手に入れた。物々交換で始まったこの交易は、やがてアイヌに対する完全な搾取行為に変ってしまった。アイヌは、日本の松前藩という封建君主の領民となったのである。かくて、日本政府は一九世紀に北海道に対する統治権を宣言し松前藩を廃した。一八九九年、日本政府は北海道旧土人保護法を制定して、アイヌに土地と農具を与えた。また、この法律によってすべてのアイヌの児童は、小学校教育が受けられるようになった(一九三七年まで、アイヌの児童は一般の日本人生徒と分けられ、別の学校で教育されていた)。

明治政府以後におけるアイヌ対策や現在のアイヌの姿についても、一般には興味本位だけでとらえて論議されているように思われる。私は、戦後において、いろいろの角度から研究された正しい日本歴史の一部を知ることによって、若い頃に持っていた疑問も次第に解けはじめて来た。それは、貧困と差別の根源が、支配体制の必要悪によって生れた人間本能の弱点である特権意識と、自己満足を利用したものであることを知った。歴史をふり返ると、真に怒りを覚える。アイヌなるが故にだろうか。

アイヌの強制使役と人口の減少

青年時代における私たちの団体活動は、コタンの文化活動と自治会活動が主体で、小学校を中心として運動会の協力とか、村祭りや敬老会などの行事を行なっていた。毎年一回の敬老会にお年寄りを学校に招待すると、ヒゲをのばしたエカシや、入れ墨をしたフチが大半だった。わずかの酒の酔いに心をほぐした老人たちは、若い私たちに遠い昔の物語などを話してくれた。その中で、アイヌたちの年齢が、役場の戸籍よりも実際には二つも、三つも多いわけを聞かされた。

昔、子供が生まれると役場の人別帳に登録される。そして、一定の年齢に達すると強制労働に狩り出されて、春は残雪の頃から日高の海岸づたいに重い荷物を背負わされ、遠く釧路、厚岸《あっけし》、根室などの漁場で、秋も深くなるまで働かされる。その報酬もごくわずかで、とうてい生計をささえるだけの値うちもなかった。こうした苦しい仕事に強制的に連れ出されるわが子が不憫で、せめて少しでも体が大きくなってからという親心で、生まれた子をできるだけ知れないようにかくし育てたためであったという。

『松浦日誌』には、その頃の二風谷の状況について「ニプタニに上陸して休む家主カシテクシ婆（四七歳）倅カリクシ（一八歳）と家人一人一人の名前年齢何人雇に取られたり」と全戸を記し「ピパウシに入る。乙名イニセテツ（六〇歳）妻イラベカラ、伜アベトクニ（二四歳）嫁アフサケ（二二歳）弟トツカラム（一二歳）弟イコロアシク（一〇歳）妹イカシトシン（七歳）弟ナンハレハ（五歳）家内八人にて暮し、その内伜夫婦と弟とは雇に取られ」とピパウシの全戸を誌し、また「ニプタニ・ピパウシ・カンカン合せて二六軒（今の二風谷地内）一一六人の内男女を問わず半数近い四六人が強制労働に狩り出され、コタンに残っていたのは老人と子供だけだった」と誌されている。

萱野茂《かやのしげる》氏が祖母から聞いた話として、祖父のトッカラムは一二歳で雇にとられ、厚岸《あっけし》での激務に耐えられず、理由があればわが家へ帰れるものと思って、炊事の仕事をしていたことを幸いに、自分の指を庖丁で切ったが、帰されるほどの傷にはならず、思いあぐねてフグの胆汁を体中に塗りつけた。体が黄色くなったので、ようやく帰ることが出来たという。

また、「漁場における雇の使役は、酷使そのもので幕吏でさえこれを見かねて「漁業の盛んに委せて昼夜の別なく苛責して之を使い、氷雪に入れて薪を取らせ、波涛の中に棹さして終いに転覆の辛苦をさせ、三百三十六地獄の獄卒の苛責の責を以って之を使う」あるいは、「アッシを一枚着てようようしのぎ居る者共を、薪あるいは、棒などで打擲《ちょうちゃく》する有様は焔王の鬼共が罪人を責むるもかくやと思わる」と言っている」ことからも、アイヌたちは人間としての扱いを受けず、牛馬以上の労苦を押しつけられたことだったであろう。

そのうえ、支配人や番人の不倫行為も筆舌につくしがたい状態だったという。各場所で越年する者の大半は、アイヌを妾とし、甚だしい者は夫を遠い地方に出かせぎにやり、その間にその妻を奪うといった暴挙も行なわれた。私の祖母も「セミが鳥にくわえられるときにあげるような悲鳴を時折聞いた」と話していたが、このような婦女子に対する暴行は日常茶飯事だったらしい。本来、アイヌ民族の倫理観は非常に厳格で、不倫の行為をした妻に対する刑罰は重く、鼻を削《そ》がれたという昔ばなしは多い。しかし、和人の不貞行為によってアイヌ民族固有の倫理観は打ち破られていった。

私は、祖父から「開墾した畑が少なかったために、結婚が遅れて貧乏してしまった」と残念がる話をたびたび聞かされた。このように結婚の減少や、労働の過重、そして食糧の不足と病毒の伝播などによる出生の減少と死亡の増大は、七万人ともいわれたアイヌの人口を急激に減らしてしまった。また、「愚にして治め易からしめん」がための痴愚政策は、日本語と文字の習得を禁止し、さらに日本風俗化の抑止も行なわれたといわれている。このようにして、松前藩はアイヌ民族固有の倫理観はもとより、生活手段のすべてを奪い取って、大半のアイヌを死亡させてしまったのである。

同化政策への転換

ロシヤの南下と諸外国の来航は、北辺対策とアイヌ対策の緊急なることの世論を高め、「このまま捨ておかば、カムサスカの者共エゾ地といっしょになれば、エゾもロシヤの下知に付き従う故、わが国の支配を受けまじ。しかるうえは悔みて帰らぬ事なり」と封建政府のご用学者は幕府に建言している。国境地域の明確でない北方地域においては、領土権の主張確定は住民主義によることであり、せまり来るロシヤにアイヌがなびかぬようにするためと、搾取の源泉を涸れさせないために、同化政策を取らざるを得なかったものと思われる。しかし、表面だけの同化政策は決してアイヌに幸福はもたらさなかった。封建政府が明治政府に代わって、場所請負制度は廃止されたほか、戸籍法の制度、地租法の改正、地券条令の発布と新しい法律が制定されたが、これらの法律によって、アイヌはなお一層生活手段を失っていった。場所請負制度によって、使用人として長い間飼い馴らされていた惰性が急速に裸のまま新しい文明社会にほうり出されてしまったうえ、内地からの移住者の増加により、アイヌの労働力はさほど重要なものでなくなったのである。したがって、近代産業への参加がむつかしくなったアイヌたちは、土工夫や日雇労働者など、その日暮しにいつしか転落していった。

来道した外国人宣教師などが、アイヌの悲惨な生活に驚き、救援活動をはじめるほか、教会を建てて布教をはじめた。政府は面目上捨ててもおけず、旧土人保護法を制定して土地と農具を与え、また、職業指導にも力をいれた。しかしながら、生活手段のすべてを奪い取った代償としてのこの法律も、アイヌの解放をもたらすものとはならなかった。五町歩以内の制限をつけて土地を与えただけで、本来の生活手段だった漁業権を奪い、山林も天皇の名によって取り上げ、肥沃な農耕適地は植民地として内地移民を移住させた。かくて、アイヌは不毛の奥地へと封じ込められたのである。

一つの例として、新冠《にいかっぷ》の御料《ごりよう》牧場の地内に住んでいたアイヌを、沙流川の上流・上貫気別《かみぬきべつ》の奥地へ強制移住させたが、森林の伐採開墾の苦労が多く、加えて交通の不便と、そのうえ、食糧の不足を来して、ついに旧住居附近へ再移転をしてしまった。道内至る所でこのような例があったものと思われる。道路が改良され、農地法が変った今日さえ多くの開拓者が離農するような地味の悪い所へ移住を強制したのである。

旧土人保護法が制定されて一〇年を経た明治四二年、岩野《いわの》泡鳴《ほうめい》が、道会議員と道庁技師を同伴し、胆振《いぶり》・日高地方を巡視した際、平取の土人部落、三石のほか、浦河、幌泉《ほろいずみ》、広尾、帯広の各アイヌ部落を回ったときの『旅中印象記』には次のように書かれている。

全体我国人はアイヌに対して間違った考を持っている。ことに関係のある北海道庁の方針が間違っている。アイヌは生き物であるから、土地を給し生活の道を立てるようにしてやるのは当り前だが、どうせ、滅亡に瀕する劣等人種ではないか？　それを教育したとて何程のためになるのだ。たとえ、一人前になれる男女が少しばかりあったにしろ、それの混血児がシャモの間に出来るのは余りありがたいことではない。僕の考えでは、生き物として飼殺しにするだけの保護を与えてやればよい。その代りだ、その代りアイヌ人種の残すべきものが、なくならない内に保存してやることだ。残すべき物とは、腐った熊の皮や器物をいうのではない。同人種が持っていた言語と文芸である。ギリシャ、ローマは亡んでもその文芸は永久に残っている。

（佐藤喜一『北海道文学史稿』より）

明治末期の日高アイヌの悲惨な状況が、この『旅中印象記』によってもわかる。シャモには、アイヌが人間として見えなかったろうし、また、見てもいなかった。岩野泡鳴が、アイヌの教化指導に当っていた道庁の役人と、どんな語らいをしながら道中したものか想像に余りある。

インテリであるはずのこの筆者にしてアイヌを見る目はこうであった。まして当時の一般移住民や出稼労働者たちは、どんな目でアイヌを見ていただろう。明治四五年祖父の住宅の新築酒宴の時、たまたま道路改修工事の土工夫数人が、アイヌが最も神聖視している東窓からのぞき込んだので、アイヌが怒って口論となった。和人の土工夫たちは少数だったため、その場は引き揚げたが、再び同僚を集めて酒宴たけなわのところを襲撃してきた。祖父もヒゲを根元から抜き取られて重傷を負った。「オレたちは、皆学校に避難してふるえていたものだ」と叔父の貝澤正雄は当時の模様を話していた。

旧土人保護法が制定されてより七〇年、たまたま保護法撤廃、存続が論議されているが、先般新聞の地方版に「生活保護率全道一」、「全道平均一九・一%、日高支庁三三・三%」と不名誉な全道一が報道されていた。また、見出しで「アルコール中毒患者がふえる」、別の地方紙では「これらの生活保護者の三分の一は不良環境地区のウタリで占められ、朝から酒をのみ勤労意欲のないところに問題がある」、この両紙を要約すると「アイヌは酒ばかりのんで働く意欲もなく、アル中となって多くは貧乏し、生活保護を受けている」ということになり、これがアイヌ人口の六〇%を占めている日高支庁管内の現状でもあろうか。前記の岩野泡鳴が日高地方を巡視した六〇年前と比較して、どれほどの前進が見られるであろう。日本が経済的に大きな成長をとげ、世界の大国となっているのに、日本国民の一員だといわれているアイヌの現状は保護民族化している。北海道旧土人保護法の功罪が論ぜられている中で、アイヌが救われないのは、アイヌの自覚が足りないからだとよくいわれている。私もその点については、全面的に否定はしないが、歴史を知れば知るほど大きな怒りを覚え、支配者と日本人に対する憎しみを抱くようになってきた。

文化性の欠けていた日本民族の支配を受けたことがアイヌの一大不幸でもあった。封建的支配を受けた弱い者が、より弱い者に対する優越感を持ってアイヌに接していたからである。北海道庁は同化を急ぐの余り、アイヌの生活を理解研究することなく、日本人的なご都合主義を押しつけた。狩猟民族のアイヌに、不慣れな農耕を指導して、わずかの給与地で土地にしばりつけた。教育行政も無定見で形式にのみ走り、精神を忘れ、アイヌの風俗、習慣、信仰についても無理解な蔑視と干渉を行なったのである。このため、アイヌの受けた精神的混乱によって、遂に無気力な、そして退廃的なものになってしまったのではないだろうか。正しい歴史の研究により、いつの日かこの問題を解明してくれるものと期待して待つだけである。

新しいアイヌ

日本の大陸侵略は、世界戦争へと発展したが、敗戦によって日本歴史も一部改められた。北海道の歴史は支配者の歴史であり、アイヌは自らの生活を守るための戦いを起したが敗れ、寸土も余さず占領された。これを歴史では反乱としているが、勝者は善人であり、敗者は悪人となった。文字を持たなかったことがアイヌの不幸でもあった。ここで、私の小学校時代をふり返ってみたい。公立二風谷小学校は旧土人学校である。わずかに在学していたシャモの子供は、アイヌと区別して先に名前を呼ばれた。掃除の仕方が悪いからと次の日も罰当番を受けるのはほとんどがアイヌの組であった。当時の旧土人学校は(他は知らないが)、五〇人近い生徒に先生が一人の教室で複式授業が行なわれていた。「読み」と「書き」だけの授業。老先生なので自習が多く、始業時間も終業時間も一定していないで、万事先生の都合のよい時間に先生が教室へ現われたものだ。こんな状態なので、六年を卒業した時には、三年生の算術の教科書が半分も終っていないばかりか、音楽や歴史も教科書だけは買ってもらえたが、内容は知らないままに終った。先生も、はじめから教える気がなかったのではないか。これが、大正一〇年前後の旧土人学校の現状なのだ。また、クラスの中に二、三人の和人がいたがよく先生に叱られていた。それも「お前たちはもっと勉強しなければ駄目だ。アイヌにまで負けているではないか」と。こんな差別的な教育が行なわれていたのである。そして、子供の頃はそれが当然なのだと受け止めていたところに問題が伏在していた。

同じ二風谷で昭和二八年の十勝沖地震で、二風谷小学校の古い校舎が半壊して校舎を改築しなければならなくなったとき、父兄たちは寒い板張りの校舎で学んだ苦しみを再び子供には味わわせたくないと、アイヌに理解のある校長先生を中心として、耐寒校舎の建設運動を展開し町当局に陳情したが、ここでも大きな差別の壁にぶつかった。コタンの子供にブロック建てや水洗便所などはぜいたくだと、だれも賛成してくれない。そこで「よし、それなら我々の力で何とかしよう」と貧乏部落が一丸となって校舎建築の労力奉仕や基金の募集に取り組み、とうとうブロック造りの耐寒校舎をつくり上げた。差別を押し返す力の現われの一つだ。

このように、若いアイヌの中からもだんだんと新しい自覚の芽が伸び始めて来た。そして「アイヌ問題研究会(東京)」「ペウレウタリの会(東京)」などが組織された。「アイヌ問題研究会」会報の巻頭言で、一女子学生はこう書いている。

北海道旧土人保護法が公布され、保護を加えられた現在では、昔の悪風は改められ教育も進んで生活状態もほとんど差がなくなり、日本人の中にとけ込んでいると言っている。しかし、現実のアイヌの姿はどうであろうか。滅びゆく民族あるいは少数民族などと特殊な目で見られ、観光客の見世物になって貧しさにあえいでいる姿を見ると、怒りと淋しさに何とも言えない気持になってくる。私の部落は、七割がアイヌで大半は零細農家と日雇などその日暮しが多い。そして、青年男女のぶつかる壁は就職と結婚であり、この時はいやというほどの差別による侮蔑の苦悩をなめる。ただ、アイヌというだけの理由で就職のできないことは、青年に大きな失望を与えている。こうしたことが、アイヌ青年の非行化の原因にもなっているが、これも義務教育がやっとという事情がアイヌをいっそう無能にしているのではなかろうか。差別が貧しさを生み、貧しさ故に差別され、同じ人間でありながら好奇な目で見られているアイヌ? しかも、アイヌはものを言う力もなく、黙って耐えている。

なぜ、アイヌは差別撤廃に立ち上ろうとしないのだ。一部には、差別と偏見の淵から抜け出ようともがいている者もあるが、多くのアイヌは差別を当然のこととして受けとめているのである。これほど恐ろしいことはないと思う。強い劣等感と卑屈感にさいなまれる人々――これは、アイヌ自身にも問題があると思われるが、団結力が足りないことも一つの原因であろう。しかし、心ない内地人に搾取され必然的にそうなったともいえる。

このアイヌ問題研究会は、就職の門を閉じ、結婚の壁を設け、貧苦を強いているものは一体何であるのか、こうした問題を深く掘りだし研究して、アイヌが受けている不当差別の解消に寄与しようとするものである。すなわち、ただ傍観者的立場でこの問題を考えるのではなく、自分自身の問題として社会のあらゆる差別の本質を知り、差別とは何か、それは何故あるのか、どうしたらなくなるのかを考え、これらの問題をとらえて行こうとするものである。

北海道出身の在京学生数名が、研究グループの中心をなしているが、下部への浸透はあまりなされていないものと思われる。もっと若い人々の代表的な声を傾聴したい。また、大学へ進学させている親の考え方も聞きたい。ここで昨年大学紛争の最中、朝日新聞に連載された「大学高校進学者への手紙」で父から子への手紙を紹介してみよう。

学校が大分荒れている様子を新聞で知り心配している。でも周囲の動きに左右されず君たちの理想に向って邁進することだ。この小さな部落からアイヌの青年が三人も同時に大学へ入学出来たことは例がないだけに、ウタリの前途に明るい希望の灯をともすものと期待している。いつも繰り返す様だが、私達の北海道を新しい立場から見直してほしいのだ。（中略）アイヌは文字がないため、歴史や文化はユーカラその他で伝承され、わずかにその一部だけが残されている。それも多くは日本人学者によってだ。急速な同化政策により語り伝える者も少なく、自らの文化を忘れつつあることから、だれかが「僕はアイヌだから史学を専攻して新しい北海道史を知りたい」と言ったが、私は全面的に賛成する。私達の先祖が長い間守り続けて来た文化を正しく後世に伝えてほしいのだ。東北地方に住んでいた多くのアイヌは大和民族に征服され、固有の文化を一片も残さず消滅した跡を踏むべきでないと思う。(中略)真理を追究する学徒として正しい北海道史をアイヌの立場から書き改めてほしいのだ。(中略)アイヌは、他民族との接触を持った当初から、数百年にわたる闘争の歴史を持ち、シャクシャインの戦を最後とし徳川封建政府と明治政府の圧政と収奪の繰り返しが続けられて、アイヌは完全に骨抜きにされたのだ。生活の総ての手段を奪い取られた民族は、世界植民史上例のないことだと思っている。君たちが、自らの体に汗して働きながら学ぶことは、大変努力を要することだ。くれぐれも体に注意して初心を貫くよう祈ります。

——貧困と差別に苦しみながらその一生を終ろうとしている父親が、無学のためなし得なかった事業を後輩に期待する悲壮な叫びではなかろうか。

私は自らの意見も言わず、例を述べるに過ぎないが共感を得たものを列記した。もう一つ、十勝の女子高校生の原稿をお借りして新しいアイヌの考えを知ってもらいたい。

歴史を振り返ることによって真の怒りを持つことができる。「差別されたから頭に来た、あいつらをやっつけたい」。それはそうだが、そんな小さな問題に目を向け右往左往しているだけでは駄目だ。私たちがアイヌ問題を追って行く時突き当る壁は同化ということだ。明治以来の同化政策の波は、もはや止めることはできないだろう。私は、何とか、アイヌの団結でシャモを征服したいものだと思った。アイヌになる。北海道をアイヌのものにできないものか。だが、アイヌの手に戻ったとしても差別や偏見は残るだろう。やはり、根本をたたき直さねばならないのです。アイヌは無くなった方がよいという考え方、シャモになろうとする気持が、少しぐらいバカでもいいからシャモと結婚するべきだと考えている人が多いと思う。私の身近でも、そういう人が随分いる。私はこのような考え方には納得できない。シャモに完全に屈服している一番みにくいアイヌの姿だと思う。これは不当な差別を受けても〝仕方がないのだ〟と弱い考え方しかできない人たちなんだと思う。アイヌだから、差別されるから、シャモになった方が得なんだと言うなら、それは悪どい、こすいアイヌだ。なぜ差別を打倒しないのか。なぜ、アイヌ系日本人になろうとするのか。なぜアイヌを堂々と主張し、それに恥じることのない強い人間になれないのか。どうしてアイヌのすばらしさを主張しようとしないのか？　私は完全なアイヌになりたい。

　個人が自己を確立し、アイヌとして真の怒りを持った時、同化の良し悪しも片づけることが出来ると思う。強く生きて、差別をはね返す強い人間になることだ。

一九七一年、旭川人権擁護委員連合会発行『コタンの痕跡――アイヌ人権史の一断面』所収

北海道ウタリ協会

札幌市中央区北三西七・北海道立社会福祉総合センター。一九四六年（昭和二一）設立。当初は社団法人北海道アイヌ協会（アイヌはアイヌ語で男の成人の意味）。一九六一年（昭和三六）、定例総会で「アイヌの呼称は、かつて差別用語として使われ、今も抵抗感を持った仲間がいる」と名称変更の動議が出され、総会はこれを了承、アイヌ協会をウタリ協会（ウタリはアイヌ語で仲間または同志の意味）と変更した。北海道在住アイヌの唯一の組織で、支庁単位に支部連合会、市町村に支部をおき、一九八〇年三月現在、三支部連合会、五一支部、二八六三世帯、一万一七三四人が加入している。一九七九年、北海道の実態調査によると、ウタリ六七一四世帯、二万四一六〇人で、協会加入数は半数に満たない。協会の運動方針は「教養を高め地位の向上をはかる」となっており、子弟の教育、住宅と環境の整備、生産基盤の確立を目指し、これらの対策を国、北海道、市町村に要望するとともに、自力更生と連帯意識の高揚に努めている。一九七九年度の実績の主なるものは、奨学資金を受けている者高校六七二人、大学三九人、専修学校・各種学校三八人、住宅の改善二一六件、地区改善四四カ所、農業基盤整備五カ所、農漁業近代化施設の設置七カ所、その他共同作業場など生活、生産基盤も逐次整えられている。過去百余年間の同化政策で、今は文字を知り日本語を日常語とし、一般の人々と同じ生活を営んでいるが、それは表面だけで、格差のあることも事実である。小学校教育で皇民化教育の弊害が生じ、差別による卑屈からアイヌ語とともに自らの精神文化を失った。先祖から語り継がれた伝承、人間として生きて行くのに大切な道徳教育の体系は完全に崩れた。協会運動は生活を向上させ、一般に追いつき追い越せという単なる生活水準の向上から、アイヌ精神復活への脱皮を迫られている。こうして「自然を大切にし、自然とともに生きた」民族文化を学ぼうとする声が高まっている。ウタリ協会の歴史は、一九三一年(昭和六)札幌で開かれたアイヌ大会にさかのぼる。シャクシャインの戦いから百余年後、全北海道のアイヌが一堂に会した歴史的会議である。北海道庁社会課の呼びかけもあったが、アイヌ代表の真実の声は会場に充満、「北海道旧土人保護法の公布から三十余年、おしつけられた法律ではなく時代に即応したアイヌのための法律改正」をとの声に応じ、北海道庁は旧土人保護法改正草案をつくり政府案として提案、一九三七年可決された。旧土人給与地の制限緩和、小学校、病院の廃止、進学資金の給付と住宅の建設費補助などであったが、施行後両三年で戦争拡大の余波を受けて中止された。一九四五年(昭和二〇)太平洋戦争の終結は日本、そしてアイヌに自由と民主主義をもたらした。一九四六年全北海道のアイヌが、日高支庁静内で大会を開き、差別の撤廃と復権の煙烟《のろし》を挙げ、社団法人北海道アイヌ協会を設立。旧土人給与地を農地法の適用外に、日高の御料牧場、種馬牧場を元から住んでいたアイヌに開放せよ、旭川旧土人給与予定地を給与せよと主張した。しかし全アイヌの願望は、連合軍司令部の命令によって抹殺され、その後の運動も挫折した。一九四七年新選挙法による衆議院議員選挙にウタリ二人が立候補、地方選挙にも知事候補、道議会議員候補各一人が立候補、落選はしたが政治意識が高まり、各地で市町村議会議員が当選している。一九四八年登別温泉で療養所を設置運営、一九六〇年水害で流失したため再建に奔走、一九六二年再建成ったが、設備の不備と運営方法の幼稚さから赤字経営を重ね、一九六九年売却、負債を整理した。一九六二年（昭和三七）日高支庁と日高地区支部連合会が、ウタリ実態調査を行った。三十数年来の調査で注目を受け、一九六五年調査結果を発表、多くの問題を提起、ウタリ対策の必要性が生じた。次いで一九七二年北海道もウタリ実態調査を実施、旧土人に代わって「ウタリ」が公用語に統一された。北海道はこの調査を基礎にウタリ対策長期計画をたて、国は北海道開発庁を窓口とし、「ウタリ対策各省庁連絡会議」を設置した。各政党も「アイヌ対策特別委員会」を設け、ウタリの生活向上に取り組んだ。一九七九年北海道は再度ウタリ実態調査を実施、調査結果を基礎に一九八一年以降のウタリ対策に取り組んでいる。現在理事一八人、常務理事一人、監事二人、理事長野村義一。

一九八一年、『北海道大百科事典』所収

北海道旧土人保護法

アイヌが和人に土地を収奪されることからアイヌを守ろうとした法律。一八九九年(明治三二)、法律第二七号で公布施行された。旧土人とは、北海道の先住民族アイヌを、蝦夷人・土人・アイノなどと呼んでいたのを、一八七八年(明治一一)に官庁呼称に統一「旧土人」とした。アイヌは古来から狩猟と漁労、採取で生活をしていて土地所有の観念がなく、明治以降開拓の進行とともに和人の移民により生活圏が侵された。第一条で一戸に付き一万五〇〇〇坪(五ha)以内の土地を無償で給与する、第五条で病気で自費治療のできない者に薬価を給付する、第九条で旧土人の多い部落に小学校を設立するなど一一条と附則とからなっている。この法律に関連して特異な法律として一九三四年(昭和九)公布の「旭川市旧土人保護地処分法」がある。わずか五〇戸を対象としたものだが、一戸当たり一haを給与し残った面積を旭川町で管理して小作させるというもの。一九三七年(同一二)法を大幅に改正、給与地の制限緩和、小学校と病院の廃止、進学者への学費支給、住宅改善に八割補助としたが、日本は戦争状態に入り両三年で放棄された。法の改正、削除も再度行われ、現在は第二条「下附シタル土地ノ所有権ハ左ノ制限ニ従フベキモノトス」の条文だけが残っている。

最終公式資料による保護法の実績は一九三五年現在、戸数三七一三のうち土地の下附戸数二七一四、下附面積七六〇五ha、設置小学校二一、病院四であった。第二次世界大戦後の農地改革で、給与地も買収対象となり、一九四八年（昭和二三）二五〇〇haが強制買収された。アイヌの保護を目的とした この法律は、後年悪法といわれ、恩恵よりも被害が大きいとアイヌの内部から批判される。旭川市のアイヌの声が発端となり、一九七〇年（昭和四五）全道市長会で「旧土人保護法は人種を差別し、人権を侵す。害あって益なき法律は廃止すべきだ」と廃止を決議した。この決議に対して、同年アイヌの唯一の組織である北海道ウタリ協会は「法の廃止は時期尚早である」と廃止反対を決議した。日本は単一民族国家という中に、北海道に少数民族のアイヌがおり、その民族のための法律が実在していることに問題があり、法の精神も実施の段階で生かされなかった。幼稚な役人が、広い北海道で画一的に法律を施行し、対象のアイヌの実態も知らず、一片の愛情もなかったのである。一九七二年（昭和四七）旭川市で「風雪の群像」が爆破されてから、アイヌ問題は一挙に噴き出し、国会、北海道議会でも論議された。北海道は一九七五―一九七六年（昭和五〇―五一）と給与地の実態調査を行い、一九七八年道議会予算特別委員会で、委員の質問に答えて給与地の現況を発表した。給与戸数三六三五戸、面積九〇六一haのうち、農地改革で強制買収（不在地主）二三一八ha、不成功没収一九五〇ha、譲渡二九九九ha、その他で計七七〇五ha（八三・四％）はアイヌの手から離れ、現在一五一八ha（一六・六％）だけが残っている。

一九八一年、『北海道大百科事典』所収、一部削除

アイヌ民族の復権に生きる

アイヌの伝統を捨てる日本人化教育

わたしは、一九一二年に北海道沙流郡平取町で生まれました。平取町には奥地まで農家や鉱山があり、一時は人口が約一万三〇〇〇人いましたが、最近になって過疎化がすすみ、現在では人口が八二〇〇人ほどになっています。そのうちの約二割、二〇〇〇人あまりがアイヌです。平取町は北海道の町村のなかでもアイヌ人口の比率がもっとも高いところです。そのなかで二風谷地区は戸数一四〇戸、人口三五〇人ほどですが、そのうちの七割から八割ぐらいまでがアイヌです。

二風谷には、わたしと同じ貝澤という姓をもっている者が三分の一ぐらいいます。アイヌにはもともと姓はありません。子どもの名前をつけるときには、その子のしぐさやその子に託す親の期待や夢と関連した名前をつけました。

ところが、明治になって戸籍法がつくられ、アイヌにも姓名をつけることが義務づけられました。そこで、おそらく役人が考えたことだと思いますが、アイヌが住んでいた土地、地名を聞いて姓をつけたらしいです。ですから、平取、鵡川、門別などでは、みなだいたい同じ姓をもっています。アイヌの姓のなかには、海馬《かいば》沢《ざわ》などというものがあります。これは、おそらく海獣のトドがたくさんいる海の近くに住んでいた人につけたものだと思います。

二風谷には、ピパウシというアイヌがいちばん古くから住んでいたコタンがあります。貝のことをアイヌ語でピパと言いますから、ピパウシというのは貝があったところという意味です。そこでそのあたりに住んでいた者には、みんな貝澤とつけたわけです。

二風谷で貝澤のつぎに多い姓は二谷です。二風谷はかつてニㇷ゚タニコタンといわれていたので、そこに住んでいた者に二谷とつけたわけです。また、平取にはピラウト゚ㇽコタンというのがありましたが、そこに住んでいた者には、平村という姓をつけました。ですから姓名を聞けば、アイヌであることや、どこの出身であるかということがすぐにわかります。

わたしが生まれたころは、アイヌでも日本人化がすすんでおり、農業を営む家が多くなっていました。また、子どもを日本語で教育しなければならなくなり、二風谷では、一八九二年に草ぶき小屋を建てて学校をつくり、日本人の先生に頼んで日本語の教育をはじめました。二風谷はいなかでしたし、またアイヌのなかに入ってくる先生はなかなかいませんでした。そのため二人目に来た二〇歳くらいの若い先生が、その後約三〇年間、二風谷の学校で教えました。ですから、わたしの家では親子二代にわたってこの先生に教えられました。

アイヌには、年ごろになった娘に入れ墨をする習慣や、女の人が死んだときあの世へいって家を建てられないといけないということで、その人が住んでいた家を燃やしてしまうという習慣がありました。明治政府は、こうした習慣を法律によってすべて禁止してしまいました。

二風谷に来た先生は、まじめな人であったのか法律に忠実であったのかはわかりませんが、こうした習慣を二風谷では口うるさくおさえたため、二、三年前に亡くなった人を最後に、入れ墨をした人はひとりもいなくなりました。静内や浦河には、まだ入れ墨をしたおばあさんがいます。法律で禁止されるようになってからも、泣いていやがる娘に入れ墨をしたというようなことがあったようです。

わたしの父親は日本人になることを真剣に願っていましたから、アイヌの習慣をあまりおこないませんでした。

たとえば、アイヌには焼酎を飲むときにもかならずカムイノミをし、神様といっしょに飲むという習慣があったのですが、わたしの父親はそうしたことをしませんでした。

わたしは父親から徹底的に日本人化教育を受けました。ですから、アイヌ語はこの年齢になっても、単語が少しわかるくらいです。

わたしが生まれ育ったころは、二風谷のアイヌはひどく貧乏をしていました。しかし、はじめからアイヌが貧乏だったわけではありません。

一八八二年に北海道開拓使が廃止され新たに三県制が布かれたとき、アイヌを狩猟民族から農耕民族にしようということで、鍬や種を与えてアイヌに農業を教えました。

沙流川の川筋は、沖積土で土地がよく肥えていたものですから、農業をはじめたころは、一反(約一〇アール)の土地にヒエをまいておけば、無肥料で一年間食べられるぐらいの収穫はあったといいます。そのころの二風谷のアイヌの生活は裕福だったようです。自給する食糧も豊富にありましたし、大豆もよくできましたので、それを馬の背中にのせて門別の浜までもっていけば金になりましたから、現金収入も十分あったわけです。

ところが、木が切り倒され奥地が乱開発されるようになると水害がおこるようになり、そのたびに沙流川の流域は一面にわたって水がたまり海のようになりました。そのような大きな水害が一〇年に一回ぐらいおこってくるものですから、二風谷のアイヌは貧乏のどん底になってしまったのでした。

一九三〇年ごろになると、「北海道旧土人保護法」(一八九九年制定)を改正しようという動きが、アイヌのなかからおこってきました。「北海道旧土人保護法」は、アイヌに一戸あたり五町歩以内の土地を無償給付すること、アイヌがたくさん住んでいるところには国費で小学校をつくること、さらに病院をつくって医療を無償にすることの三つが主な内容になっていました。

アイヌのための小学校は、明治から大正にかけて全道で二一校できました。その後、一九三〇年ごろになると、アイヌも日本語をかなり知るようになったから特別の教育をする必要はないし、日本人といっしょに教育すべきだという声がおこってきたわけです。

二風谷にはじめて学校ができた当時は、時計があるのは学校だけで、朝八時から学校がはじまるといってもだれもでていきませんでした。それで先生が振鈴を鳴らしながら学校がはじまることを知らせて歩いたそうです。

子どもたちはアイヌ語で育っていましたから、学校へ来ても先生が言っていることがわからないわけです。ですから子どもも学校へ行きたがらないし、親もわからないようなものを教えられるよりは行かないほうがいいと考えがちでした。学齢期の子どもは学校へ行くことを義務づけられていましたが、当時はほとんどだれも行きませんでした。

ところが、そのうちに教育熱心なものもあらわれ、アイヌの子どもたちも学校へ行くようになり、日本語もわかってくるようになりました。そこでアイヌの子どもを差別教育すべきではないという声が高まり、「北海道旧土人保護法」を改正してほしいという運動がおこってきたわけです。

北海道アイヌ大会には男女あわせて六、七〇人が集まったということです。わたしは、ひげをはやした人が演壇に立ち、「「旧土人保護法」を廃止せよ。これからはアイヌもシャモも同じだ」と演説するのを聞いて、うまいことを言うものだと感心したのを覚えています。

その後、「旧土人保護法」を少しずつあらためていき、アイヌの優秀な子どもを教育していこうということで、一九三二年から奨学金制度ができました。後に北海道大学の講師になった知里真志保《ちりましほ》さんが当時の東京帝国大学に在学していましたが、月三〇円の奨学金をもらっていたそうです。そのほか空知《そらち》の農学校へ入っているものには月一〇円、高等小学校や裁縫学校に入っているものには月二円の給付がありました。

奨学金制度はその後もしばらくつづきましたが、満州事変、盧溝橋《ろこうきょう》事件としだいに戦争が拡大していくにつれて政府はアイヌどころではなくなって、奨学金をストップさせてしまいました。また同じころ、アイヌが家を建てる場合には四〇〇円を限度としてその八割を国から助成するということで約一八〇〇戸を新築する計画がありましたが、それも一八〇戸ぐらいまでいったときに戦争のためにストップしてしまいました。

アイヌ大会があったときに、わたしは札幌へ出てこないかと誘われました。札幌では、一八七八年にイギリスから来たバチェラーという人が、アイヌのための学校やアイヌ語の辞典をつくったり、教会を建てたりしていました。その当時は社会主義的な思想がだんだん広まりはじめたころで、わたしもその影響を受けていましたから、キリスト教が大きらいでした。それで、わたしはその誘いを断わりました。

わたしには、札幌に出ていけない事情もありました。わたしの家は九人兄弟で、わたしは長男でしたから、家を支えていかなければなりませんでした。それで、かわりに弟をバチェラー学園の寄宿舎に入れて、札幌商業学校へ通わせることにしました。月五円の奨学金は出たものの、弟に仕送りしなければなりませんでした。当時は不景気のどん底で、山へ行って働いても八〇銭の日当しかもらえませんでした。そのうち食費が五〇銭かかり、あと三〇銭しか残りませんでしたから、わたしはみそをなめながら働きました。

それだけ苦労して学校へ通わせた弟でしたが、差別の壁にぶつかり、いちばん先に死んでしまいました。わたしも父親と同じようにアイヌであることを忘れて、早く日本人的な教育をしたほうがいいと考えて、学校へ通わせたのですが、やはりそれではだめだったのだと、いま後悔しています。

北海道アイヌ協会の活動

さて、戦争が激しくなると若いものはアイヌもシャモも区別なくみんな召集され、そして戦死していきました。不思議なもので、その当時は天皇にたいする不信感もなければ、戦争が負けるものとも思っていませんでした。とにかく一億が火の玉になってたたかいに勝たなければという気持だけでした。

しかし、戦況が悪化してくると、このまま内地にいたのでは自分も兵隊にとられてしまうと考えて、一九四一年にわたしは満州(中国東北部)に渡りました。そのときには、このまま二風谷にいたのではアイヌから逃れられないという気持も、心のどこかにあったと思います。

満州国というのは、日本が清朝の皇帝の息子を連れてきてそれを中心にしてつくった国ですが、そこは日本人も中国人も差別しないと教えられていました。わたしたちはそれを信じていたわけです。

ところが満州に行ってみると、日本でアイヌを差別したのと同じように、中国人いわゆる「満人」を差別していたのです。わたしが行ったところはハルビンから奥地に入ったところでしたが、そこには朝鮮人もたくさんいました。朝鮮人にたいする差別もひどいものでした。

わたしたちは、満州へ行ってほんとうに荒地を開墾するものだと思っていましたが、実際は満州拓殖公社が中国の農民から土地を買収して、かれらを日本人農民の使用人にするというしくみだったのです。日本の開拓団は、中国の農民にいばりちらしてかれらを働かせていました。

中国の農民から土地を取り上げたものの開拓団が耕作できなくなって、見わたすかぎり荒地になっているところもありました。満州には、日本の軍隊がたくさん入っていました。軍隊は収穫間際のところでもおかまいなしに戦車で踏みつぶしていくものですから、中国の農民は農業をやるのがいやになって、土地を手離していくものもいました。

わたしは自分が差別されて育ちましたし若かったものですから、こうした開拓団のやり方に不満をもち、中国人を弁護しました。するとアイヌのくせに生意気だと歩兵銃をつきつけられ、もう少しで殺されそうになりました。開拓団は、中国人にさんざんひどいことをしているものですから、いつ襲撃されるかわからず、警備のために一人一丁ずつ三八式の歩兵銃を持たされていました。開拓団では襲撃されると匪賊が来たと言っていましたけれど、悪いことをしていたのは日本人のほうだったのです。

それでわたしは、こんな連中のなかにいてはいつ殺されるかわからないと思って開拓団を逃げだし、町の近くへ出てきたときになかまの人に救われて、そこで農業をはじめるようになりました。

しばらくしてわたしは肺結核を患ってしまい、日本に帰ってくることになりました。

一九四五年の春、わたしは召集をうけて横須賀の海兵団に入隊したのですが、病気が完全に治っていないという理由で除隊になり、戦地に連れていかれずにすみました。人間の運命というのは、なにが幸いするかわからないものです。わたしはこうして命拾いしましたから、それからは多少でも人のために尽くしたいと考え、今日まで生きてきました。

やがて戦争で日本が負け、戦後の解放感があふれるなかで、一九四六年に日高の静内に全道からアイヌが集まり、社団法人北海道アイヌ協会が創立されました。

当時は、新しい日本ができれば、アイヌにたいする見方も多少なりともかわるのではないかという期待感がありました。

ところが日本を占領したのは、日本よりもっと悪いアメリカでした。アメリカが、アイヌにたいして誠意をもってのぞむ国でないことは、かれらの歴史が示しています。アメリカの開拓史は、結局もとから住んでいたインディアンを皆殺しにして、自分たちの国をつくりあげた歴史です。アメリカはその開拓政策を、明治の北海道開拓にもそのままうえつけてきました。北海道の開拓案を示し、北海道大学でそれを教えたのは、クラークをはじめ大半はアメリカから来た人たちでした。このようなアメリカ人が戦後北海道に来て、アイヌのためになることを本気になってやるわけがないことは、想像しただけでもわかることです。

当時、アイヌ協会の役員が北海道に来た占領軍の司令官に呼ばれて、「日本は戦争に負けたのだから、この際、アイヌは独立したらどうか」ともちかけられたことがあったそうです。そのときアイヌ協会の役員たちは、「わたしたちはいまはもうりっぱな日本人になっているから、独立する野心などありません」とこたえたそうですが、おそらくその司令官はからかい半分でそう言ったのではないかと思います。

北海道アイヌ協会の創立当時の活動方針は三つありました。そのひとつは、アイヌの給与地を農地法から除外せよとのことでした。

「北海道旧土人保護法」で約九〇〇〇町歩の土地がアイヌに給与されました。それはアイヌに農業をやれということでしたが、アイヌはそれまでずっと狩猟民族として生活してきましたから、農業にあまり熱意を示しませんでした。それに農業をやっても、農耕民族としての長い歴史をもっている日本人の農民に、太刀打ちできるわけはありませんでした。「北海道旧土人保護法」は、アイヌの歴史や実情をまったく無視したものでした。

ここで、ひとつの例をあげましょう。

当時、厚岸湾の周辺で四〇戸ぐらいのアイヌが漁師をしていました。漁師をしていればアイヌはなんとか生活していけるのです。いまでも、豊浦、白老《しらおい》、静内《しずない》、白糠《しらぬか》など海岸沿いで漁師をしているアイヌの生活は、比較的安定しています。ところが「旧土人保護法」ができたとき、土地をただでやるからといって、厚岸《あっけし》湾で漁師をしていたアイヌをみんな山の中へ追いやってしまいました。山の中の土地は牧草ぐらいしかとれず、穀物はまったくとれないところでした。

わたしが四年ほど前に行ってみたら、そこには牛小屋が一軒残っていて、聾唖《ろうあ》のおばあさんと娘が二頭の乳牛を飼い、乳をしぼって生活していました。おそらくいまはもうだれもいなくなっていると思います。結局、四〇戸のアイヌはみんな離散してしまったのでした。

こうして、土地を給与されてもほとんどのアイヌはそこから離れていくか、あるいは小作に出して出稼ぎに出ていくしかなかったのです。ですから、アイヌの土地に農地法が適用されれば不在地主ということで、給与地のほとんどが買収されてしまうことになるわけです。

北海道アイヌ協会の活動方針の二つめは、天皇や国の財産になってしまった土地をアイヌに返してもらうということでした。

日露戦争で日本は勝ちましたが、そのとき日本の馬が弱いためにロシアの騎兵にさんざんやられるという苦い経験もしました。そこで、将来軍隊を強くするためには、優秀な馬をつくらなければならないということで、日高の新冠《にいかっぷ》に天皇の御料牧場をつくり、浦河《うらかわ》に種畜牧場をつくりました。ところが、牧場にした土地はアイヌが開墾した土地で、そこに住んでいたアイヌを山の中に追い出して牧場をつくったのです。そのためアイヌ協会では、天皇や国の財産になってしまった土地の返却を要求したのでした。

三つめの活動方針は、旭川にあった一六〇町歩の給与予定地をアイヌに給与するということでした。

その土地は、「旧土人保護法」ができたとき、アイヌに一戸あたり五町歩ずつ給与することが決まっていました。しかしちょうどそのとき、旭川に軍隊の師団がおかれました。師団がおかれれば大きな都市になるから、そんなところにアイヌがいたのではじゃまになるしもったいないということで、結局その土地はアイヌに給与されず旭川市が管理して小作人にまかせ、その小作料でアイヌを保護するということにされてしまいました。

ところが、アメリカの占領政策のもとでおこなわれた農地改革では、新法が旧法にまさるという理由で、「旧土人保護法」でアイヌに給与された土地はほとんど買収されてしまったのです。五年ほど前、この問題が道議会で取り上げられ道庁が調べたところ、九〇〇〇町歩の給与地のうちアイヌがまだ自作していたのは一五〇〇町歩しかありませんでした。

こうして、アイヌ協会が創立当初かかげた活動方針は実現されないままに挫折してしまい、その後はほとんど活動しなくなるという状態になってしまいました。

これではいけない、北海道にはアイヌ民族というれっきとした民族があり組織があるのだから、これの息を吹きかえさせようということで、一九六〇年に北海道アイヌ協会の再建大会が札幌で開かれ、新しい動きがおこりはじめました。

北海道アイヌ協会は翌年の総会で、若い人はアイヌということばをいやがって協会に加入しないのではないかということで緊急動議が出され、名称を北海道ウタリ協会に変更しました。

本来アイヌということばは、りっぱな人間という意味です。それが明治以降、差別用語に変わってしまったのです。「いぬ」と発音が似ているので、子どももアイヌをみると「イヌ来た」などと言ってばかにしたものですから、アイヌということばはますますきらわれるようになりました。アイヌ自身も、アイヌといわれること自体が差別だと受けとめるところがあったのです。

アイヌにたいする差別意識は、ひとつには日本人が農耕民族であり、アイヌが狩猟民族であることのちがいからきていると思います。日本には仏教の伝統がありますから、四つ足動物を殺して食べるアイヌが野蛮にみえたのだと思います。

そのうえ、「旧土人保護法」で農業を強制されるようになってからも、農耕の経験に乏しく山の中に追いやられたアイヌは、白米などほとんど食べられず、ヒエやアワ、イモ、カボチャなどを常食として貧しい生活をしていましたから、アイヌは貧乏できたないものだという見方が固定化されてしまったのです。

それでアイヌにかわってウタリということばを使うようになったわけですが、ウタリというのはなかまとか親戚という意味です。そのため、最近ではむしろ若い人たちから、わたしたちはアイヌだからやはりアイヌということばを使うべきではないか、という声が出てくるようになりました。

北海道ウタリ協会は、会員相互の親交と福祉をはかり、教養を高め、生産基盤を確立して、社会的経済的地位の向上をはかるということを基本方針にかかげています。団体の性格は、福祉団体ということになっています。

会員は約一万二〇〇〇名で、予算の約五分の一は会員からの会費、五分の四は北海道庁からの補助金でまかなっています。

被差別部落にたいして、国は同和地区特別措置法を制定し、学校教育や住宅建設の補助金、農家にたいする圃場整備資金などを出して生活基盤の引き上げをはかっていますが、アイヌにたいしても被差別部落に準じて予算措置が講じられています。

たとえば、アイヌの子弟にたいする奨学金は国費から補助が出され、それに道が追加するというかたちで支給されています。その金額についていうと、一九八二年度では、高校の場合入学支度金として二万円、奨学金は公立が月額一万二〇〇〇円、私立が二万八〇〇〇円で、大学の場合は入学支度金三万円、奨学金は国・公立が二万三〇〇〇円、私立が四万円となっています。

現在、高校では八一六人、大学では七六人が奨学金の支給を受けています。奨学金制度ができてからアイヌの子どもも高校や大学に進学するようになり、高校進学率は現在八〇％ぐらいになっていると思います。

アイヌとしての誇りをもって

アイヌの子どもたちや青年にたいする教育においてなによりも重要なことは、アイヌとしての誇りをもたせることとです。

日本人の場合には、親があれこれ言わなくても伝統的なものが子どもに伝わっていくと思いますが、アイヌは民族的な伝統が完全にたちきられてしまっていますから、日本人と同じ生活をしていても、心のどこかに空隙のようなものがあるのです。そのため、札幌や苫小牧などの都市に出たアイヌの青年が競争に負けたりすると、励ましてくれたり心の支えになってくれる人がいなくて、不良化し、暴力団に引きこまれて、犯罪をおかすようなケースがたびたびあります。こうした問題をます。

解決するためにも、アイヌの子どもや青年にアイヌとしての誇りをもたせることが重要になっています。

では、どのようにしてアイヌとしての誇りをもたせていくのでしょうか。やはり、ことばの問題が重要になってきます。アイヌは自然を大事にし、自然とともに生活してきた精神文化をもっています。これはアイヌ語ということばを通してしか教えられません。ことばは民族の生命です。ところが、アイヌは「旧土人保護法」によって日本語を強制的におしつけられ日本的な教育を受けたために、ほとんどのアイヌがアイヌ語をすっかり忘れてしまったのです。

北海道ウタリ協会では、いま「北海道旧土人保護法」にかわるアイヌにたいする新しい補償法的な法律をつくることを要求しており、その構想もできていますが、そのなかにはアイヌ語やアイヌ文化の教育研究についての項目も盛りこまれています。それは、おおよそつぎのような内容になっています。

学校教育において、アイヌ民族にたいする理解を深めるための教科書の対策を研究実施すること、たとえば教育においては、アイヌ語、アイヌ文化、アイヌ史等についての特別講座を開設する、さらに講座担当の教員について、既存の諸規定にとらわれることなく、それぞれの分野におけるアイヌ民族のすぐれた人材を教授、助教授、講師等に登用し、アイヌ子弟の受講についても特例を設けて、それぞれの分野に専念しうることとすること、というようになっています。

うたや踊りなどをはじめとしたアイヌ文化にたいする理解や保護は、最近ようやくすすめられるようになってきました。一九八四年一月に、アイヌの古式舞踊が初めて国の文化財として指定を受けました。

いまほとんどの人は、アイヌといっても観光地に住んでいると考え、アイヌの踊りといっても観光地の踊りしか知らないと思います。観光地では派手な衣装をつけ白足袋をはき、日本の踊りに似せた踊り方をしています。

しかし、ほんとうのアイヌの踊りは、お祝いのときお酒を飲んで愉快になってきたら自然発生的にみんながたちあがって踊るというもので、見せるための踊りではありません。ですから、おばあさんたちが集まってきて踊りの輪ができたときや、一年に一回、静内《しずない》のシャクシャイン祭りに全道からアイヌが集まってきて踊るときには、みんなほんとうに楽しそうに踊っています。アイヌの踊りは心の底から踊りたくなって踊るものなのです。

現在、北海道には観光のためではない古式にならった踊りをするところが一〇カ所ほどあり、一つの連合体をつくっています。アイヌの古式舞踊を文化庁の専門家が見て、すばらしい芸能だと評価したので、今回、文化財としての指定を受けたのだと思います。

アイヌ問題を解決していくうえで、日本人にアイヌについて正しく理解してもらうということが大切だと思います。

北海道に住んでいる人でも、アイヌのことについて知らない人がたくさんいます。アイヌにたいする差別や偏見は、アイヌについてほとんど知らないというところからきています。

一昨年、札幌で小学校の先生が、オリエンテーションのときアイヌを差別する発言をし、それを聞いたアイヌの婦人が札幌市の教育委員会に抗議を申し込んだということがありました。それで札幌市教育委員会は、昨年から市内の先生たちを集め、ウタリ協会の理事長などを講師としてアイヌについての講演会を開き、その講演内容を文書にして、全市の先生に配布するようになりました。

また昨年は、札幌の高校の先生が授業のなかでアイヌについてまったくまちがったひどい内容のことを教え、ウタリ協会が抗議したのが新聞にも大きく取り上げられるということがおこりました。その先生は結局退職しましたが、学校の先生がいかにアイヌのことを知らないかということを、北海道教育委員会もようやく認めるようになりました。

それで道内の各学校で使われているアイヌについての副読本を集めて調べてみたところ、アイヌの歴史や生活、ことばなどについてばらばらな内容で記述されていることがわかり、北海道教育委員会は統一した内容のものを、今年の三月に発行するようになりました。

日本人にアイヌについて正しく理解してもらうためには、わたしたちアイヌにも正しく教える責任があります。

これまではアイヌを征服した日本人の側からしか北海道の歴史がとらえられていなかったので、それをアイヌの側からとらえかえしていく作業を昨年の九月からはじめました。完成するには四、五年かかると思います。

また最近、大阪の方からウタリ協会に講演の依頼があり、協会の理事長が講演してきました。大阪などでは、ほとんどの人が観光地のアイヌしか知りませんから、講演をきいて非常に驚いていたそうです。

アイヌはかつて日本人のことをシサムと呼んでいましたが、それは隣のなかまという意味です。同じように北から来たロシア人にたいしては、フレシサムと言っていました。おそらく、ロシア人は髪が赤いのでシサムにフレをつけてそう呼んだのだと思います。ですからアイヌは、昔から日本人もロシア人もみんななかまだという意識をもっていたのでした。

なによりもお互いに同じ人間だという立場にたって理解しあうことが、もっとも大切なことだと思います。

一九八四年一一月、「自主の道」編集委員会発行、『自主の道』一五号、所収

アイヌに関する法律を求める理由

はじめに

四十余年前の戦争の歴史さえも美化しようとする教科書の出版に対する、最も多くの被害を受けた中国や韓国からの抗議を、内政干渉だと開きなおっている国会議員の先生がいる。

今世紀の歴史さえも歪曲しようとする日本人の意識の中には、数百年前以来、アイヌに対して侵略した歴史など知るはずもなく、また知ろうなどとは考えてもいない。

侵略し、殺し、略奪した側は忘れても、された側は、その血の続く限り忘れることはできない。

忘れ去られようとしているアイヌと、日本人のかかわりの歴史をたずねてみたい。

アイヌの生活圏

昔アイヌは北海道を中心に樺太（サハリン）、千島列島と日本本州北部にまで住んでいた。

大自然の中で狩猟と漁労と自然物採取の生活で平和に暮し、自らをアイヌと呼んでいた。

アイヌとは、神に対する人間という意味で、よいアイヌを、「アイヌ・ネノ・アン・アイヌ」とアイヌを重ねて呼んだ。

日本人との出会い

晴れた日には近くに見える本州との交流は当然あったろうし、漂流民や、罪人の流刑もあったことと思う。それらの人々をアイヌは、シ・サム・ウタラ（本当に・身近い・仲間）と呼び、教えたり、教えられたりしながら、仲良く暮し混血してきた。

相互交流は、はじめ物資の交易だけであったが、シサムは道南の一部に住むようになり、豊富な資源を目的とした移住者の増加は、アイヌの生活権をおびやかすようになった。

アイヌの抵抗

移住者の増加はアイヌの漁場を荒らし、アイヌとの争いがはじまった。有名なコシャマインの戦いは、アイヌの敗北に終ったが、以来アイヌの抵抗は一〇〇年間もつづいた。

松前藩はアイヌとの抗争の不利をさとり、アイヌを手懐ける方針を取ったので争いは一応おさまった。

封建体制の強化とアイヌの抵抗が静まったことで、前よりもいっそう不平等交易がおこなわれるようになった。日常生活までも、交易に依存するようになっていたアイヌの不満が遂に爆発したのが、シャクシャイン戦争であった。

この戦いも鉄砲という火器の前に敗れ、その上和議というだまし討ちでアイヌは敗北した。この後の戦後処理は過酷なものであった。

松前藩は各地のコタンを回り、帰順をすすめて降伏させると、多くの償物をとり、起請文の護符を焼いて呑ませた。

札幌県の授産奨励

一八八二年開拓使は廃止され三県制が布かれた。開拓の進行と人口の増加によって、狩猟や漁労に依存していたアイヌの生活は苦しくなった。

札幌県はアイヌに農業授産の計画をたて、農具や種子を与えて農業指導をおこなった。

祖父は万延元年(一八六〇)生れで、「旧土人救済法」が布かれたのは、明治一八年で祖父の二四歳位の働き盛りの頃であった。「浜にばっかり行っていたので」と孫に弁解したのが分る。

その頃までのアイヌの農法は住んでいる近くに僅かの土地を耕し僅かの穀物、豆類、野菜だけで、外には沙流川が湾曲した流れをなし、うっそうとした密林が川岸を埋めていた。増水するとどろ水が低い所にたまる。肥沃な泥土が底に残る。そこへ春先ヒエの種をバラ播にする。秋には立派に実って収穫できる。穀物はそれだけで充分であった。

農業指導は河畔の木を切ることからはじまった。河川流域は原始のままの肥沃な沖積土で、無肥料でも収穫が多かった。穀物は二反も作れば年間の食料が得られた。

アイヌの生活がだんだん現金を必要とするようになったので、換金作物として大豆や小豆を作り、収穫物を馬の背に乗せ門別浜で売って日用品を入手した。

二風谷の全盛時代は、明治二〇年から三〇年代で、日本人の大工や職人を入れて日本式の家を建てた。本葺、柾葺、土台つきで敷板をひいた家が、私が物心ついた大正のなかばで、五〇戸の内一六戸はあった。

一枚一枚の板を人力でやる木挽きの作業では、一軒の家を建てる日数は相当だったろう。皆の申し合せで小学校をつくり日本人の先生を招いたのも、一八九二年の全盛期だ。

奥地の乱開発と水害

北海道の開拓は木を切ることからはじまり、入植者の増加で木はどんどん伐られていく。沙流川流域は平地は少なく、山は立っており急流だ。無計画な開発は自然の怒りを招くので、一八九八年の水害は人も家畜も家も押し流してしまった。それ以来無防備の耕地は度重なる水害にみまわれ、男は農業に専念できず出稼ぎで生計をたてるようになった。

測量人夫、山稼ぎ、造林人夫と底辺の職業に転落することとなり、場所請負制の時代と同じく村には女子どもだけとなった。

大資本に蚕食されたアイヌモシリ

アイヌモシリとは、人間の住む静かな大地という意味である。

明治政府は天皇の名で、アイヌの大地を国有地とし、政府に都合のよい法律を制定して、アイヌの生活や文化を抹殺しようとした。

法律の中でも一八九七年制定の「国有未開地処分法」は、大資本家と華族と政治家が、この大地を無償で手に入れるための法律であった。

私達の住んでいる裏山を、アイヌはニナルカ（薪をとる高台）と呼んでいたのが、社有林となり薪をとると盗伐になってしまった。

アイヌの住んでいる周りの山は、アイヌの権利は認められず、国有林と社有林になっている。

「国有未開地処分法」も悪名が高く、一九〇七年廃止されたが、その時は既にアイヌモシリは大地主のものとなっていた。

一九一〇年苫小牧に王子製紙工場ができ、パルプ原料の松丸太は、鵡川《むかわ》と沙流川《さるがわ》の上流から伐り出された。水害多発の沙流川上流の伐採がはじまった。冬の間伐採、川辺まではこんだのを春の雪解け水を利用して流送するのだ。無防備の河川流域の農地には、増水の度に原料丸太が寄り上る。その上岸辺に丸太がぶつかり耕地は音をたてて崩れて行く。蒔付けが終った農地がどんどん欠損して行くのを見ても、相手に対して抗議するすべも知らなかった。天災だとあきらめた。その頃の資本家は国家権力より大きな力を持っていた。

北海道アイヌ協会の設立

日本は戦争に負けた。日本はアメリカの占領政策の下で、日本民族の誇りを捨て同じ人間として再出発することになった。

アイヌだって解放され民主国家の一員となり、やっと日本人と平等になったとの解放感で、アイヌの有志が集まり「社団法人北海道アイヌ協会」を設立したのが、一九四六年のことであった。アイヌ協会の運動目標は、

一、旧土人保護法で給与された土地を農地法から除外せよ

一、旭川アイヌ給与予定地を旧土人保護法の規定によりアイヌに給与せよ

一、天皇の名で取りあげた新冠《にいかつぷ》御料牧場、浦河《うらかわ》種馬所を元住んでいたアイヌに返せ

以上の権利回復を目的とした運動を展開した。北海道庁長官、アメリカ軍司令部、宮内省、農林省などに陳情を重ねた。

当時中心となって運動した小川佐助さんの話では、天皇に面会を求めたが会ってくれず、高松宮が代って会った。アイヌの話に興味を持たれ、長い時間話し合った。だがその効果は果してあったかどうか。

アイヌ協会の運動で強制買収は保留されていたが、占領軍の命令は「新法は旧法に優先させよ」

とのこと、旧土人給与地と旭川アイヌ給与予定地は小作人に売り渡された。ただ新冠御料牧場には僅かではあったが、アイヌの帰郷を認められ入地した。解放感にあふれ失った権利の恢復を目ざしたが、権力の壁は厚かった。協会の指導者が挫折した。中心指導者の小川佐助さんが京都に転住したことにも原因があったようだ。

その後のアイヌ協会は、登別温泉に療養所をつくるなどの事業をおこなったが、あまり利用されず、この建物が水害で流出し、その再建問題が、道内アイヌの結集につながった。

一九六〇年、札幌市で再建大会を開き、全アイヌの福利厚生と生活向上、教育の向上などをかかげ、アイヌ相互の団結を誓った。

翌一九六一年度の総会で「アイヌの名称はかつて差別用語と受けとめていた仲間が多い、会員の参加を多く求めるためには名称を変更しては」との動議が出され、「アイヌ」を「ウタリ」とする変更を満場一致で決定した。

ウタリ福祉対策とアイヌ新法の要求

一九七三年、ウタリ協会の強い要望で、道は「第一次北海道ウタリ福祉対策」の長期計画を立て国に予算要望をした。

一九八一年、第二次長期計画をたて、一九八七年までとなっており、一九八八年以降の対策をたてるための実態調査をおこなった。

一一月五日、道はウタリ実態調査の結果を発表した。それによると七一六八世帯、二万四三八一人、第一次産業が最も多く四二・三%を占めていて零細である。

所得も低く、生活保護を受けているのは、六%と一般の三倍となっている。高校進学も七八・四%と一般に比べて低く、大学では八・一%と一段と低い。

この調査の一部を見ても分るが、一般道民の生活に比べてまだまだ格差がある。第一次第二次と、ウタリ対策の成果は少なくはなく、高校の進学率は上向きではあるが、即生活の向上にはつながっていない。

敗戦の時に一般道民ともどもスタートラインに立ったはずだが、貧困と差別によっていためつけられた傷はなおっていなかった。

日本人社会の急速な経済発展についていけなかった。格差は益々広がって来ている。

北海道ウタリ協会はこの格差是正には根本的な解決策をとらねばと、常々検討してきていた。その結果、長い歴史の中で圧迫と差別・自らの精神文化を失ったことで、自信もまた失ってしまったのだ。今後の方針として、アイヌ語とアイヌ文化を復活して、アイヌ精神のよりどころをつくることと、経済社会に伍して行くには、経済的な援助が必要との結論に達した。

一九八四年度ウタリ協会の定例総会で、「アイヌ民族に関する法律」の制定を国に強く要請することを満場一致で決議した。

協会は道知事と道議会に陳情、これをうけて知事は、私的諮問機関として「ウタリ問題懇話会」

を設置、現在検討中である。
次にこの法律案の前文、本法を制定する理由と案文を転載する。

アイヌ民族に関する法律(案)

(昭和五十九年五月二十七日　社団法人北海道ウタリ協会総会において可決)

前文

この法律は、日本国に固有の文化を持ったアイヌ民族が存在することを認め、日本国憲法のもとに民族の誇りが尊重され、民族の権利が保障されることを目的とする。

本法を制定する理由

北海道、樺太、千島列島をアイヌモシリ(アイヌの住む大地)として、固有の言語と文化を持ち、共通の経済生活を営み、独自の歴史を築いた集団がアイヌ民族であり、徳川幕府や松前藩の非道な侵略や圧迫とたたかいながらも民族としての自主性を固持してきた。

明治維新によって近代的統一国家への第一歩を踏み出した日本政府は、先住民であるアイヌとの間になんの交渉もなくアイヌモシリ全土を持主なき土地として一方的に領土に組みいれ、また帝政ロシアとの間に千島・樺太および北千島のアイヌの安住の地を強制的に棄てさせたのである。

土地も森も海もうばわれ、鹿をとれば密猟、鮭をとれば密漁、薪をとれば盗伐とされ、一方、和人移民が洪水のように流れこみ、すさまじい乱開発が始まり、アイヌ民族はまさに生存そのものを脅かされるにいたった。

アイヌは、給与地にしばられて居住の自由、農業以外の職業を選択する自由をせばめられ、教育においては民族固有の言語もうばわれ、差別と偏見を基調にした「同化」政策によって民族の尊厳はふみにじられた。

戦後の農地改革はいわゆる旧土人給与地にもおよび、さらに農業近代化政策の波は零細貧農のアイヌを四散させ、コタンはつぎつぎと崩壊していった。

いま道内に住むアイヌは数万人、道外では数千人といわれる。その多くは、不当な人種的偏見と差別によって就職の機会均等が保障されず、近代的企業から締め出されて、潜在失業者群を形成しており、生活はつねに不安定である。差別は貧困を拡大し、貧困はさらにいっそうの差別を生み、生活環境、子弟の進学状況などでも格差をひろげているのが現状である。

現在行われているいわゆる北海道ウタリ福祉対策の実態は現行諸法諸制度の寄せ集めにすぎず、整合性を欠くばかりでなく、何よりもアイヌ民族にたいする国としての責任があいまいにされている。

いま求められているのは、アイヌの民族的権利の回復を前提にした人種的差別の一掃、民族教育と文化の振興、経済自立対策など、抜本的かつ総合的な制度を確立することである。

アイヌ民族問題は、日本の近代国家への成立過程においてひきおこされた恥ずべき歴史的所産であり、日本国憲法によって保障された基本的人権にかかわる重要な課題をはらんでいる。このような事態を解決することは政府の責任であり、全国民的な課題であるとの認識から、ここに屈辱的なアイヌ民族差別法である北海道旧土人保護法を廃止し、新たにアイヌ民族に関する法律を制定するものである。

この法律は国内に存在するすべてのアイヌ民族を対象とする。

第一　基本的人権

アイヌ民族は多年にわたる有形無形の人種的差別によって教育、社会、経済などの諸分野における基本的人権を著しくそこなわれてきたのである。

このことにかんがみ、アイヌ民族に関する法律はアイヌ民族にたいする差別の絶滅を基本理念とする。

第二　参政権

明治維新以来、アイヌ民族は「土人」あるいは「旧土人」という公的名称のもとに、一般日本人とは異なる差別的処遇を受けてきたのである。明治以前については改めていうまでもない。したがってこれまでの屈辱的地位を回復するためには、国会ならびに地方議会にアイヌ民族代表としての議席を確保し、アイヌ民族の諸要求を正しく国政ならびに地方政治に反映させることが不可欠であり、政府はそのための具体的な方法をすみやかに措置する。

第三　教育・文化

北海道旧土人保護法のもとにおけるアイヌ民族にたいする国家的差別はアイヌの基本的人権を著しく阻害しているだけでなく、一般国民のアイヌ差別を助長させ、ひいてはアイヌ民族の教育・文化の面での順当な発展をさまたげ、これがアイヌ民族をして社会的、経済的にも劣勢ならしめる一要因になっている。

政府は、こうした現状を打破することがアイヌ民族政策の最重要課題の一つであるとの見解に立って、つぎのような諸施策をおこなうこととする。

1　アイヌ子弟の総合的教育対策を実施する。

2　アイヌ子弟教育にはアイヌ語学習を計画的に導入する。

3　学校教育および社会教育からアイヌ民族にたいする差別を一掃するための対策を実施する。

4　大学教育においてはアイヌ語、アイヌ民族文化、アイヌ史等についての講座を開設する。さらに、講座担当の教員については既存の諸規定にとらわれることなくそれぞれの分野におけるアイヌ民族のすぐれた人材を教授、助教授、講師等に登用し、アイヌ子弟の入学および受講についても特例を設けてそれぞれの分野に専念しうるようにする。

5　アイヌ語、アイヌ文化の研究、維持を主目的とする国立研究施設を設置する。これにはアイヌ民族が研究者として主体的に参加する。従来の研究はアイヌ民族の意思が反映されないままに一方的におこなわれ、アイヌ民族をいわゆる研究対象としているところに基本的過誤があったのであり、こうした研究のあり方は変革されなければならない。

6　現在おこなわれつつあるアイヌ民族文化の伝承・保存についても、問題点の有無をさらに再検討し、完全を期する。

第四　農業漁業林業商工業等

農業に従事せんとする者に対しては、北海道旧土人保護法によれば、一戸当り一五〇〇〇坪（約五ヘクタール）以内の交付が規定されているが、これまでのアイヌ民族による農業経営を困難ならしめている背景にはあきらかに一般日本人とは異なる差別的規定があることを認めざるをえない。北海道旧土人保護法の廃止とともに、アイヌ民族の経営する農業については、この時代にふさわしい対策を確立すべきである。

漁業、林業、商工業等についても、アイヌの生活実態にたいする理解が欠けていることから適切な対策がなされないままに放置されているのが現状である。

したがって、アイヌ民族の経済的自立を促進するために、つぎのような必要な諸条件を整備するものとする。

農業

1　適正経営面積の確保
北海道農業は稲作、畑作、酪農、畜産に大別されるが、地域農業形態に即応する適正経営面積を確保する。

2　生産基盤の整備および近代化
アイヌ民族の経営する農業の生産基盤整備事業については、既存の法令にとらわれることなく実施する。

3　その他

漁業

1　漁業権付与
漁業を営む者またはこれに従事する者については、現在漁業権の有無にかかわらず希望する者にはその権利を付与する。

2　生産基盤の整備および近代化
アイヌ民族の経営する漁業の生産基盤整備事業については、既存の法令にとらわれることなく実施する。

3　その他

林業

1　林業の振興

林業を営む者または林業に従事する者にたいしては必要な振興措置を講ずる。

商工業

1　商工業の振興

アイヌ民族の営む商工業にはその振興のための必要な施策を講ずる。

労働対策

1　就職機会の拡大化

これまでの歴史的な背景はアイヌ民族の経済的立場を著しくかつ慢性的に低からしめている。潜在的失業者とみなされる季節労働者がとくに多いのもそのあらわれである。政府はアイヌ民族にたいしては就職機会の拡大化等の各般の労働対策を積極的に推進する。

第五　民族自立化基金

従来、いわゆる北海道ウタリ福祉対策として年度毎に政府および道による補助金が予算化されているが、このような保護的政策は廃止され、アイヌ民族の自立化のための基本的政策が確立されなければならない。参政権の確保、教育・文化の振興、農業漁業など産業の基盤整備もそのひとつである。これらの諸政策については、国、道および市町村の責任において行うべきものと民族の責任において行うべきものとがあり、とくに後者のためには民族自立化基金ともいうべきものを創設する。同基金はアイヌ民族の自主的運営とする。

基金の原資については、政府は責任を負うべきであると考える。

基金は遅くとも現行の第二次七カ年計画が完了する昭和六十二年度に発足させる。

第六　審議機関

国政および地方政治にアイヌ民族政策を正当かつ継続的に反映させるために、つぎの審議機関を設置する。

1　首相直属あるいはこれに準ずる中央アイヌ民族対策審議会（仮称）を創設し、その構成員としては関係大臣のほかアイヌ民族代表、各党を代表する両院議員、学識経験者等をあてる。

2　国段階での審議会と並行して、北海道においては北海道アイヌ民族対策審議会（仮称）を創設する。構成については中央の審議会に準ずる。

一九八七年三月、歴史科学協議会編集『歴史評論』四四三号、校倉書房、所収、一部削除

三——世界をあるく・歴史をあるく

中国・内蒙古にて

中国への旅

はじめに

一九七三年一二月、陳楚駐日中国大使一行が北海道を視察し、平取町二風谷を訪問しました。その際、私が「中国の少数民族との交流を希望する。ぜひ、中国の少数民族政策を知りたい」と申し入れました。これに対して、陳楚大使は「そういう希望があれば、本国と打合わせて、明年早々にも招待しましょう」と、約束されました。

正式決定の後、岡田春夫先生や中国大使館と連絡をとりながら、人選を進めました。ぜひ参加して欲しい人は、訪中の目的や性格に疑問があるからとのこと。また職場の都合で上司の許可が出ないからと断念する人もあり、二転三転し渡航手続きぎりぎりの一月一六日になって、団員一五名が決定しました。

二月一八日、東京に集合して、中国大使館へ挨拶に行き、陳楚大使から激励を受けました。翌一九日、羽田を出発する際には、中国大使館員や岡田先生をはじめ在京の知人多数の御見送りを受けました。なかでも、うれしかったことは新聞紙上で知った在京のウタリの方々が多数見送ってくれたことでした。

二〇日の北京空港には、夜にもかかわらず中日友好協会秘書長の孫平化先生をはじめ、オロチョンなど少数民族代表の方々に出迎えをうけました。

新聞などで知っていた北京飯店では、門のところに軍服を着た歩哨が立っていることだけが一般のホテルと違っていると思いました。おそいので日程会議は改めて開くこととし、翌日の日程だけを決めて中国最初の床につきました。

二一日の日程会議で、団としての希望を申し入れました。

一、東北地区（旧満州）の少数民族はアイヌと共通点が多いと聞いているので、ぜひ交流させてほしい。

二、内蒙古自治区の遊牧民との交流をしたい。

三、南方の少数民族との交流をしたい。

四、そのために日程がなければ都市近郊の視察は省いてもよい。

以上四点について話合いが進められ、

一については、中ソ国境にソ連が百万の軍隊を集結している。そのこともあるが、少数民族地区は交通の便が悪く宿泊施設も充分ではないので断念してほしい。

二については、検討して団の意向に添うよう努力したい。

三については、検討させてほしい。

四については、解放後の中国を知るためには工芸品・工業生産・人民公社、都市居民区を見なければ、中国の現状は解らないので、ぜひ見てほしいとのことだった。

少数民族との交流については、北京の中央民族学院はもちろんのこと、訪問の先々で少数民族の幹部をはじめとして多くの方々に歓待していただき、交流の機会を数多くつくる心遣いをしてくれました。中央民族学院を訪問した時は、チベット族のお正月でした。民族の歌や踊りの交歓をし、昼食には民族料理を御馳走してくれました。また、内蒙古自治区では革命委員会の副主任の蒙古族の方が、一番大切にしているという腰につける飾りつけをした小刀と箸とを組合わせたものを、アイヌ訪中団に記念に差上げたいと、出発間際に自宅に取りに行かれ、団員一同感激致しました。

私が当初から願っていたことは団員が仲よく無事に帰国できることであり、それだけで充分だと思っていました。出発に先だって、ウタリの方々や報道関係者から激励を受け、期待をかけられ、また不安な点など多くの御注意と御注文を受けました。アイヌが団体でしかも世界の大国から招待され、日本と違った体制の国へ交流を目的として訪問するのです。私達アイヌとしてこの度の訪中は歴史的意義を持っていると思っています。近世まで原始共同体の生活をしていたアイヌが文字を知り日本語を学び近代文明社会の仲間入りをして七十余年、人間としてまともに取扱われたのは敗戦後で、二十余年にしかなっておりません。心配されることは当然だと思います。それだけにたくさんの方々から受けました御忠告に対し深く感謝申し上げます。そのことによって団員一同終始発言や行動に注意し、相互批判と自己批判を繰返しました。私など柄にもなく団長に選ばれ、すべての責任を背負わされただけに大変気を遣いました。幸いにも長老の山本顧問が常に先輩としての気遣いをなされました。秘書長の成田君も若さを充分発揮され、常に適切な行動と発言をしてくれました。門別・沢井両副団長以下全団員の方々が、団長を中心として、いついかなる場合でもがっちりとスクラムを組んでいました。全道の広い地域からしかも老年中年青年に婦人まで入った各層の団構成でありましたが、仲間意識から百年来の知己同様になりました。弱い者は同じ弱い者どうし、反目の弊はアイヌにはなかったのだと、意を強くしました。懸案となっている組織の統一などにも明るい希望が持てることでしょう。

この度の訪中で私達が大きな自信を得たことは、国際社会に出ても人間として対等の行動を取れたことでした。ただ一つ残念だったのは、私をも含めて病人の出たことでした。寒い季節でもあったのと日程に無理があったのか、「私達の御世話が充分でなかったから」と中国の関係者は言っておりましたが、今後の団編成には充分考えておくべきことと思います。

この度の訪中を希望されながら行けなかった皆様にお詫びを申し上げると共に、今後のことを期待していただきたいことは、以前にも団の声明として申し上げたように、「この度の訪中はこれからの踏み台であり、私達は第一回目の新しい道をつけることを目標にしたい」、このことを念頭においての団員は行動をしました。幸いにも悪評を受けず、訪問した先々で大歓迎をうけました。帰国を前にして中日友好協会に挨拶に行きましたところ、廖承志会長が「第二次は勿論のこと四次でも五次でもよこして下さい、喜んで歓迎します」と言って下さいました。今後の訪中についての可能性と希望を持っていただきたいと思います。

ところで、少しだけ申し添えたいことは、中国の新しい社会への息吹きを私が全身に感じたことです。日本と余りにも違った社会で、しかも短い旅行者の批評はひかえたいと思いますが、人間の知恵を正しい方法で人類の幸福のために働かせているということです。子供から女性・老人・身障者まで、明るく常に笑顔を失わず、私達に接してくれました。誰もが手をさしのべて堅い握手を交す。みんなが同じ人間なのだという親近感が湧いて来ました。それが何故同じ日本人だといわれている人との間にはできないのだろうか。中国では、服装も生活も労働もみな同じです。それに反して、自由社会ではなんと不自由な暮しを強いられているかということでした。余りにも無駄が多過ぎる、数え切れない無駄を繰返している。行政に生活に労働に教育に、すべてに無駄が多いことを、我が身の周囲を見回し、改めて考えなおしています。どうにもならないことだと思いながらも自由主義社会の不自由を感ずる毎日です。また、今回の訪中にあたって御支援と御協力をいただいた多くの方々に感謝とお礼を申し上げます。

最後になりますが、今回の二十日間の交流で、私が心の底から感じたものは、仲間はこんなにも多く、しかも身近にあるものだということでした。私達は日中友好が一層発展し、交流が更に深まるよう、団員一人一人が努力していきたいと考えています。

（一九七四年四月）

広州での入院の思い出

「余り無理な日程でもないのに病人が続出する、アイヌは体力が弱いのかなあ……」と、訪中以来御世話をして下さった先生の言葉だ。山本顧問が入院、木村さんも待望の内蒙古行きを断念して宿舎で静養、そこへ私が熱を出して休養したいと申し出た。「大変御迷惑をかけて申し訳ありません」とお詫びすると、「いや私達の御世話に充分気のつかない不注意があったのではないかと反省している」と、答が返って来た。

私は自然を相手の自由な農業が職業で、早寝・早起き、わがままが定着していた。それが馴れない団体行動と、団長としての責任の重さとが二重になり、寝不足と軽い風邪の症状だった。病院へ行くほどのこともないので、沢井副団長の持参した売薬でおさえながら、内蒙古へ出発した。

帰って来て北京を発つ予定日の前日、休養を申し出たところ、「病院へ行け」と強くいわれ案内されるままに病院へ行く。中医(漢方医)の待合所は月曜日なので大分混んでいたが、患者各自がカルテを選び出している以外は日本とあまり変らない風景だ。診察を受けると、注射はペニシリンで、薬は医師が自ら薬室で長い時間をかけて煎じた水薬で、ビンが熱かった。

一晩寝たら熱も平熱に戻り、出発には差支えなくなった。御世話になった先生方や少数民族代表、北京駐在の新聞記者団の見送りを受けて、北京空港を出発した。

広州空港では、入国の時にお世話になった湯先生らに迎えられ、広東迎賓館に案内された。北京から飛行時間が僅か二時間、こんなに違った世界があるかと驚く。緑濃い街路樹、真紅の花、広州はすっかり春だ。

部屋へ案内され落着くと、またもや「団長の部屋が立派だ」と、団員はつぎつぎと出入りする。どちらで連絡をつけたのか、間もなく女医が往診に来てくれた。四十度近い熱があったため、広州第一人民病院で更に精密な検査を受け、その場で入院をさせられた。その頃は既に夜に入っており、病院の庭園は大きな街路樹の中で街灯が薄暗く春雨に煙っていた。必要以上無駄をしない節電が目立つ。私の入院室は二階の個室で、浴室・便所もついた広い部屋だった。隣室には当直の看護婦がいた。

通訳の先生が、こまごまと入院中の注意、食事の注文など気を配って帰られた。入れかわるようにしてつきそいとして呼ばれたと、中年の女の人が片言の日本語で話しかけてくれる。患者が心細いのではないかとの心づかいなのだろう。子供の頃神戸で育ったとも語り、すごく美しい女性だなあ……と思った。次の日も来てくれるのかと心待ちに待ったが、残念なことに遂に現われなかった。

当直の看護婦は食事の世話と注射をしてくれる。後向きにねかせて、臀部への注射だ。柔かい手でマッサージをしながら長い時間をかけて「痛《トン》、不痛《ブトン》」と聞く。私はうろ憶えの中国語で「不痛《ブトン》」と答えると、意味が分ったのか「好《ハオ》、好《ハオ》」とにっこり笑って見せる。

次の朝、昨日往診された女医と、大分年輩の女医が私を診察してくれた。二人の診断結果は一致を見た。「大したことはない、ただの熱だ」と話し合っていたのだろう。間もなく案内の先生や副団長の門別さんが見舞に来られ、団の会議での決定事項を伝えられた。「広州出発を一日延期する。団長が退院出来ない時は一人を残して予定通り出発する」と、私一人のために団員の皆様をはじめ案内して下さった中日友好協会、革命委員会の皆様に御迷惑をかけたことの責任を痛感しながら、静かに回復を待った。

二晩と一日の入院中、心のこもった看病で私の病気はすっかりよくなった。「医学を人民のために奉仕する」、その精神を私は直接体験した。北京・広州ともに女医が多いことと、看護婦も中年以上の人が多い。その理由は私達が内蒙古のチリンゴル人民公社の病院と中薬研究所訪問の際に説明を受けたことで思い当る。「現在の病院の治療方法は都市向きである。大切なことは実践の中から学び向上することである。こうして学んだ医者を大量に農村に送り込まなければならない」。この方針で都市の医者は、大病院をあとに農村に定住し、農村青年の間からどしどしハダシの医者が誕生した。チリンゴルは北京から飛行機で四時間、飛行場のあるシリンホトからさらに草原の道をジープでとばして二時間という奥地なのに、病院の医者は若い青年だ。

医療にしても西洋医一辺倒ではなく、洋医、中医の結合が行われていて、薬の原料としての山野草の標本などがたくさん集められている。人民公社の社員は年間一元の掛金で治療を受けられる。

この例と対比して、日本では、私達の農村はどうだろう、先頃、新聞で「苦悩する自治体」、「医者さがしで火の車」というタイトルで道内の辺地町村における医者不足で苦悩する例を連載していた。それによると、住民四〇〇〇人のある村で、税金収入五八〇〇万円のうち、二六〇〇万円を医者の人件費にあてている。それでも村に落着いて医療に専念してくれる医者がいない。村長の仕事の大半は医者さがしで、やっと医者が来てくれても、もう次の医者さがしをしなければならない。「村に来た医者も長くて三年短くて三ヵ月」、「どうしても見つからない時は、一週間、十日と短期間のリレー方式で、ほかの病院の医者に出張してもらう」という。札幌から二時間、苫小牧から一時間の私達の町も、この例と五十歩百歩である。

経済大国で先進国といわれ、福祉社会を看板にしている私達の国、そして医学の研究では、世界の最高水準を行くといわれている日本、その中での農山村は医者が来てくれず苦しんでいる。この実態を私達は知り、なぜかを見極めねばならない。

農村雑感

食うために働くのか、働くため食うのか。働くことに追われて、私は食うことの大切なことを知らなかった。「土方の立食い」が普通で、旧軍隊では食うのではなく「流し込み」を、初年兵からしつけられた。

私は農民であるだけに解放後の中国の農村、人民公社を訪問して、食うことと共に食糧の生産がどんなに大切であるかを骨身にしみて帰って来た。中国では、「生きるために食うのではなく、食うことによって生き甲斐を感ずる」という。朝晩はもちろんだが、昼食でも一時間をかけ、一時間は午睡《ひるね》をする。役所、学校、工場、農村みな同じだ。被服はご承知のとおり綿布の人民服を着、男女子供にいたるまで同じで、家の中は家具その他ぜいたくな物は見当らないが、食事だけは十分に美味しいものをとっていると聞かされた。

中国の国土は日本の二六倍、人口は七倍強で世界で三番目の大きな国だが、国土の過半は農耕不適地であり、そのためにも食糧の生産は国政の大きな柱となっている。

広州への車窓から見えた風景は、南国だけに美しかった。耕地整理は完全だとはいえないが、平地はほとんど水田、高台は果樹園、山は植林され下草まできれいに下刈されている。水田には既に水が入っていて、苗代には苗が青々と伸びている。街路樹に囲まれた北京郊外の南苑人民公社は、野菜を主としていて、ハウスの中でキュウリなどが大きく育っていた。

上海郊外の馬陸人民公社は、農商工業を営む経済単位と教育軍事医療その他の行政単位とが、一本化した組織である。人民公社、生産大隊、生産隊の三級に分かれ、生産隊は部落単位の基本的生産手段で、土地、役畜、小農機具を持っている。大隊は中大型農機具、農産物加工場、農機具修理工場を持っており、公社は大きな工場、水利施設を持ち、それぞれ管理していた。

経済計算の基本単位も生産隊におかれていて、農家はわずかの自営地を持ち、野菜を自給し、養鶏養豚や家庭副業を行い、集団経済の補充をしている。個人に対する分配方法は生産費およびその他の経費を差引き、残った額(大体五〇%)を各自の労働点数と平均割で分配される。中国の国民の月収は五〇元から一〇〇元(一元は日本円で約一五〇円)で、食費は月二〇—三〇元で十分とのことであった。

馬陸人民公社は、米・麦・綿花が主で、畜産や農村工業を行っている。水稲について一例を挙げれば、一年に二回収穫でき、米裏作は小麦で三毛作を行い、全耕地が灌水できるようになっている。反収は二回で一〇〇〇キロ(中国では籾貯蔵なので籾の目方)、生産大隊は大型の田植機もあり、現在三〇%位は機械で、密植栽培をしていた。

驚いたことには、上海市内の下排水を農村に導き、灌水に利用していたことだった。下排水の末端処理を河や海に流さないで、公害を防ぐとともに肥料分を活用して一挙両得だ。また灌漑施設を地下に埋没して、その上を耕地として利用している。

内蒙古のチリンゴル人民公社では、公社員二千余人、牛・馬・ラクダ・緬羊など家畜の生産が主で、四万数千頭を飼育している。大草原は肥料も使わず牧柵も必要としない上、雪も少ないので冬期間も放牧している。解放前は家畜とともにはてしなく広い草原を移動する遊牧生活であったが、今では生産隊単位に定住している。

生産隊の人達は包《パオ》という移動式の住居に住んでいる。一時間位で組立てることができ、屋根も囲いもフェルトを使っている。どんな寒気にも耐え、雨も洩らない。包の中で昼食の蒙古料理を御馳走になりながら蒙古語↔漢語↔日本語、それにアイヌ語も入り、時間を忘れて話し合った。同じ少数民族だけに共通点もあり大変楽しかった。

ここの生産隊は家畜が増加していくので、都市の労働者よりも収入は多く貯金も多いとのことだ。

北京—内蒙古の往復には二十数人乗りのプロペラ機だったので低空を飛び、地上の様子が手にとるように見えた。奥地は別としても、北京近くは山の上まで畑を作っている。

「耕して天に至る」は日本だけではない。中国農民の合言葉「大寨《たいさい》に学べ」の大寨人民公社も山の段々畑で食糧増産の実績をあげたところだ。中国では、土のないところに土を運び、水のないところは井戸を掘り、何千キロもの運河を掘って、いたる所に食糧を作っている。自力更生と自給自足を実践しているのだ。

国の基本政策も農業で、平等の社会においても農民を第一に挙げており、農工軍が一体となり、軍人も常に農民とともに働き、大学への入学条件の一つとして学生は農業に従事し、頭脳労働者も幹部クラスも下放といって、ある期間農村で農民とともに作業をする。このことは、古くから残っている官僚主義、封建主義との闘いだと言っている。即ち革命である。自己批判の場を与えているのだ。農民意識についても私達は考えさせられた。

北京から北西四〇キロほど離れた万里の長城や明の十三陵を見学した際、私は車窓から人民公社の農民が野良に出て働いているのを見た。何台かのショベルが土を動かし、馬の背の籠に土を入れ、また一輪車を押して土を運んでいた。文明の機械が一度に何十人分もの仕事をする私達なら、無駄なことだと立って見ているのが普通だが、中国の農民は黙々と働いている。これが古くして新しい中国の姿かもしれない。

「愚公山を移す」、古い言葉が今新しく叫ばれている。愚公の前にあった二つの山は封建思想であり帝国主義である。中国人民は、この山を取り除くべくスコップを握り、ツルハシを振り上げているのだ。我々の流す汗は新しい社会を建設するためだと自信と誇りをもっている。中国では、額に汗して働く者が政治と経済を動かす力であり、国家の主人公であると自負している。

子供、老人、女子、身障者、だれもが健康で明るく美しい目を輝かせている。親しみをこめた柔らかい言葉で話しかけ、常に笑顔を忘れない。肥満児もいないし、中年太りも少ない。女性はパーマもかけず、化粧もしない。それで健康的な美しさを失っていない。腹一杯美味しい物を食べ、適当な労働と休養でそうなったのではないだろうか。適切ではないかもしれないが、私なりの解釈だ。

国家体制の相反する国からの旅人が僅か二十日の見聞で全体を論ずることの危険性は多分にあると思うが、私達の農村と農民の現状を見たとき不安はないだろうか。狭い国土で農耕適地も人手不足を理由に荒廃させ、また食糧生産とは別の形で使用され、農民は老齢化し、農村は過疎化している。食糧の多くは外国から輸入している。国内で生産した食糧の方が高いからだといわれ、高いといわれている食糧を生産する農民は安いために採算が合わないと土地を手放し離農する。これが私達農村の今の姿である。中国では既に食糧は自給自足でき、備蓄もしてなお余って輸出をしている。それでもどんどん農地を拡大して食糧の増産を進めている。

「中国の農村がうらやましい」と言ったら、案内の通訳の先生が早速「あなた方は国家の主人公ではないですか、農村を良くするのも悪くするのもあなた方農民ではないですか」と言われ、至極もっともな意見だと思ったが、無力な私にはどうしようもない。ただ言えることは、私達の隣りにる。八億人もの仲間があり、美味しい物を腹一杯食うことと働くことの素晴らしさを知り得たことである。

青麻再会

一九七五年三月一三日、私は北京からおくられてきた青麻《チンマ》の種を手にしている。これは中国を離れる際に、中日友好協会の林波先生に依頼していたものである。

昔、アイヌの被服として利用されていたものにアッシがあったが、今では民芸品として売られており、その生産も細々と続けているのは私の知るかぎり道内でも二風谷ぐらいなものになってしまった。原料はオヒョウダモからシナの木にかわってきたが、シナの木も濫伐によって少なくなり、生産者は困っていた。

私はかつて中国の東北地区で生活していた時、農家で青麻をつくっているのを知っていたので、これをつかったらどうかと考えていた。上京した折に、農林省で調べてもらったり、四方八方手をつくしたが、みつからなかった。

青麻は一年生の作物で、皮の繊維はロープにつかわれる。高さ四メートル位で、生育期間は百五十日。高温を必要とするが、北海道でも採種できると思う。強い作物で、収穫量も多い。

旧満州で日本軍閥が治安の悪いことを理由に奥地の農民を強制的に集団化させた。農民が移転したあとの土地に、御影石でつくった大きな石臼と野草の間から大きく育ってのびていた青麻や大麻のことは、私には忘られぬものがある。

あれから三十数年の月日が過ぎた今、私は青麻に再会し、なつかしさで一杯だ。私は何人もの手をわずらわせて届いたこの種を近所の人達にもわけ、雪どけをまってまきつけたい。この種が私達の土地で大きく育つのが今から楽しみだ。

北海道の大地に、しっかりと日中友好の根がおろされ、力強くのびるであろう。


一九七五年三月、団長 貝澤正編集・発行『北海道アイヌ中国訪問団記(一九七四年一一月二〇日―一二月一三日)』に収められた正氏の文章、「はじめに」と「広州での入院の思い出」をあわせた。

歴史をたずねて

まえがき

「故《ふる》きをたずねて新しきを知る」、と『論語』に書かれている。歴史を学ぶ、私達は身近な北海道の歴史、アイヌの歴史を知らなければならない。

私はむつかしい学説は知らないが、読んだ本の中から私達アイヌに大切な部分を転記して若いウタリに勉強してもらうべく、これから『先駆者の集い』の各号に連載したい。

年代順ではなくそのつど断片的に取り上げてゆく。

日本列島の先住民はアイヌだと講演した学者

三月一二日社団法人北海道ウタリ協会の創立三〇周年記念行事が行われた。会場は札幌市厚生年金会館で、全道から受賞者、各支部代表が集まった。

ロビーに集まって話に花を咲かせている先輩方の話が聞くともなく聞こえてきた。「北海道がアイヌモシリというのなら、日本列島はみんなアイヌモシリなのだ。日本の学者は今でもアイヌと蝦《え》夷《ぞ》とは違うといっているが、遠い昔はみんな同じだったと思うな。歴史とはその時代の権力によって書き替えられているからなあ」「おれもそう思うんだ。シャモはなあ、アイヌがひどい生活をしていたので、先祖が同じだったといえなかったのじゃない」「もっともシャモは農耕民族で仏教信者が多いから、狩猟民族のアイヌを見たら恐れをなしたろう」。また別の青年は「おれは世界の民族の中で一番きらわれている日本人と同じ先祖だとは恥ずかしくていえない。〝自然を略奪し破壊し公害をまきちらす〟、それだけじゃない、自分さえよければ、金だけもうければよい、そういう民族だ。爆弾犯人でなくとも頭にくるよなあ」。たまたま道庁爆破の直後だったのでこのことが話題になったのだ。

私はこの話を聞いた時思い当った。遠い昔マンロー先生のいわれた言葉を。――「日本の歴史は大変まちがいがあります。天皇を中心とした歴史を学者は造らされました。私はそのことを分っていますが、今は何もいうことができません」。

ニール・ゴードン・マンロー博士は、英国のスコットランド生まれで、明治二六年横浜の病院で外科医としての仕事のかたわら、考古学の研究をした学者である。『先史時代の日本』『アイヌの信条と文化』などの著書が有名で、日本列島と日本先住民との研究をつみ重ね、北海道にも何回か足を運び、昭和七年平取町二風谷にアイヌコタンの土となる覚悟で住みついた。

日本の学界からは受け入れられず、英本国に論文を送り、研究費用は英国から得ていたと聞いている。第二次世界大戦のため送金が途絶え、生活苦のため避暑地の軽井沢へ毎年出稼ぎに行っていたものだ。

第二次大戦の当初「ヒットラーはイム（陽性ヒステリーの一種）しています。困ったものです」とよく漏らしていたが、日本が英米と戦争状態に入った時には何を考えていたか私は知る由もない。

昭和一六年、北満州に移住した私は、一二月、雑音で聞きとりにくいラジオで対米戦のニュースを聞いていた。翌一七年春四月、博士は医療施設もない、異国のアイヌコタンで淋しく息を引き取った。七九歳。私もまた遠い異国（満州）でこの知らせを受けた。

昨年の暮れ、埼玉県深谷市でマンロー研究をしている病院長の奥様と会って、博士と交流のあった各界の名士のことを聞かされた。

その中の一人は日本医学界の長老小金井《こがねい》良精《よしきよ》博士のことだった。

小金井博士は長岡藩士の子として生まれ、明治革命の急激な変化の中で成長した。明治五年一五歳で医学校に入学。明治一三年ドイツへ留学。明治一八年帰国。東京大学講師となり、明治二一年初めて北海道旅行をしている。目的はアイヌの体格計測と生活の観察、人骨の蒐集である。

小樽に上陸、余市、札幌で蒐集、札幌を出発、六日もかかって平取に着いた。幌泉《ほろいずみ》、十勝、釧路、弟子屈《てしかが》、クッチャロを経て、根室から函館へ、九月二日函館を出帆、六日午後上野に着いた。遠い昔のことだ。

小金井博士の日記によれば、マンロー博士との交友は明治二九年からで、「マンローは考古学、人骨による人類学の小金井の意見を聞いていたのだろう」。マンロー博士は六歳年下で、その交友は昭和一一年まで続いていた。

マンロー博士は昭和一七年に七九歳、小金井博士は昭和一九年に八七歳で、学者としての生涯を終っている。

昭和二年小金井博士は天皇の御前で講演を行った。この時天皇二七歳、小金井博士六九歳。講演の一部を記す。「本邦におきまして、石器時代の遺跡が、おびただしくございます」から始まって、

私の研究の結果によると、アイノ人こそ、本邦の先住民族であるということになる。その理由。石器時代の人骨、アイノの人骨、日本人の人骨、これらを比較してみると、石器時代の人骨の特徴が、日本人のそれより、アイノ人の方に近いのである。

しかし石器時代人のとアイノ人のとが全く同一ではない。日本人的な特徴が混っているのもあり、現代の日本人の人骨に、アイノ的な形のもある。

そうなった経過は、こうと思われる。本邦には先住民としてアイノが住んでいた。そこへ西南部に日本人が渡来した。接触がはじまる。不和や平和を重ねながら、そのあいだに混血がなされ、その接触線がしだいに北へ進んでいった。現に北海道において、それが行われている。今日のアイノのなかには、多くの日本人の血がまざっており、それと同様に日本人の中にもアイノの血がふくまれている。

人骨の研究のほかに、種々《さまざま》な考古学上の事実を考慮いたしまして、私は、本邦の石器時代の

民族は、すなわち先住民族はアイノであるとの結論に達しましたしだいでございます。

一時間一〇分の講演は終った。天皇はまだ聞きたいことがあるからと、別室でご陪食になる。天皇は質問された。

「小金井は先刻、アイノと日本人とのあいだに混血がなされたと言ったが、どこで、いかにしてか」。

小金井博士　おそらく国内の各地で長期にわたってでございましょう。科学者といたしましては、実証的な発見がない限り、どの地方で多くとは、まだ結論を出しかねます。

天皇　日本民族なるものはどこから来たのか。

小金井博士　それを明らかにすることが、私の畢生の研究課題なのでございます。一口に日本民族と申しましても、決して単純な一つの人種ではございません。東北アジアの黄色人種がその本幹である点は、まず疑いないと思われます。また東南アジア、ことにマレー種族の系統もかなり入っておりましょうし、南洋諸島の種族もまざっておりましょう。それらと、先住民族であるアイノとの混血が、日本民族なのでございます。その詳細をきわめることを、人類学の関係者がやっているわけでございます。

三〇分にわたる率直な御下問のあと、天皇は室からお帰りになられた。

天皇の御前で神話を否定する講演を行った勇気もさることながら、雲の上の出来事は体制とあまり関係がなかったことを知るよい例ではなかろうか。

ことわっておくと、小金井博士はアイヌをアイノとよんでいる。

「アイノと言いアイヌと言う。いずれが正しいかは、彼らの発音をわれわれがどう聞きとるかの問題である。私はどのアイノに聞いても、何度聞いても、ノでもヌでもなく、ちょうどその中間のように感じた。もっとも、いま(昭和一〇年)の白老アイノなどは、明らかにヌと言うようである。しかし、これは近代教育の影響のせいであろう。私はただ、昔からの慣用を改める根拠は不充分と思い、アイノの呼称をつづけているのである」。

(星新一著『祖父・小金井良精の記』より)

一九七六年三月、北海道ウタリ協会発行『先駆者の集い』一一号、所収、「歴史をたずねて」は一九回連載された。

沖縄・キムンウタリの碑の前で

北海道連合遺族会主催による、沖縄戦跡巡拝と北霊碑慰霊祭に、ウタリ協会の一行も参加させてもらった。協会役員と各支部からの遺族代表など二三名は、一一月二〇日、沖縄へ向った。

翌二一日、戦跡巡拝と北霊碑の慰霊祭の際、宮平さん、浜松さんなどに北海道連合遺族会会長からの感謝状が授与された。

二二日は北部戦跡巡拝と観光。南部の石灰岩の石ころと高低の多い地形と異なって、中部は平地が広がっている。右側に米軍基地の高い柵が見え、左側の東シナ海との間をバスは走る。

車窓、右側に見えた米軍基地はバスガイドの説明で嘉手納《かでな》空軍基地であるとのこと、兵舎、娯楽場、ゴルフ場、家族宿舎などが緑の芝生と樹木の間に立ち並び、アメリカ市とも呼ばれ、人口約六万は米軍に依存しているとのこと。

中部は戦後軍事基地で発展したといわれた所だが、戦前は沖縄でも肥沃な田畑がつづく農村地帯であり、また、米軍進攻の上陸地点でもあった。今、基地は沖縄本島の面積の二三%を占める。そのうち、三三%を（嘉手納基地が）占めているとのこと。

沖縄の気象は、冬の気温一六度、真夏は二八度と四季の変化は少ない、湿気も少なくしのぎやすく、雨はスコールでじめじめしないが、台風には年二、三回おそわれる。雪と寒さに苦しむ北海道に住んでいる私達から見れば沖縄は天国だ。天国だから、米軍兵士の不満も少なく、基地としては適地である。

私は沖縄の人々の基地闘争の意味を知ることができた。先般読んだ本の中に次のようなことが書いてあった。

周囲の反対をおし切って自衛隊に入隊した沖縄の青年が、隊での講義で〝一旦有事の際は、南は九州から以北、北は仙台以南に自衛隊を撤退する〟と教えられて、遂に自衛隊を退職した。

北の北海道と南の沖縄とは長い歴史の中で、化外の民として差別されて来た。徳川封建体制下で、蝦夷地は松前藩、琉球は島津藩の圧政に苦しめられた、共通の歴史をもっている。近代国家になっても、中央集権の弊風が続いていることを知ることができた。

沖縄の人々は、いつまた戦争にまきこまれるか、報復目標になりはしまいかと、不安をもちつづけているように見受けられた。

その夜、二四日に行うイチャㇻパ(先祖供養)の打合せのために、(糸満《いとまん》町の)真栄平《まえひら》へ向かった。会場の仲吉さん宅にはすでに老人クラブ会長の名嘉真《なかま》さんや区長の大城《おおしろ》さん他の方々が待っていてくれた。

自己紹介を終り、長い間碑を守っていただいたお礼と、ご無沙汰のおわびを申しあげると、真栄平の代表の方が次のように述べられた。

遠い所からよく来て下さいました。私達は人間として当然やるべきことをしたまでのことです。南北の塔までの参道は、今のところ余りよくありませんが、土地改良計画もあるので、それと並行して、道路改良も行うよう努力致します。

アイヌの皆さんと真栄平の私達との交流を、いつまでも続けて行きたいと思います。

二四日は自由行動の日、ウタリ関係者は宿のマイクロバスで真栄平に向かった。仲吉さん宅で荷物をとき、山の中腹にある会場へ運ぶ。

女の人々は手伝いに来た近所の奥さん方とともに、杉村理事と仲吉家の奥さんの指示と、浦川タレばあちゃんの指導で、アイヌ料理をつくりはじめた。

会場の準備は日川エカシの指導でイナウケ（神に捧げる木幣を削る）をし、持参したイナウでヌサ（祭壇）もできあがった。

仲吉家の好意でサツマイモを食べる。中が紫色で皆は珍しがった。常夏の国は一年中植え付けと収穫ができると、北海道の三倍も四倍もとれるそうだ。

開会の時間が近づくと、ヌサや慰霊碑の前には各自が北海道から持参した水、酒、コンブなどが所狭しと供えられた。北海道知事、道議会議長、浜口浦河町長、（ウタリ協会の）野村理事長、弟子《てし》・椎久《しいく》両理事から、供花を、また真栄平地区の宮平さん、浜松さん、北原さん、北霊碑の慰霊祭で舞踊を奉納した堀切さんなどからも供物をいただく。

料理が次々とはこばれる。チェㇷ゚オハウ（魚汁）、ヤㇺオハウ（冷汁）、シト（団子）、シㇷ゚シケㇷ゚メシ（イナキビを混ぜたご飯）、シケレペコサヨ（キハダの実を入れた混ぜ煮）、シラリ（酒かす）等々。

三時、全員がアイヌの服装に着替え、アペフチカムイ（火の神）を中心に着座する。（ウタリ協会の）葛野事務局長の司会で、イチャㇻパは始まった。

団長（私）がイチャㇻパの意味を説明して挨拶し、日川祭司のカムイノミ（神への祈り）と式は進行していく。カメラマンや報道関係者がいっせいにシャッターを切る。全員がチェホㇿカケㇷ゚（逆さ削りの木幣）に酒を浸して、わが家から持参した供物を供え、神と共に戦没者や沖縄の亡き人々の霊に語りかけた。

この所に呼ばれた先祖の霊には供物や皆で食べた物が六倍のおみやげとなり、死者の霊に住むコタン（村）に戻り、皆を集めて、地上の世界と同じように共に飲み、食べ、歌って楽しむとされている。

ウタリの人々に続いて来賓の方々が先祖の霊にイチャㇻパをした。日川エカシが終りのカムイノミを行い式を閉じた。次いで野村理事長に代って団長から、お世話になった真栄平区民一同と宮平ミツ、浜松ヱミ、金城照雄、金城善清、仲吉喜行の各氏に感謝状と記念品を贈った。次いで弟子屈町長からの感謝状が弟子理事から真栄平区民一同に贈られ、受贈者を代表して金城照雄氏から謝辞がのべられた。

チェㇷ゚オハウが配られシトが配られシㇷ゚シケㇷ゚メシのおにぎりを食べ、ビールや酒でのどをうるおす。日川エカシの弓の舞い。日川エカシと弟子理事の剣の舞い、タレ婆さんがこの地に眠る玉治さんの子守をした時のイヨンノッカ（子守うた）をうたった。息子さんの玉治さんがこの地に眠っている。幼な子をあやすように、不本意な戦いにかりだされて死んだわが子にわびるように、タレさんのイヨンノッカが南北の塔をつつんでいく。ふりしぼるような、囁くような、母親の歌が参列者の涙をさそっていた。

日川さんと石田さんがムックリ（口琴）を演奏した。物悲しい音律が正面の洞窟の中までしみてゆく。

タレさん（浦川さん）、杉村さん、石田さん、日川さんの四人がヤイサマ（即興叙情歌）やリムセシノッチャ（踊り歌）を唄いだすと、男も総立ちになり掛け声を出しておどり出す。沖縄の老人の飛入りもあり、歓声は山々にこだまする。日の長い沖縄も太陽が西に傾き、名残りはつきそうもない。神谷副理事長の力強い謝辞で式の全部が終った。地区の人々の手伝いを受け後片づけも終り、迎えのバスに乗った頃は日も暮れて来た。

三日間の戦跡巡拝とイチャラパを終えて、私達は戦争の悲惨なことを改めて知ることができた。

〃どんな理由があっても殺し合いだけはしてはならない〃。

沖縄戦での死者二〇万余といわれ、そのうち沖縄県人は一五万、全人口の三分の一が死んだ。中でも真栄平では三分の二の非戦闘員が砲弾を受けたり、友軍に殺され、あるいは自爆の巻添えになって死んでいった。

教育は、必要ではあるが、反面恐ろしいものだ。天皇に命をささげることをほこり、生きることを恥とした教育が、沖縄の悲劇を生んだ。兵力と物量の差を軍の最高幹部は知っていてなおかつ戦わせ、死地に追いやっていたのだ。死んだウタリの兵隊の多くは一九、二〇、二一、二二日に集中している。牛島司令官の自決は二二日未明だ。「前進のための退却を恥じるな」の言葉は、日本軍には通用しなかったのが残念でならない。

今沖縄では多くの兵隊と沖縄の住民を殺した軍の幹部が美化され、旧軍隊の階級まで書かれている。戦時中と同じ勇ましい言葉も目につく。軍人遺族の気持は分からないこともないが、戦争の反省がなされたのかどうか、疑問を持ったのは私だけであったろうか。

イチャラパが終わって、帰りのバスの中で、誰かが「沖縄の人がうらやましいなあ、自分たちの言葉を持ちつづけている」といった。沖縄の人どうしが話していると、私達には分からないところが多い。アイヌはアイヌ語で話し合うことは今はない。明治以降同じように同化教育を受けて来たはずなのに、人口の多いことが言葉を残すことになったのか、言葉を失ったアイヌが恥ずかしい。

この度のイチャラパで真栄平地区の皆様の心あたたまるご厚意は申すまでもないが、長い間北海道の私達に特別な心づかいをして下さった宮平ミツさん、浜松ユミさんには、空港までの出迎えを受け、宿舎におみやげを持ってこられるなど、老齢の上、足の不自由を顧みず影のようにつきそって、ご心配下さったことを特記しておきたい。

宮平さんが見送りに来られた空港での、「真実を私は知っています。私の知ったことを書き、写真とともに送ります。貝澤さんは団長として来ているのですから、真実を正しく伝えて下さい」との一言は忘れられない。

沖縄戦は終わっていない。殺し合いをさけるためのたたかいをつづけることが、南北の塔のイチャラパで得た結論だ。

一九八二年一月、『先駆者の集い』二九号所収、一部削除、原題は「キムンウタリの碑の前に真栄平地区の方々と共に平和を願う」

平取町とヨーロッパ人の関係

今日話そうと思ったのは「平取町《びらとりちょう》とヨーロッパ人の関係」についてです。平取町と外国人の関係についてちょっと調べてみたので、それを話してみたいと思います。外国人が北海道へ来るとなぜ、真っ先に平取を訪れるかというと、アイヌがたくさん住んでいてアイヌ文化が色濃く残っているからです。また、「アイヌのことを勉強するためには平取へ行ってみなけりゃ駄目だ」というのがその理由です。

徳川時代の末期にイギリス領事館の人たちが箱館の北の森町でアイヌの墓を掘り起こし、人骨を四体盗んだことがあるわけなんです。ヨーロッパ人が北海道へ来て一番先にいったことは「東洋に白人系、白人がいる」ということです。アイヌを白人の系統と見たわけなんです。日本人や東洋人と違い、目が落ち窪み毛が濃いアイヌを見てアイヌに興味を持ったのがヨーロッパの大半の人だったわけなんです。それで、こっそり人骨を掘り起こし、本国へ持ち帰り調べようとしたところ、アイヌが怒り出したため、幕府の役人が「このまま投げておけない（放置できない）」というので領事館と掛け合い、人骨を返してもらったり、それから補償金を出して話をつけたらしいのですが、当時の日本の学者はアイヌの骨か「シャモ」(和人)の骨かまたどこの骨か分からないものを返したようで、本当に返したのかどうかそのあたりはつまびらかになっておりません。

そういうことで、アイヌに興味を持って北海道へ来て、北海道へ上陸するとまず平取へ入ったのです。年度別に調べてみると一番最初にデニングという人が一八七七年(明治一〇年)に入っています。次にイギリスの人のイザベラ・バード、この人が一八七八年(明治一一年)に来ております。そして同じ年にシーボルトも平取に入っております。ご承知のとおり北海道に永くおったイギリス人のジョン・バチェラーさんが一八七九年(明治一二年)に平取に入っております。チェンバレンという人が一八八六年に来ております。それから、バチェラーさんの招聘《しょうへい》で、一八九九年に平取に来て婦女子の教育をしたミス・ブライアントさんという人がいます。この人は一八九九年(明治三二年)に来て一九一七年(大正六年)まで平取で子どもたちに裁縫や編物などいろんなことを教えています。このブライアントさんに私の母親も編物とか裁縫を習っているわけなんです。それから二風谷《にぶたに》で住んでいたニール・ゴードン・マンロー先生はイギリス人で、一九三二年(昭和七年)に二風谷に移り住んで、一九四二年(昭和一七年)に二風谷で死んでおります。「トイピラ」(地名、土の崖の意)の上にお墓が現在でもあります。マンローさんを頼ってイタリア人のマライニーという学者が、一九三八年に北海道に来ております。この人は児玉作左衛門博士のところにいて、マンロー先生のところへしょっちゅう通って来て、一九四一年(昭和一六年)まで日本にいました。この人は登山家で、去年(一九八九年)の冬二風谷へ来たのですが、「昔懐かしいところへ行ってみたい」と言って雪のなかをいまは(平取町)

旭と呼ばれている上貫気別《かみぬきべつ》まで私も一緒に行って来ました。昔は何回か自転車で行ったそうです。上貫気別に着くと「懐かしい」とマライニーさんは言っていました。一九三八年(昭和一三年)にドイツ人でハインツという若い人がマンロー先生のとこへ来ております。この人はあまり真面目な男ではなく訓練のために預けられた、というようなことを聞いております。

このように外国人がこれだけしょっちゅう来ている中で、特に我々と関係があるのがマンロー先生です。ご承知のとおり、いま北海道大学の管理になっているマンロー館というのが残っておりますし、またマンロー先生は昭和五年に二風谷へ来られ、昭和五年から昭和六年にかけての四カ月間、二風谷でアイヌの研究をしながら『熊祭り』の映画もその時撮っております。軽井沢へ帰り、再び出直して来て土地を買い今の住宅(マンロー館)を昭和七年に建てたわけなんです。マンロー先生は自宅が出来るまでの間、松崎さんの倉庫を借り、その仮小屋に機械・器具を置き、勉強していました。ところが、その小屋は草葺きの屋根でマンロー先生は寒がり屋なのでおそらく火もいっぱい焚いていたと思うし、電気もない時代なのでランプも(こうこうと点《とも》していた)。三分ランプとか五分ランプの時代にマンロー先生は八分ランプの大きなものを使っていました。マンロー先生の話では「付け火だ」といってつっぱったらしいけれども、色いろな補償問題もあったと思います。私の想像では草小屋は寒いので火を焚いており、また(部屋を)ちらかしていたので、一二月の十何日の寒い時に火事になりべろっと焼けちゃった。ですからマンロー先生は二回火事に遭っているわけなんです。横浜の病院にいた時、住居を横浜におき、軽井沢の病院に出稼ぎに行っていた大正一二年に関東大震災の際の火事で資料や本など全部焼けてしまい、二回目は昭和六年に二風谷でまた焼いてしまったということです。マンロー先生は火にだいぶ縁のある人らしく、二回目の火事は最後まで出火原因がわからないままだったそうです。

若い人は記憶しておいた方がいいと思いますが、マンロー先生は一八六三年、スコットランドで生まれております。一八八八年にエディンバラ大学医学部を卒業し博士号を受けております。その年にインド航路の船医となりインドの方を回っているうちに病気で横浜の病院に入院したのが一八九一年。入院していた病院の院長が替わり一八九三年にその横浜の横浜ゼネラル・ホスピタル(山手病院)の院長となっております。一九〇五年、明治三八年に日本に帰化しております。「満郎《まんろう》」という名字を作って。アイヌとの関係が出来たのは、一九〇六年に横浜の貝塚から五体の人骨を発掘し、「その人骨がアイヌの骨だった」と発表してからです。「日本列島の先住民はアイヌだった」というのがマンローさんの定義であるし、小金井良精《こがねいよしきよ》博士もおなじ意見を持っていたようです。私が以前ある物に書いたことですが、小金井博士が昭和天皇の御前において一時間にわたり「日本列島の先住民はアイヌだ」と御前講義をしているわけなんです。専門的な学者がはっきり天皇の前に御前講義という形でいっているのだけれども、日本の学者はいまだに日本列島の先住民はアイヌだったとはいっていないわけなんです。こういうことをマンロー先生は考えておられたのか、「日本の学者は嘘ばっかりいっています」といっていました。「私はそのことを良く知っているのだけれど、いま日本に住んでいて帰化はしているので、はっきりしたことを言うことができません」と、いっていました。マンロー先生が研究された古代のアイヌのことやアイヌの信仰、こういうものは日本の出版社も引き受けないものですから、イギリス王室博物館へほとんど全部送っていたようです。独ソ戦争が始まって以来、先生の資料などもほとんどなくなったのではないかという噂があります。

マンロー先生が書かれた本で一番有名なのは『先史時代の日本』という本、これは考古学においても日本における最初の文献だそうです。二風谷へ先生が来られ書いた本に『アイヌの信条と文化』という本があります。これはまだ日本語に翻訳されていません。ただ二風谷に住んでいる神成《かんなり》利男《としお》さんがその本を翻訳していますが、イギリスにある原書の版権が取れないことと、出版社が出版しても売れないので出版されず、まだ私たちの目には入っておりません。ただ神成利男さんが「自費出版ででも出したい」とこのあいだいっていましたから出版されるかも知れないと思うんです。早く見たいなあと思っているのですが、マンロー先生が写した写真などについても地元の町村や教育委員会などの誠意がなく、また全然関心を持たないわけなんです。マンロー館にしろ地元でなんとかして資料館にでもしたいなあといっていたのだけれども、とうとう手をつけないうちに木材業者の五十嵐さんが買い、内部をだいぶ壊したのです。マンロー先生が残した書類などはほとんどが酪農学園大学が持っていっているはずです。図書なども随分ありましたし、資料もありましたし、地元が知らんぷりしているうちにどんどん資料も関係者もよそへ行ってしまった。「マンロー先生の跡を継ぎ、アイヌの研究を続ける」といっていた北大の鷹部屋《たかべや》福平《ふくへい》先生は、戦争が始まり貧乏してマンロー館を売っちゃった。あの家を八〇〇〇円で売ったのです。資料から何から全部でね。

鷹部屋先生は九州大学へ行き大学の中で寝泊りしながら研究をやっていたのですから、困っていたんだと思います。鷹部屋先生は全然マンロー先生の跡を継がなかったという経歴になり、これを聞いて憤慨したのが桑原千代子という女の人で、『わがマンロー伝』(新宿書房)という本を書いているので皆さん見ているのではないでしょうか。桑原さんが、初めてマンロー先生のことを書いたのです。桑原さんの奥さんが書いているのです。たまたま桑原夫妻が新婚旅行で軽井沢へ行ったときに千代子さんが盲腸になり、旦那さんは桑原というお医者さんなんですが、旦那さんの執刀でもって盲腸を切った時、看護婦をしていたのがマンロー先生の奥さんでマンロー・千代先生だった。それで、入院しながら看護婦の千代さんからいろいろマンローさんの話を聞き、旦那さんが医者やっている関係から、「こういうマンロー先生のことを世に出したいなあ」ということで本を書いたのだそうです。途中で娘に死なれそのうち自分も病気になり、動けなくなっていわゆる寝ながら書き四、五年前に出版されたのがあの『わがマンロー伝』です。その奥さんの遺言は「私が死んだらそのお骨をマンロー先生と奥さんの千代さんの所へ埋めてください」というもので二、三年前「トイピラ」にみんなでお金を出し合って埋葬しました。マンローさんの墓を作った貝澤与一さんがほとんど出したようなわけです。その中に三人の骨が入っております。暇がありましたらお参りしてやって下さい。

マンロー先生が北海道にこられたのが一八九八年です。北海道旅行に来てアイヌの勉強を始めています。それから、一九〇六年には、忍路《おしょろ》のストーンサークル実測に来ています。その時にちょうどストーンサークルの地主だった人が酒井さんといい、前の北海道知事、堂垣内《どうがきない》さんのお母さんの実家だったわけなんです。この子供（堂垣内前知事のお母さん）は優秀だから連れていって勉強させたいというわけで、マンロー先生がイギリスへ連れていったそうです。ところが、疱瘡《ほうそう》になって帰国し、彼女は札幌で勉強して産婆さんになったという話もあります。

それから、一九〇九年に春採《はるとり》コタンでお祭りの撮影もしております。一九一六年には白老へ行き無料診療をしながら、アイヌの調査をしております。マンロー先生は北海道庁から頼まれて『旧土人に関する調査報告書』を作り、それは発表されています。一九二三年、さっき申しました関東大震災で自宅や図書・資料全部を焼いています。

一九三〇年、昭和五年にアイヌ研究のために二風谷に四ヵ月滞在しております。次の年『熊祭り』の映画を撮影しています。戦争に入ったものですから、この映画もどこをどう回ったかわからないでまわっているうちにアメリカ合衆国かどこかで見つかったらしいのです。二風谷で撮った『熊祭り』の映画ですが、その時は二風谷の人たちが随分出ていました。フィルムが分断されて半分くらいしか残っていないと思います。その映画を見せてもらったところ、萱野《かやの》茂さんのお父さんだの、貝澤久之助さん、貝澤前太郎さんたちやおばあちゃんたちが出ていて懐かしい映画だったなあ、と思ってます。どこかにあると思いますので、また機会がありましたらみんなで見ましょう。（マンロー先生は）さっきも言いましたが昭和七年に自宅を建設し、一九四二年（昭和一七年）の四月二風谷で亡くなっています。

それから、もう一人平取に関係ある人はジョン・バチェラーです。バチェラーさんは、一八五四年英国のサセックスという所で生まれています。一八七六年、神学校を卒業して、一八七七年に香港、横浜を経由してこの年箱館に上陸しています。バチェラーさんが箱館に来たのは日本にキリスト教を布教するためだったらしいんです。

日本語を勉強しているうち一緒に勉強している学生たちが「アイヌは人間ではない、犬とおなじだ」という悪口をいっていたのを聞いてアイヌに興味を持ったそうです。間もなく、箱館の路上でアイヌのおじいちゃん二人に会うと、別に犬でもないし、礼儀も正しい人間なので「この人たちにキリスト教の本質を教えて立派な人間にしたい」というのがバチェラー先生の最初の考え方だったらしいのです。

そんなことでアイヌに興味を持つうちにアイヌ語を習いたいということで、樺太から強制引き上げさせられた人が八百何人かいる石狩で勉強を始めています。千島樺太交換条約で樺太から引き上げさせられた人たちが、石狩の対雁《ついしかり》に強制移住させられた時、対雁に学校があったわけなんです。そこでバチェラーさんはアイヌ語の勉強を始めたんです。自伝の中に書かれているのですが、アイヌ語の先生が来ると部屋の中が臭くて臭くてどうにもならんかったそうです。どうも不思議だ不思議だと思っていると、そのアイヌ語の先生をしていたアイヌのおじいちゃんは犬の毛皮をそのまま裏返しに着ていたというんです。臭いはずだよなあ、鞣《なめ》さないものを着ていたと、バチェラーさんはおもしろおかしく書いております。

まずアイヌ語の勉強を始め、一八七九年（明治一二年）に平取へ来ております。平取の義経神社の近くに住む、ペンリウクのところに泊ってアイヌ語の勉強をしていました。バチェラーさんに興味のある人は『我が記憶をたどりて』（昭和三年一〇月発行、文録社）という本が古本屋にあると思いますからそれを探して読んでおいて下さい。先ほどもいいましたが、バチェラーさんはミス・ブライアントさんを平取に呼び、平取で女の子やお母さんたちの教育をしたわけなんです。一九二三年（大正一二年）に「バチェラー幼稚園」を平取に創りました。これが平取における幼稚園の最初であり、現在も「バチェラー幼稚園」は残っており法人による経営がなされております。バチェラー幼稚園は平取における幼稚園教育の最初のものなのです。

明治三一年に沙流川《さるがわ》の大水害があり平取でもたくさんの人が死にました。畑を全部流されて生活に困っている人たちに、バチェラーさんは米をたくさん集めて贈ったそうです。私の母親が七、八歳の頃だったのですが、バチェラーさんに貰った米で初めてお粥を炊いて食べ、「こんなにうまいものが世の中にあったのか」と、その当時米を食べた記憶を私の母親はいつも話していました。私の母親は、アイヌのところに貰われて平取に育ったのですが、バチェラーさんよりブライアントさんのうちの方が近かったので、しょっちゅうそこへ行っていて、学校へは入らなかったらしいのです。入れてもらえなかった。家が貧乏だったので学校に入れてもらえなかったのかどうか知らないけれど、とにかくアイヌ的な家庭に育ち、アイヌ的な教育を受けて、バチェラー幼稚園やブライアントさんのところへ通っていたために「シャモ」的なことは私の母親は分からず、アイヌ的だったのでしょう。そんなことで、私の母親は、バチェラーさんに一番世話になっています。

一九三一年に「バチェラー学園」を札幌に建てて、アイヌ子弟の教育を始めました。北海道大学の講師をしていた有名な知里真志保《ちりましほ》博士なども、バチェラーさんの世話で勉強をしています。私の弟も「バチェラー学園」で勉強をしました。一九四一年に太平洋戦争が始まり、バチェラーさんは横浜からカナダに渡りました。そして、日本に戻りたいと思いながら、とうとう戻れぬままに英国の故郷に帰り、一九四二年に九一歳で亡くなっております。

もう一人英国の人で、先ほどお話したイザベラ・バードという女の人が平取へ来ています。この人は一八三一年に英国のヨークシャに生まれております。一九歳の時、病気で手術をしてから医者に転地療養を勧められ療養したが、あまり良くならず、二三の時に航海を勧められアメリカ合衆国やカナダを訪問しています。それから、引き続きオーストラリアやハワイなどを旅行しながら旅行記を書いて発表しているわけなんです。

日本へ来たのは一八七八年(明治一一年)です。通訳にアメリカ領事館で働いていた伊藤という一八歳の少年を頼み、通訳と二人で人力車に乗ったり馬に乗ったりしながら東京から日光、新潟、青森そして船で箱館に上陸しています。四七歳で日本へ来て旅行をしています。六月一〇日に日本へ来て、六月なかば東京を出発し、八月一一日に青森に着いたわけなんです。八月一七日に箱館を出発し、青森から船で室蘭へ上陸して、それから海岸を通り幌別、白老、佐瑠太《さるふと》と来て八月二三日平取に到着しペンリウクのところで二晩泊っております。帰りは室蘭から有珠《うす》、礼文華《れぶんげ》、長万部《おしゃまんべ》を通り九月一二日箱館に戻っております。

六月のなかばから九月のなかばまで三ヵ月かかっており、当時ですから随分かかったわけです。まだ結婚していない一八の青年を連れて、四七のおばちゃんが三ヵ月がかりで旅行しているんです。この人の書いた奥地紀行は名文です。東北地方の農民の貧乏な状況。それから、バードさんの目にとまったのは日本人の物見高さということです。宿に泊っても表を歩いてもゾロゾロ行列が続いたそうです。警察に交通整理をしてもらわなけりゃ歩けないぐらい物見高かったらしいのです。それと糞尿の臭いことや厩《うまや》の粗末なことなど、東北の農民がいかに貧乏してるかということが赤裸々に書かれています。

室蘭に上陸してからアイヌに接し、イザベラ・バードの目に映ったことを正直に書いていると思うんです。東北の農民と比較してアイヌのその態度の素晴らしさ。白人が来たって、アイヌは誰が来たと全然関心持たなかった。集まって来て、その白人の女を珍しげに見ることもしないし、それだからといって親切でないというわけでもない。ペンリウクの所に泊っても全然無関心だったそうです。ただ、八〇のおばあちゃんだけは意地悪そうな顔をして嫌だったと書いてあるんです。そのおばあちゃんというのは、やっぱり意地が悪かったらしくて、バチェラーさんもそこで勉強している時にだいぶ困り、毎日のように砂糖を少しずつあげたらだんだん機嫌がよくなったというんです。その八〇のおばあちゃんは酒が好きなんだそうです。ペンリウクは本妻に子供がなく、妾に子供がいたものだから、「本妻が一番寂しそうな顔をしていた」と女どうし同情して見ているようです。

一番困ったことは、東北でもアイヌのうちでもそうだったけれども、ノミとシラミ。のみにやられたのが一番ひどかったらしいです。イザベラ・バードは寝台を持って旅行をしていたから、なんぼかよかったらしいけれども、それでもひどかったらしい。今の人は知らないかも知れませんが、私が子供の時にもノミはいました。まして、昔のアイヌのうちは、床は板敷ではなくて土間だったはずなんです。

バチェラーさんの『我が記憶をたどりて』に書かれていますが、当時入れ歯をしていたらしく枕元に置いておいたところ、朝にはなくなっていたんだそうです。ねずみが引っぱっていったのをやっと見つけたということです。我々入れ歯なんてこの歳になってやっとつけたのだけど、外国人はその頃から入れ歯を持っていたのでしょう。文明度が違ったということでしょう。

イサベラ・バードの奥地紀行は、先ほどお話した神成利男さんが翻訳(『コタン探訪記』北海道出版企画センター)していますので、札幌で簡単に手に入ると思いますから読んでみて下さい。神成さんは、箱館に上陸してアイヌの村を回った部分しか書いていません。平凡社から出ている東洋文庫の、高梨健吉が翻訳した『日本奥地紀行』というのがありますから、興味のある人は読んでみて下さい。この本は古本屋にいくらでもあると思います。この本は文章が素晴らしいし、今から一一〇年前当時のアイヌの姿がそのまま出ています。イザベラ・バードは、アイヌの婦人は随分綺麗だと言っています。日本人ののっぺらとした変な顔を見てきて、それからアイヌの世界へ入るとアイヌの女は素晴らしく綺麗に見えたらしい。口を染めてなお綺麗だったと言っています。日本人が見ると、アイヌはみったくない（醜い、みっともない）というけれども、ヨーロッパ人から見るとアイヌは綺麗だといっています。神成さんが翻訳した『コタン探訪記』は平取だけの、北海道のことだけの翻訳ものです。ひとつ私の話をきっかけにして、イザベラ・バードの奥地紀行には一一〇年前の日本の農村のありさまが詳しく書かれておりますから読んでいただきたいと思います。

今まで申し上げました三人のイギリス人、バチェラー、マンロー、バード、これら三人の関係について申し上げます。生まれたのはバチェラーが一八五四年、マンローが一八六三年、バードが一八三一年です。日本へ来たのはバチェラーが一八七七年、マンローが一八九一年、バードが一八七八年です。それから死んだのはバチェラーが九一歳、マンローが七九歳です。イザベラ・バードは七二歳で死んでおります。先ほども申し上げましたが、このように特にイギリス人の三人がアイヌの勉強をしているということと、アイヌと特別な関係を持っているということを申し上げたかったわけなんです。

一九八九年五月二五日、二風谷アイヌ語教室での特別講義。一九九三年一月、萱野志朗編『やさしいアイヌ語(3)』、川上勇治発行、所収。質疑応答の部分を削除。初出は総ルビ、原題は「貝沢正講師による特別講義」。改行を加えた。

四——怒りを胸に

1991年9月9日．二風谷ダムの土地収用裁決取り消しの審査請求で，前列右より萱野茂，本多勝一，野村義一，正，房川樹芳(弁護士)，建設省にて．撮影＝田中洋一(敬称略)

土人保護施設改正について

私は本年取つて二〇歳の一アイヌ青年であります。実社会に這入つてからまだ数年を出ませぬ。此未熟な識見を以て同族の問題を論ずる事は、甚だ僭越でありますが、簡単に私の見聞に基いて所感の一端を述べて見たいと思ひます。現在のアイヌ民族の地位は実に悲惨なものである。其処に幾多の不満と要求を叫びたいのであります。即ち一口にアイヌと軽蔑され、同族全体が下等民であり、同族全体が国家に養はれてゐるかの如く思はれて居りますが、果して之は正当なる観察でありませうか？　現行の旧土人保護法に依る本年度(昭和五年度)の予算を見まするに其総額は四万二〇六四円であつて、内訳を示せば次の通りになつて居ります。

救助費	一五三一円
救済費(色丹土人)	八〇三円
施療費	一万二五五六円
勧農費	一一七〇円
教育費	二万六〇〇四円

以上の支出状況を検討して見ると、救済費の八〇三円は色丹島に住むクリル人種に対する米噌費であつて、所謂北海道の旧土人（蝦夷人）に対する救済費ではありません。而もクリル人種は現在僅かに三六人に過ぎない少人数であつて、二万余円の共有財産を所有してゐるのでありますから、最早や救済すべき必要のないものであります。次に施療費に一万二五五六円を計上されて居りますが、其大部分は、浦河《うらかわ》、静内《しずない》、平取《びらとり》、白老《しらおい》の四土人病院に使用されてゐるものであつて、道内他地方に住む土人には殆んど之れが恩典はないのであります。元来救療を受けると言ふ事は土人に限つた事でなく、和人も貧困者の救療規定に依り、或は恩賜財団済生会の施設に依りまして、多分に救療されつゝあるのでありますから、之を以て土人特有の恩典とは申されません。次の救助費一五三一円も其通りであります。勧農費として一三七〇円を計上されて居りますが、之を道内三四〇〇戸の人達に配付し、偶々鍬の一挺や、鎌の一本位貰つた所で大した生活補助になるとも考へられませぬ。斯んなものはもう貰はなくとも結構であります。次の教育費は保護費中の最大なるものであるが、言語風俗が完全に同化し切つた今日に於て、何故に特殊の学校を要するのでありませう？　甚だしい所になると市街地に和人の学校と土人の学校とを門戸を並べて建てゝゐる所があり、又土人小学校中に和人児童を収容し、教室を仕切つて教授してゐる所があります。本当に人種差別も甚だしいものではないかと思ひます。斯る施設を存置して置く理由を篤《とく》と当局の方々に御尋ねしたいのでありります。次に私は保護法の根幹ともなつて居りまする給与地の問題に付いて一言したいのでありますが、即ち保護法第一条に依れば「農業に従事する者又は従事せむと欲する者には一戸に付土地一万五千坪以内を限り無償下付する」云々とありまして、農業に従事せざる者は何等の保護がなきのみならず、和人には一〇町歩を給与し乍ら、保護民たる土人に対し五町歩しか給与しないと言ふ理由は如何なるものでありませう。殊に適農地であるべき給与地が往々山岳湖沼であつて、如何に人工を加ふるも開墾が出来ず、其儘にしてゐる間に成功期間が満了して没収処分に付されつゝあるを見る時に、私は余りの不合理を叫ばざるを得ませぬ。そして再下附を出願すると、お前達は農事に不熱心であるからやらぬ、と言つて一蹴されまするし、一般規定に依つて出願すれば、お前達には特別の保護法があるから一般規定に依つて土地をやる事はならぬと言つて一蹴されます。強いて求めれば保護民に理屈を言ふ権利なしと言ふ権幕、本当に私共は保護法がある為めに非常に迷惑を蒙る事があります。以上観じ来れば現行保護法は吾々の向上を阻害し、経済生活の進歩を阻害するものと存じまするが故に、速かに撤廃されん事を希望するのであります。私のやうな乳臭い青年が斯んな事を申して、甚だ失礼でありますが、同族愛護の念已まんとして已む能はず、玆に此一篇を草して公にする次第であります。

一九三一年三月、北海道アイヌ協会発行『蝦夷の光』二号、所収、原文は総ルビ

北海道収用委員会における貝澤正の申立

（一九八八年二月一五日）

審問するから出てこいという通知受けまして、私出てきまして、ここで先生方の前に好きなことが言えるということ、本当にうれしいと思います。北海道収用委員会の先生方に一応お礼を申し上げておきます。

一番先に申し上げたいことは、日本国家の官僚体制がいまだに強く残っているということ。今度の収用委員会を通してはっきりしたんですけれども、実はこの問題の解決の一番先に、私が聞いたことは、昭和六一年七月三日に意見書を出した、それまでのいきさつなんですが、実はうっかりして、私たち役場の掲示板なんて見たことがないわけです。たまたま知っている人が貝澤さん、掲示板に土地収用法の問題解決の掲示がなされているから見に行ったほうがいいなどというもんだから、行ってみたら、掲示板にこう書いてあったわけなんです。「土地収用法第二四条二項の規定により、建設大臣から事業認定申請書及び添付書類の写しの送付を受けたので、同法第二項の規定によって公衆の縦覧に供するため、次のとおり告示する」。江戸時代のあれならこういう形でいいだろうけれども、いまどき、大体あの掲示板にどれがその告示の書類だか、捜すのに大分苦労しまして、役場の担当者にいって、やっと確かめて、七月三日までに知事を通して建設大臣に意見書を出せと、こういうことなんです。

それで、実は昭和六一年七月三日に北海道知事横路孝弘《よこみちたかひろ》あてに意見書を出したわけなんです。ところが、知事もそれを読んでいるのかどうかわからないにしても、我々の意見も聞かないままに、最後の通告を受けたのがいつですかな、去年ですかな、そういうことが果たしていいものかどうか。私にすれば、勉強も足りないし、原稿をつくるのでも、字を書くのでも、下手な字を本当に一ヵ月もかかったような気なんだけど、告示によれば一週間以内に出せというもんですから、あわくって出したんだけれども、それから一年半、ちっとも話もないままに、昭和六二年一二月三日付で北海道収用委員会の会長名で裁決の申請及び明渡裁決の申立についてという書類を受けたわけなんです。これもやっぱりダム関係で、一つの手続きだと思うんですけれども、手続きだけはさっき萱野さんが言われたとおり、住民や地権者との話し合いの一つもないままに、次々、次々そういうことをしているということ。いまだにやっぱり官僚的でないかという我々住民の不満があるわけなんです。

そんなことで、私が意見書を出して、昭和六三年一月一三日付で、また、収用委員会から審問すると、しかも悪いこともしないのに、事件の取り扱いということで審問するなんていう言葉、これ変えたらどうかな。既に道あたりで、殿をやめて様にするというのを新聞でちょっと見ているだけにですね、住民の気持ちを逆なでするような、こういう方法、これ検討していったらいいんでないかと思います。

本論に入りたいと思うんですけれども、萱野さんの意見ともダブると思うけれども、北海道の昔はアイヌモシリであった。アイヌは、北海道を中心に千島列島、樺太の南部、日本本土の北部にまで進んでいたんです。アイヌはみずからをアイヌ、「人間」と呼び、よそから来た人をシサムウタラ、「隣人」と親しみを込めて呼んでいたわけなんです。初め、北海道へ渡ってきたシサムらは、数が少なかっただけに、アイヌと仲よく、しかも喧嘩をしないで、恐らく混血していったんでないかなと思います。

私、一番感激して読んでいる本の中で、実は早く死んだ知里《ちり》幸恵《ゆきえ》さんの『アイヌ神謡集』の序文の中にこう書いてあります。「その昔、この広い北海道は、私たち先祖の自由の天地でありました。天真爛漫な稚児の様に、美しい大自然に抱擁されて、のんびりと楽しく生活していた彼等は、真に自然の寵児、何という幸福な人たちであったでしょう」と、こう言っております。以下は略しますが、昔はここに書かれてあるとおり、アイヌの世界というのは平和だったわけなんです。たまたま、いまのダムの着工が近いということで、私の住んでいるすぐ近く、二風谷でダムサイトの発掘調査が行われたわけなんです。そのときに、いわゆる三〇〇年前の樽前《たるまえ》山の噴火の火山灰地の下から、アイヌの墓の中から、人骨とともに副葬品がたくさん出てきたわけなんです。その副葬品を見て私びっくりしたんですけれども、いわゆる刀とかつば、漆塗りの入れ物、そういうものがたくさん出てきたということは、いかに当時のアイヌが裕福な暮らしをしていたか。例えば、ご承知のとおりシャクシャインの戦いの初めの起こりは、交易の不均衡からアイヌの不満が爆発してああいう戦いが始まったはずなんです。その前に、アイヌが本州との交易でたくさん鉄器とか、そういう品物を交易でもらってきて、死んだときに副葬品として葬ったという事実を直接目の前に見て、いかに当時のアイヌが豊かだったかということを我々思い出しているわけなんです。

平取は、オキクルミの伝説にもあるように、アイヌの都と言われ、本州との交流も早く、文化の花を咲かせたところであります。いまでも沙流川筋はアイヌが多く住んでいて、平取の人口八〇〇〇人弱の中に、アイヌは二〇〇〇人います。二風谷は五五〇人のうちの四五〇人がアイヌで、昔からいまに至っても、また人間の一番住みやすい場所だという証拠になっております。

再び、三〇〇年前のシャクシャインの戦争のときに戻りますが、シャクシャインの敗戦も、いわゆるシャモのだまし討ちによってシャクシャインが殺されてしまった。ところが、その後の戦後処理が大変だったわけであります。いわゆる起請文というのをつくって、各コタンを回って、償いもの、罰金を取って、起請文を読み聞かせ、その上護符を焼いて飲ませて約束させたというんです。起請文のことにちょっと触れておきますが、いま考えても、よくこんなひどいことをアイヌに押しつけたものだと思います。

一、殿様よりどのように仰せられようとも、孫子一同ウタレ男女に限らずそむきません。

一、仲間で逆心する者あれば充分意見致し聞かなければ早急にお知らせ致します。

一、殿様のご用にてシャモが浦々に来た場合には手抜かりなくお世話致します。

シャモが自分の用で来ても充分ごちそう致します。

一、鷹侍や金掘にもじゃませず手抜かりなくお世話致します。

一、商船にはわがままを申さず、他国よりの物は買わず、私達の産物は他国に売らず、他国の産物など持参するときは仰せの通り致します。

一、これからは米一俵に毛皮五枚、干し鮭五束とし、交換物は米に応じて取引します。産物の多い時は米に比べて値を下げても良いです。

一、殿様ご用の状使い、鷹送り、伝馬、宿送りには昼夜を問わず手抜かりなくお世話致します。鷹の餌にする飼い犬は無料で早々に差し上げます。

右の旨孫子一門男女に限らず叛きません。もし叛く者あらば、神様の罰を受け子孫が絶え果てますので起請文の通り約束を致します。

神を信じ、神に背くことを絶対嫌っていたアイヌの精神文化を逆手に取って、こういうふうにして神の罰が当たるから絶対背いちゃだめだと誓わせたわけなんです。以来、三〇〇年余り、アイヌは至愚至直とか、無知蒙昧と言われながら、ずっとおとなしく生活したという歴史が残っているわけなんです。起請文を見て思い出すのは、松前藩はアイヌの力を恐れるとともに、ロシアや大陸との交易を禁止して、利益の独占を図っているということなんです。そういうひどいことをやって、約束させられて、アイヌはすっかり骨抜きにされたという歴史があるわけなんです。

それから、幕末のころに入りますが、先ほど萱野さんの話にも出ておりましたが、場所請負人のことなんですが、沙流川流域を中心とした沙流場所。沙流場所は山田文右衛門が請け負っていたわけなんです。ところが、沙流川筋はアイヌの人口の多いわりに産物が少ないもんだから、山田文右衛門は厚岸場所も請け負ったということなんです。産物が少ないからアイヌを厚岸に連れていって、厚岸で仕事させたわけなんです。ある古老の話によれば、トマにわずかの寝具を包み、それをしょって日高十勝の沿岸を歩いて何日もかかって厚岸に着き、夏中働き、秋は雪を踏んでコタンに帰ってきた。この当時の状況を、松浦武四郎がいまから一三〇年前二風谷へ来て、アイヌの名や、家族の状態などを記録して、いまに残っております。いまの二風谷地域のコタン、ニプタニ、ピパウシ、カンカンの三つのコタンの、一二〇人のアイヌのうち、実に四〇人が雇いに取られて厚岸へ使われていった。当時の場所請負人のひどい仕打を松浦武四郎は目の当たりに見て、このことを告発しております。

コタンには年寄りと子供、病人だけで苦しい生活をしていた。松浦武四郎の『左留《さる》日誌』の中に、私の祖先の名前も、年齢も、全部書かれているわけなんです。私のいまから四代前の先祖が何人か連行されて獄死(酷使の誤記か?)していたという歴史があるわけなんです。

もう一つは、封建制が崩壊して明治政府になってからでも場所請負制度は廃止になったが、場所侍という名前が変わっただけで、アイヌの使役が続いていたわけなんです。私の祖父が、シサムエカシといって、この人は門別の浜の会社の通訳だったらしいんですけど、そのところへ使われて、明治二〇年ごろまで青年期を過ごしたらしいんです。私の祖父の母がシサムエカシの妾になっていたので、沢山の子供を生み、その子供達が使用人として明治の半ばまでただ使いされていたということ。それでもなおアイヌは怒ることさえ知らなかったということ。私の祖父がよく言っていたことで、浜ばかり行っていたので、いわゆる開墾する暇がなくて貧乏したんだと。お前ら一生懸命働けよとこう言われたもんなんです。

それから、明治政府になって私の祖父がそういうふうにただ使いされたということと同時に、明治政府はロシアとの政策があったために、アイヌを日本人にしなければロシアとの国境策定がぐあい悪いということで、明治五年にアイヌを東京へ連れていって、いわゆる年少者を開拓使仮学校に入れ、年多い者は開拓使官園で農業の指導をしたわけなんです。明治五年、三五人のアイヌの子弟を連れていって教育したんですけれども、言葉も通じないアイヌの若者を大都会に連れていって、当然失敗に終わったわけなんです。そうこうしているうちに、明治八年、千島と樺太の交換条約が成立して、もう明治政府はアイヌの教育が必要なくなったので、この計画もすぐに投げちゃったわけなんです。せめて、当初の計画をずっとやっていたら、だんだんアイヌも教育を受けれたんでないかな、こう思って悲しい思いするんですけれども、東京でアイヌの子供が教育された仮学校というのは、その後北海道大学の前身になったという歴史があります。私はその学校、仮学校の跡まで行って、昔をしのびながら見たことがあります。

それから、開拓民がだんだん増えてきて、狩猟や漁業で生活していたアイヌの生活がだんだん苦しくなって、ある場所では餓死する者さえ出てきた。それで、このままアイヌを投げておけないというので、明治一八年アイヌに農業授産の長期計画を立てたわけなんです。当時やっぱり三県ですから、札幌県が中心になってやったはずなんですけれども、そのときに種と食糧を与えて、農業指導員を置いて、私たちの村二風谷で農業指導をやったわけなんです。

二風谷の土地は、ご承知のとおり、沙流川流域の沖積土だから、一生懸命働いて開墾すれば充分生活が成り立ったわけなんです。例えば二反か三反ヒエやアワをつくれば、一年間のいわゆる穀類は取れるし、大豆、小豆をつくって売れば、日用品を購入することができるというふうに、わりあいに恵まれた場所であり、生活が安定していたわけなんです。

いまにして思うんですけれども、沙流川、いわゆる沙流郡、新冠郡、明治時代のアイヌの授産事業で、このあたりのアイヌがやっぱり一番生活が楽だった。いまでも農業に定着しているのは大体この三郡のアイヌであります。それもずっとやっていけばよかったんですけれども、三県制度が北海道庁に変わった途端に、またその事業もやめてしまった、そういう歴史があるわけなんです。

もう一つ、私が、いかに北海道の土地が搾取されたかという一つの例を申し上げますが、明治三〇年に帝国議会は、国有未開地処分法という法律をつくり、第三条で「開墾・牧畜・植林を供せんとする土地は無償にて貸付し、全部成功の後無償にて付与すべし」とあり、面積の制度は勅令で決め、一人につき開墾用地一五〇万坪、牧畜用地二五〇万坪、植林用地二〇〇万坪を限度として貸付したわけなんです。それから、会社や組合はこの二倍まで付与を受けて二〇年間、地租と地方税は免除される。北海道の広大な土地をこうした形で、ただで資本家や政治家、役人にくれてやったわけなんです。その当時、いわゆる資本家の動きが激しかったもんですから、北海道庁は、いわゆる役人やこうした人に突き上げられて、伏魔殿なんて言われて問題になったことが書き残されております。

この中で、特に不正な行為が行われていたのは、牧場地の払い下げに多く、処分地の周囲だけ柵を回して、見られるところだけ起こして牧草地にし、よそから馬を借りてきて、同じ頭数を何回も数えさせたり、家畜のふんを大量に集め散布したり、また、遠検と称して検査官を宿に泊めておいて現地を見せないなど悪質を極めたそうです。

一つの例として、沙流川筋のコタンの裏山を、アイヌはニナルカ、薪を取る高台と呼び、薪や家材を自由に伐っていたところが、いつの間にか社有林となって、アイヌが薪を取ったら盗伐だと脅かされたり、それ以来、コタンのアイヌは遠く離れた村有林や国有林から代金を払って薪の払い下げを受けたわけなんです。その代償として、山火事防止のために各コタンに森林愛護組合なんかをつくらされ、山火事発生のときの春は各戸交替で山火事予防のたすきをかけたり、熊予防のラッパを吹きながら、山から山へ巡視しました。周囲の社有林を山火事から守るために、アイヌは黙って奉仕したのであります。

こんなばかな話があるだろうか。黙ってただ取られた土地を、また山火事から守ってやったのはアイヌなんです。

私は、青年時代に山で働いたことがありますが、山の尾根伝いにどこまでも牧柵が続いていたし、その牧柵に使ったのは、楢《ナラ》の割り木に穴を開けて、横も割り木で刺し、よく乾いた木であったために、我々は、割って焚木にして使った記憶があります。また、小学生のころ、大正一〇年ころだと思いますが、同級生に連れられて山を管理している親のもとに私が行ったわけなんです。密林地帯から大きく広がった明るい場所に出たら、そこは柾葺《まさぶき》のうちがたくさん建ち並んでいたわけなんです。こんな奥山にと、びっくりしたんですけれども、そこは事務所と宿舎と豚小屋だったそうです。その豚小屋がアイヌのうちよりりっぱなのにびっくりしたことがあります。会社の御曹子が道楽で山に来て、どんぐりの実を食べさせて養豚事業を計画したらしいんです。そして、奥山まで道路をつけて、幌馬車に乗って山へ来たのを見たと、古老が言っております。

大正九年発行されました『平取外八箇村誌』には、ここのことをこう書いてあります。「大正七年、大規模な豚牧場を設け、純良種を購入、繁殖させ、漸次羊その他を繁殖する計画なり」。理由はわからないが、ここも間もなく閉鎖され、私の行ったころには、管理者夫婦だけがいたのを見たことがあります。

その後、私がこの山で働きに行って見たところによると、直径一メートルもあるアカダモの木が伐り倒されて、ごろごろとそこに転がっておりました。恐らく、平地の肥えたところを伐って牧場にする計画が立てられたと思います。

そういう形で、会社はただでもらった山も、やっぱり管理するのに大分苦労した様子が見られます。土地登記謄本を見ても、最初は原野で払い下げを受け、それを牧場に変更して、戦後になって初めて山林に変わっております。会社は、牧場の中から木を伐り出して、どんどんもうけたわけなんです。沙流川の流域は、ご承知のとおり、広葉樹の立派なものがたくさんあるわけなんです。カツラやミズナラ、直径二尺も三尺もある木がどんどん伐り倒されて、しかも、それがヨーロッパへの輸出に使われたらしいんです。家具材、楽器材として。昭和の初めに、そういういい材がどんどんと伐り出されて、あの平取の駅土場に山と積まれた角材を、我々は運んだ一人なんであります。その後、枕木というのを伐った。それは大体満州の広軌鉄道、八尺枕木と言うんですが、広軌鉄道のための枕木を伐って、その後に、今度は炭焼きが入ったわけなんです。炭焼き屋が入ったら、炭焼きはご承知のとおり、全部山の木を伐ってしまって、全山丸裸になったわけなんです。さあ、そうなったらどうなるかといいますと、雨の降るたびに水害が起きて、立木と同時に土砂が流出し、その土砂がアイヌがつくっている畑をすっかり押し流したわけなんです。土砂に埋まったヒエの穂やアワの穂を泣きながら拾っていたのを私はたびたび見ております。これは、いわゆる会社のことなんですけれども。

ついせんだって三月一〇日に横路北海道知事の呼びかけで、元参議院議員で開発庁長官であった西田信一先生の『男子の一言』の出版祝賀会が札幌で開かれたのであります。

その会場には、全道からたくさんの人が集まりました。その西田先生の著書の『男子の一言』の中で、私がいま話をしたことの一部が出ているので、ちょっと読み上げたいと思います。

蝦夷地一円の称が北海道と改められた明治二年、開拓使が置かれて北海道開拓の歴史がひらかれた。

この後、一九年北海道庁が設置されて、初代長官に岩村通俊氏が就任したころから北海道開拓政策は大きな転機を迎え、従来の貧民の移住から資本の移住、すなわち本州資本の積極的な導入に転換するに及び、先住住民アイヌの生活や生産の場にも、急激な破壊が急速に進んでいった。

その最も顕著なものとして、明治三〇年から施行された「北海道国有未開地処分法」を挙げなければならない。この法律は、本州からの移住者に対し、開墾、牧畜、植樹等の用に供する土地を一〇年間無償貸し付けた上、全部成功すれば無償付与するというものであった。しかも、一人当たり開墾目的地は五〇〇町歩、牧畜用地は八三三町歩、植樹用地は六六七町歩という大規模なもので、同法施行以降、明治四二年までの一二年間に新たに処分された土地は、実に一八三万余町歩。年平均一五万余町歩に上った。

このような和人による土地取得の嵐や、これに伴う移住民の増加に起因する人口の急増は、アイヌ民族の生活領域を狭くし、貧困のどん底に追い込んだのみならず、その民族文化も破壊される原因となり、アイヌ民族の受けた打撃は大きかった。

元の開発庁長官がこう書いております。

もう一つ、この大資本のために沙流《さる》川がいかにひどい目にあったかということ、『平取町史』並びに『日高開発史』の中から抜き書きしてみたいと思いますが、苫小牧に明治四三年に王子製紙工場ができ、明治四〇年鵡川《むかわ》、沙流川において一〇ヵ年計画をもって用材の特売を受け、会社は大正三年、鵡川、沙流、糠平《ぬかびら》等に一三九万五九五〇石の年期契約を受け、以後、たびたび更新して今日に至っている。明治四三年より製紙原木を坂本武次郎請負いで日高及び千栄方面より伐採し、四月以降沙流川を流送した。流送量は同年五万五一〇〇石を搬した。もとは富川まで流送、散流したが、沙流川両岸の崩壊が大きく、一見するに忍びないものがあった。流送は、山の富を産ずる利益は多大であるけれども、沿岸の苦情は絶えることがなかった。それで、大正一〇年ごろに至り、平取、富川間を筏流しにすることになり、日高沿線の名物となった。後、平取網場でとらえて、中狩をなし、逐次流下させるようになった。戦後、平取、富川間は再び散流となったが目下河川工事が竣工中である。平取本町から下流の畑は荒らされたら大変だということで、平取で網場をつくって筏で流したんだけれども、平取から上流のアイヌコタンの畑は、なんぼ決壊しても荒らされても平気だったんじゃないかな。原料丸太は水が増えるたびに畑に乗り上がったり、満水状態になったら丸太が岸にぶつかって、耕地は音を立てて決壊していったんであります。年間三メートルも四メートルも耕地が減り、二風谷の人は農業を続けられなくなって、測量人夫や、造林、造材人夫などに従事するようになったのであります。

これだけ地域住民に被害を与えながらも、会社は地域に対してちっとも協力しなかった。たった二、三あるんですけれども、明治四四年二風谷小学校改築の際、坂本武次郎が金一封を寄付しています。昭和二八年に川向いへ吊り橋をかけたが、いいかげんなもんで、風が吹けば敷板は飛び、一年足らずで使えなくなったと。それから、昭和四六年に二風谷アイヌ文化資料館を建設したときに、萱野茂さんと二人で寄付を集めに行ったら王子製紙会社は木材界の不況を盾にして、寄付も出してくれなかった。ちょっと出たかな。少しだけな、申しわけ的にね。

もう一つ、我々狩猟民族だったアイヌが農耕民族に変わっていく中で、昭和一五年ごろより、一五年だったと思いますが、米穀統制令という法律ができ、奥地まで米の配給がなされたわけであります。米の味を知ったアイヌは、イモやヒエよりもおいしいもんだから、無理をしてでも米を食うようになって、食生活が大きく変わったわけであります。戦前、戦後の食糧不足はだれでも同じであったが、シャモは米を食い、アイヌはヒエを食うものだという長いしきたりが、昭和一五年に大きく変わったんであります。それで、先ほど萱野さんもちょっと触れたんでありますが、春になったら米一俵を水田農家から借りて、秋になったら大豆三俵で米代を返して、その米を食って百姓をしたという歴史があるわけなんです。それで、どうしても畑づくりでは損だから、米づくりをしようということで水田づくりがはやったわけなんです。たまたま、揚水ポンプができたんで、川から揚水ポンプで水を揚げて水田をつくる。それから、小沢から樋《とい》でもって水を導入して米をつくるということを始めたんですけれども、ご承知のとおり、沙流川が原始河川なので、増水のたびに水田が流されてしまった。埋め立てした水田が田植えして収穫間近になったら根こそぎ持っていかれた。それでもアイヌは米をつくることを諦めないで、また、泣き泣き次の年もそこを直して水田づくりをした。水田をつくるために資金が必要だ。機械を買うために、水田をつくるために、農協から金を借りて増田を続けていったという長い経過があるわけなんです。畑作を続けていけば大したことなかったんですけれども、シャモのまねをして米を食ったばっかりに、アイヌが、またも貧乏を繰り返したわけなんです。何とか水田にしたいと思って、我々土地改良区に何回か足を運んだんだけれども、一戸当たり大豆何俵積めとか、とうてい及ばない難題をふっかけられてあきらめたこともあります。どんなに焦っても貧乏部落ではどうにもならない状態で、農協の金利はそのころで大体年一二％。利子が利子を生み、どんどんと借金はふくれあがっていったわけなんです。毎年秋になると農協役員の前に引っ張り出されて、この借金はどうするかということを求められたわけなんです。仕方なし、借金のかわりに農協へ土地を売ってしまう。平取の沙流川筋のアイヌはこうして農協に土地を渡し、借財から逃れたんだけれども、その土地を平取から下流の水田百姓が買って、買った農家には、先ほども萱野さんも言いましたとおり、土地を高く売ってにこにこしている農家もありますし、安いから売らないと言って突っ張っている富農もあるわけなんです。そういうことを我々目の当たりに見ているだけで、本当に何と言っていいか、貧乏がいかに苦しいかということがわかるわけなんです。

もう一つ、アイヌが開発の言いなりになって土地を簡単に売ったという一つのいきさつにも、やっぱり貧乏で苦しいから、早く売って農協の借金を払って楽になったほうがいいというのが大半であります。追われた者の泣き言かもしれませんが、アイヌ民族としてどうしても情けなくて、このことだけは言わなくてはならないと思っております。私は常日頃言っているんだけれども、封建的でもっとも無知で傲慢な日本民族にアイヌが支配されたことがやっぱりアイヌの一番の不幸ではなかったか。間違いだろうか。長い封建制の中に、島国に閉じ込められていたそういう人らが北海道へ来て、自分たちよりもっとみじめなアイヌがそこに居るんだということで、優越感を感じながら生活していたんではないかと、こう私は見ております。

次に、北海道の開発とアイヌの関係にちょっと触れておきたいと思います。資本主義経済の発展時期から明治政府の開拓政策は、このままで行っていいものかどうか。開拓政策のために一番苦労していたのはアイヌであります。明治政府は、北海道の資源の略奪で太った資本家を背景にして、軍事力を拡大して、侵略戦争を始めたわけであります。台湾へ、朝鮮へ、満洲へと、侵略の手を伸ばし、アジアで沢山の人を虐殺した歴史はまだ新しく、皆さんの記憶にあると思います。戦後の繁栄で経済大国となった背景は、北海道の豊富な資源にあったことを忘れてはならないと思います。僅か一二〇年の間によくも北海道をこんなに荒らしたものだと驚くのは私だけじゃないと思います。魚を捕り尽くし、木を伐り尽くし、地下資源を掘り尽くし、必要がなくなったといって鉄道を廃止したり、そのうえ、人口が少ないからと北海道を核のゴミ捨て場にしようとして今計画しているんであります。北海道をなんと考えているのか、本当に驚かざるを得ない状態であります。北海道には、明治の初めに失業武士団や貧農の二、三男を送り込み、戦時中は強制疎開、敗戦後は海外からの引き揚げ者を緊急開拓の名の下に農業も出来ない奥地へ押し込んだのであります。その人々も木を伐ってしまって何もなくなると、大半は離農して故郷へ帰ったのであります。北海道を故郷としているアイヌは、帰る場所もないわけであります。開発とは何であったのか、海岸や河畔の木を伐り尽くし、海辺や川辺をコンクリートで固め、近海には魚も回遊できず、川には休む淀もなく、産卵する砂利を取り尽くしている。そのうえ魚の餌になるプランクトンの原料になる広葉樹を伐り、育成が早いからと針葉樹の人工造林で山をおおっています。今のままでの北海道の開発が進めば、北海道は生物の住めない死の島になるんではないかと心配しているのは私だけではないと思います。

それから、「北海道旧土人保護法」はまだ生きています。この法律は、狩猟民族であったアイヌを農耕民として北海道開拓の一翼を担わせ、学校教育を通じて日本人化することであった。同化政策は稀に見る成功を収めたと、元の総理大臣中曽根さんが単一民族論を吐き、胸を張っております。

法律も九〇年になろうとして、内容が人権無視の悪法、憲法に反するとか論議もありますが、法を盾にしてアイヌに関する新法を要求しております。これらの論議とは別に、二風谷ダムの用地交渉の中で、アイヌは貧乏しているから金さえやれば喜んで買収に応じるだろうと、農業廃休止補償をシャモよりも一年分加算して交渉を続けられたんであります。人間平等の時代に、こんな差別があってよいものでしょうか。えらい人たちの思惑が当たり、アイヌの大半は開発側の用地買収に応じ、金をもらいました。昔のアイヌは、焼酎でだまされて土地をとられたと笑っていた。今のアイヌは、札束に迷って土地を取られた。反当たりたった一〇万五〇〇〇円の上置きだけでだまされたのであります。用地交渉の際、開発側は田は反当たり一四〇万円は全国標準価格だから絶対それ以上出せないと言って突っ張ったそうです。それなら、農業休廃止補償の一年分の上置きは旧土人給与地だからできたと理解して、給与地は日本中どこにもないから、一年と言わず一〇年でも一〇〇年でもいいはずではないでしょうか。アイヌが近代史の中で苦しめられた過去を振り返って、その子孫に補償する意味から、私は一応一〇〇年分位を要求したいと思っております。

北海道開発政策の中で生存権を奪われて、ようやく農民となった矢先にまた土地を取り上げる。こういう開発政策には私は納得できないのであります。できたら、萱野さんもさっき主張したとおり、狩猟民族であるアイヌに狩猟権と漁業権を与えるようにしていただきたいと思います。

もう一つ、二風谷ダムの建設用地は、一般ダムと違い平地であることと、都市に近く大変便利だとか、国道は近い、骨材は現地でいくらでも取れる。そういう条件を備えて儲けるのは東京や大阪の大企業だけで地元には何のメリットもないのであります。一〇年も前から騒いでいた苫東の企業はちっとも来ない。そこへ、何故工業用水を送るのか。ダムが本当に必要なのか。見通しのないままに大きな国費を使って強行する。役人と企業と政治家のためだけでないかとの悪口を我々は聞いております。このことについて先程も申し上げた、元の開発庁長官西田信一先生の『男子の一言』の中に、西田先生は苫東のことでこう書いています。

> 現苫、即ち西港の整備が軌道に乗った昭和四四年ころ、時の町村金五知事の決断で苫小牧、厚真《あつま》にまたがる一万ヘクタールの民有地を買収、大規模港湾とともに新産業都市建設計画が実行に移された。

私が佐藤内閣に入閣、北海道開発庁長官に就任し、第三期同総合開発計画策定に取り組んだのは、その翌年の昭和四五年であった。

高度成長華やかなりし当時の三期計画の目玉商品が、いわゆる東部開発計画であった、この計画を実行すべく設立されたのが、資本金六〇億円の苫小牧開発株式会社で、官民合同の第三セクター方式によった。社長には大阪商船三井船舶の進藤孝二が就任した。

進藤社長は昭和四九年九月、出張中の苫小牧で急死、その後を継いだのは町村の推薦による太田剛であった。以来一七年、日本最大の工業基地を目指した苫小牧東部開発は、果たしてどのような現状にあるだろうか。

大規模な港湾に莫大な国費が投入されながら、企業の立地は全く見るべきものがない。僅かに火力発電所二基、民間並びに国有の石油備蓄基地、いすゞ自動車エンジン工場が進出したに過ぎない。先行きについても見通しがつかないというのが現実である。

主体をなす東部開発会社自体が、すでに多額の負債を抱え、企業の進出も思うにまかせず、その前途が大きな不安に包まれているのは、誠に残念に堪えない。私は、これに触れることをあえて避けるが、一段の奮起を望んでやまない。

西田先生がこう言っております。開発の人がさっきも言っておった、工業基地の水だけでなく水害調節なんてうまいことを言っているんだけれど、本当は最初の計画は、西田先生が言っている工業基地の計画でなかったかと思うんですけど、今になってこういう水害調節なんてうまいことを言っているんですが、私達は苦しみに苦しみ抜いて、やっと護岸ができ、水田ができ、それから永久橋がかかって、これからやっとあたりまえの百姓になり、米も食えて、安心して生活できると思っていた矢先にこのダム計画が発表され、跡継ぎをする子供たちも足が地につかないで次々と村を出ていっているわけなんです。

私がここで要求したいことは、先程も申しました農業廃休止補償を一年だけでなく、アイヌを苦しめた長い歴史の補償として一〇〇年間も見て欲しいということ。それから、強制的に農業に転換させてやっと定着したところで、土地を取り上げようとしているから、再び狩猟民族に返してもらって、狩猟と漁業で生活できるように補償してほしいということ。それから、沙流川周辺のコタンの裏山にある社有林全部を元の地主であるアイヌに返してほしい。ただで北海道の土地を取り上げたのであるから、ただでアイヌに返してほしい。

以上、三つの項目を要望して、私の意見を終わります。

一九九二年二月、『私の想い——アイヌの声——』(正の葬式にて配布)所収

三井物産株式会社社長への訴え

私は大正元年生まれで、今七九歳です。住んでいる所は日高支庁管内平取町二風谷です。二風谷は日高山脈を源として太平洋にそそぐ沙流川のほとりです。アイヌの家で生まれ、貧乏と闘いながら故郷を守り、残りいくばくもなくこの地の土になろうとしている老人です。

私が物心ついた時から山林とのかかわりを持ち、今でも山にすべてをかけて暮らしています。小学校のころからコタン（集落）の裏山に杣《そま》夫が入り、ひと抱えもある大木が伐り倒され、馬橇で平取の駅土場まで搬出されていました。高等小学校卒業（昭和二年）とともに父について秋は角出しの道路つけに働かされ、冬は馬を追って角出しをさせられました。楢や桂の大木を長さ一二尺に玉切り、径二尺余の樹は四面削りとって角材として玉ぞりに乗せて馬に引かせたものです。コタンの若者の多くは夏の間は国有林の造林人夫として働き、冬は造材山で働いていました。私もその一人です。

沙流川筋の小沢は次から次と造材されて伐採されつくしたので、二風谷の外れのカンカン沢に伐採の手が入りました。この沢は奥深く、奥の方は国有林になっていました。私達の働いた山は三井山林だったのです。カンカン沢の造材は三、四年かかったと思います。冬は杣夫や人夫、馬車追いが飯場生活をして働き、春とともに去っていきましたが、私達一家は夏山でも働かされました。仮小屋を建て両親と私の三人は弟妹達と別居していたのです。年の若い妹が弟妹の世話をして学校へ行かせていました。

父は造材山で働く合間に付近の平地を伐採して畑作りをしていました。沢の流域は地味も肥沃な上に飯場の人糞尿や馬糞などの肥料が豊富で作物はよくとれます。収穫した作物は馬車で郷《さと》の家に運び、弟妹達の食料にしました。農地を持たなかった私達一家にとっては、造材山から運ぶイモやカボチャ、穀類は大家族の胃を満たしたものです。

カンカン沢には大正の中期頃、三井の御曹子《おんぞうし》と称する人が道路をつけ、幌馬車で乗りこんで来たと聞きます。一般道路から四キロも入った所に別荘を建て、豚舎も建てて豚牧場の経営を始めたそうです。私が小学校五年生のころ同級生の両親が豚牧場の管理をしていたので、連れられて山奥に入ってびっくりしました。一段高い所に大きな建物と平地に豚舎が軒をつらね、コタンでは見たこともない柾葺き板囲いの建物で、中に豚はいませんでした。

豚牧場の目的は、当時「日高豚」として市場で重宝され、放牧して楢の実のドングリで育てた豚を生産することだったと思います。この地帯のミズナラの豊富なところに目をつけたのでしょうが、武士の商法で失敗したのかもしれません。

小川伝いの平地はずっと奥まで大木が伐り倒してありました。搬出して金になる木は出したのでしょうが、アカダモの径三尺もの大木は輪切りにされてゴロゴロ転がっていました。この伐採跡地の平地で父は食料を生産して一家の生計をはかったものです。三井の御曹子は失敗して撤退したとも考えられますが、別の面から見ると政策的であったのかもしれません。なぜなら、この山林は明治四〇年に「牧場地」として下付をうけたので、ずっと地目は「牧場」となっておりました。この山林の尾根伝いに長々と続いていた三本通しのチャシ(柵)は、下付の条件として牧場に見せかけたものだと思うのです。豊富な楢の大木を割って立てる木には三個の穴を開け、同じく割った木を横通しにしていかにも牧場らしく見せていました。平地を伐採したのは牧草地の用意かとも思います。

> 当地方は豚飼育に適し味の美良なるを以て称せらる。三井家にて之れに着眼し、大正七年二風谷村カンカンに大規模な豚牧場を設け畜舎を建設し盛に純良種を移入し繁殖を図り居れり。暫時羊その他をも飼養すべき計画なり。（『平取外八ヶ村史』、大正九年発行）

私達一家の生活を支えたのは、冬山造材と牧場跡地に作物を作ったことでした。

昭和七年、造材山は次の村の荷負《におい》に移りました。当時は不景気に冷害・水害と重なり、コタンの人々は仕事さえない時代でした。私は幸いにも山仕事に出られましたが、冬山の人夫として一日八〇銭で働きました。米は充分の時だったため大きなにぎり飯に塩鱒のおかずが出て、たまには黒砂糖が食べられるぐらいです。

日高における冬山造材にはアイヌの若者が安い労賃で働いたのです。生来の器用さから、角材のやぶだしと称するトビをつかって馬搬の道まで落とす危険な作業もこなしました。一日当たり八〇銭の労賃で、それでも仕事にありつけた者はよかった時代です。

こうしてコタンの裏山の大径木は伐採され、京阪市場に出され、外国にまで輸出されたのでした。日高地方のカツラ材は京阪市場で建築材や家具として、ミズナラ材はヨーロッパ市場で家具材として輸出材の王座を占めていたとのことです。

明治四一年、三井物産はオークをナラと気づき、海外市場への進出を図って多くの利益を得たとの資料もあります。

三井は大径木の伐採に続いて、製炭原料として小径木の伐採を始めました。そして炭焼きは山を丸裸にしてゆきます。沙流川流域は山が立っているので増水の度に流木と土砂の流出がはげしく、流域の農地は被害を多く受けました。本流の沙流川も同様で、奥地の乱伐で水害多発地帯となり、農業では生活できなくなったコタンの人々は遠くカムチャッカや北樺太・旧満州にまで出稼ぎに出るようになったのです。

コタンの人々の生活破壊の原因をつくった真の犯罪者は、三井を中心とした大資本家です。同一係累の王子製紙も、明治四〇年に苫小牧に製紙工場を建て、原料の針葉樹を鵡川《むかわ》や沙流川の奥地で伐採し、川を利用して流送にしました。

奥地の森林伐採と共に原始河川に丸太の散流をしたらどうなるのか火を見るよりも明らかなはずでしたが、そんなことはおかまいなく資本家と行政がグルになって流域住民を苦しめたのです。春先に蒔付けの終わった耕地が丸太によって音をたてて決壊していきます。増水の度に丸太は耕地に寄り上がってきます。それを「集材」と称して馬に引かせて川まで運びます。

こんなにひどいことをされてもコタンのアイヌは一言も文句をつけられなかったのです。思えば三〇〇年前、シャクシャイン戦争でアイヌが敗れた時に、松前藩は再びアイヌが謀叛を起こせないようにと全アイヌコタンを回り、誓詞を焼いて呑ませ、「アイヌは孫子に至るまで絶対背きません。もし背く者あれば神々の怒りにふれてアイヌは子孫長く絶えはて申すべし」と、神を信ずるアイヌの逆手を取って脅迫したのです。

戦後処理のこの起請文を読むのさえ私達アイヌの血は怒りに燃えます。アイヌは骨抜きにされ、シャモに対して従順にさせられた。まして国家権力が背景の大資本に物申すことなど考えも及ばなかったことです。

一九八八年(昭和六三年)一〇月一四日の朝日新聞社説は、戦前の財界で三井の総帥といわれた池田成彬氏の言葉を引用しています。「商売だからといって社会を犠牲にしてまで儲けるのはよくない」と。当然の発言でしょう。しかしアイヌの受けた犠牲の大きさは知らなかったと思います。三井財閥の中に一分の良心でもあったなら、北海道の先住民であったアイヌに対して謝罪し補償すべきではありませんか。

日本資本主義の発展段階で北海道の資源は大きく貢献をしたと思います。わけても大資本を太らせています。海産物、地下資源、木材資源などを利用して巨利をあげたのは大資本家だけだったのです。

日高地方における木材の生産と移出・輸出は明治末期からはじまりました。この地方は雪が少ないので冬山造材ができ、そのうえ農閑期や漁閑期で安い労働力が利用できました。また海岸線が長いので、山元から搬出した角材を小型船に沖積みして、京阪市場には北海道の他の地方の鉄道沿線奥地より早く出荷し、高値で販売することもできました。

日高地帯はアイヌの人口が多く、アイヌの大半は賃金労働者で、造材山には最も重宝がられたものです。器用な天分と奥山の飯場生活にも耐えられる身体をもっていたからです。

昭和二九年日高支庁発行の『日高開拓史』を見ると、「林業と地方開発及び住民生活との関係」の項に、

> 海岸に集積された角材は、従来殆ど沖に錨をおろす汽船に積み取られた。しかし鉄道が延長し、製材加工の進むにつれて、木材積み取り作業は減少した。しかし今でも原始的な沖積み作業は厳寒の一二月でも行われるのであって、アイヌ人を雇役して焼酎をふるまいながらの沖積み作業はこの地方の特色であり、一風景であろう。（昭和二八年日高地域総合開発計画現状調査）

とあり、敗戦後一〇年もたったころ、しかも官庁の調査報告にこんな表現があることに驚くとともに、木材業界がいかにアイヌを利用していたか分かると思います。

私達の住んでいるコタンの裏山の過半は三井山林となっています。平取《びらとり》・二風谷《にぶたに》・荷負《におい》・貫《ぬき》気別《べつ》・長知内《おさちない》・振内《ふれない》などのアイヌ人口の多い村落で、なぜ元から住んでいるアイヌに薪材も取る山さえないのかと不思議に思い調べてみました。前記のこの地帯には二〇〇〇人のアイヌが住んでいま

す。

平取町の総面積、七万四七二二町(内山林、六万四二一六町)

山林内訳　国有林――四万二〇三七町――六五%
　　　　　町有林――三四〇三町――五%
　　　　　私有林――一万八七七六町――三〇%

私有林内訳　林家――九〇三人
　　　　　　会社――　二五
　　　　　　団体――　一一
　　　　　　町村――　一

統計の数字は、平取町発行(昭和六〇年)の「平取の山林業」による。

次に私有林の所有者構造の在町と不在町者達の比率を見ました。

平取町内の大規模森林所有者　一九三六年(昭和一一年)

三井物産――六〇七九町歩　富本朝二――三四一町歩

では三井はこの山林をどうして入手したのでしょうか。

一九〇七年(明治四〇年)、日高管内の各町村は、町村の基本財産造成を目的として国有未開地処分法により、三万五〇〇〇町歩(一町村当たり四〇〇〇町歩)の山林の払い下げを受けました。ところが、浦河外三ヵ村が所有する放牧地は一九一一年(明治四四年)三井八郎次郎に売却されています。三井は

平取町林業振興地域整備計画表(昭和61年3月)

森林所有構造　　　　　　　　　　　　　　　　　　　　　平取町

		1町	1-5町	5-10町	10-20町	20-30町	30-50町	50-100町	100-500町	500町以上
林　家	903	170	347	182	118	28	22	19	16	1
会　社	25	1	5	6	4	1	2		4	2
団　体	11		1	3	2			1	2	
市町村										1

在村者，不在村者別私有林面積

総人数	939人	在村者数	737人	不在村者数	202人
面　積	1万8776町	7994町		1万732町	

＊リゾート開発で平取の山々も買い占められて，不在村者数と面積は増加している．

まず大面積の町村有の共同放牧地を手に入れ、それを元に、最初は個人名義で購入しその後名義変更をして、三井物産の所有にしているのです。平取町所有放牧地も一九〇七年(明治四〇年)に、立木を三井物産に売却していますが土地の売却記録は不明なのです。また面積は少ないものの、三井が内務省から直接下付を受けたのは二件、二六六町歩あります(『北海道大学農学部　演習林研究報告』三七刊二号より)。

以上に述べてきたような経過で三井は日高沿岸の木を伐りつくしてしまいました。前にも書いた三井の信条として「儲けるために社会を犠牲にしてはいけない」などとうまいことを言いましたが、明治末期から昭和にかけては、北海道を植民地として略奪をほしいままにしたのです。沙流川沿岸の広葉樹は二〇〇年、三〇〇年単位でなければ用材として用を成しません。それを小径木まで伐採した罪は大きいと思います。しかも、伐った跡地を自然のままに撫育するのなら二〇〇年後に復活するかも知れませんが、人工林で針葉樹に金をかけて植林する愚を繰り返しています。

税金のがれの目的で保安林に指定させたり、造林には金をかけないため農林中央金庫からの低金利融資を得たりして、かつてのような略奪林業ほどボロもうけはできないので三井も苦労しているようですが、ここで本来の真の地主たるアイヌとして次のように直訴いたします。

一番よい方法は、搾取しつくしたこのあたりで三井の山を地元のコタンに住んでいるアイヌに返すことではないでしょうか。罪滅ぼしの最高の方法と思ってここに忠告いたす次第であります。返されれば、私たちアイヌは共同で管理して、かつてのような真の自然が保全されるような山にもどす方向で、人間が共存できる利用をしていくでしょう。

一九九一年一一月一九日

北海道沙流郡平取町二風谷二〇—三

北海道アイヌ　貝澤　正

三井物産株式会社代表取締役社長様

ごく最近の報道(『朝日新聞』一一月一五日朝刊)によれば、旧日本領カラフトたるソ連のサハリン州では、州政府と先住少数民族が土地の返還協定を結び、すでに五つの地域でウィルタ族やニブヒ族の先住権が認められているそうです。ソ連に限らず、世界の流れは確実に先住民族の権利承認へと向かっています。三井物産の英断を切に望む次第です。

一九九一年、原稿より、タイトルなし

私の想い――アイヌの声

はじめに

目と鼻の先に巨大クレーンがそびえている。重機の騒音が昼夜を問わず耳に響く。どうかすると夜間作業用の電光が夜空を焦がし、星の光さえ久しく見ていない。

ダムの本体が現れ、既に工期の半ばまで進んだことを物語っている。北海道収用委員会はダム用地売渡しを拒んだ私達の水田の強制収用を決定したのだ。私達は弁護士を通じて強制収用の裁決を不服として建設大臣に審査を請求した。平成元年三月であったが、一年も経ち既に二年にもなろうとしているが、何の進展もないままにダムの工事は急速に進んでいる。平和な郷、二風谷の沙流川《さるがわ》には自然破壊のシンボル然としたコンクリートの固まりが悪魔のような姿を現している。

遠い昔からこの地に住み、子孫の繁栄を願って生き続けてきたアイヌのエカシ（長老）やフチ（老婆）は、この変わりはてた郷土を何と見るだろうか。子孫であった私達が文明という巨悪に対して黙って服従したのではない。長い歴史の中でこれでもかこれでもかと、叩かれ圧迫されながらも生きつづけている。その私達の声など聞く耳を持たないと、権力者側は実績を作り上げようと工事はどんどん進められている。

ダムが完成して潭水《たんすい》されるまで私は生きながらえるかどうか予想はつかないが、その時に私は先祖の残してくれた大地に小屋を建て、湖水の底の人柱となる決心を固めている。そうでもしなければ先祖の所へ行って何とも弁解しようもない。アイヌモシリ破壊を認めた責任をとらなければならない。

平和であったアイヌの暮し

「むかしむかしおじいさんがいました。おばあさんもいました」——子供に聞かせる昔話の枕の言葉である。いろり端でアイヌの祖父や祖母も孫に静かに話す昔話に出るのは、「父がおり母もいました。父は狩りが上手で肉を沢山背負って帰ってきます。母は働き者で倉にはいつも食べ物がいっぱいで、私は何を欲しいとも思わず何を食べたいとも思わずに暮らしておりました」という話である。

自然に恵まれ、食料の豊富な中でのアイヌの暮しが物語にも表れている。

アイヌの代表的文芸ユカㇻを日本社会に紹介した文学者金田一京助《きんだいちきょうすけ》博士の招きで上京中、僅か一九歳の若さで死亡し、天才少女として惜しまれている知里《ちり》幸恵《ゆきえ》の著書『アイヌ神謡集』の序文は、

その昔この広い北海道は、私たちの先祖の自由の天地でありました。天真爛漫な稚児の様に、

美しい大自然に抱擁されてのんびりと楽しく生活していた彼等は、真に自然の寵児、なんと幸福な人だちであったでしょう。

冬の陸には林野をおおう深雪を蹴って、天地を凍らす寒気を物ともせず山又山をふみ越えて熊を狩り、夏の海には涼風泳ぐみどりの波、白い鷗の歌を友に木の葉の様な小舟を浮べてひねもす魚を漁り、花咲く春は軟らかな陽の光を浴びて、永久に囀《さえ》ずる小鳥と共に歌い暮して蕗《ふき》とり蓬《よもぎ》摘み、紅葉の秋は野分に穂揃うすすきをわけて、宵まで鮭とる篝《かがり》も消え、谷間に友呼ぶ鹿の音を外に、円《まど》かな月に夢を結ぶ。嗚呼なんという楽しい生活でしょう。平和の境、それも今は昔、夢は破れて幾十年、この地は急速な変転をなし、山野は村に、村は町にと次第々々に開けてゆく。

と記している。下手な表現よりもこの序文で、豊かで平和であったアイヌの社会を見ることができる。

悪魔の侵入

農耕民族が中央集権的な体制を強化すると共に北進を続け、東北地方北部にまで進出し、権力闘争が続けられていた。アイヌモシリに来たのは、漂流民や権力闘争に敗れた敗残者か流刑囚であった。これらの人々は数も少なくアイヌから寒い所での生活を学びアイヌと共に暮らし、混血をしていったと思う。アイヌはこの人々をシサム(親しい隣人)と親しみをこめて呼んでいた。ところがシサムの人口が増えるとともに北海道の資源を利用して金儲けを考えるようになった。アイヌは必要な食料だけを取り、余分なものを取らなかったから自然の生態系が守られていた。ところが物々交換のためにたくさんの魚や動物や毛皮を持ち出した。大きな船でアイヌの好む物を運びこみ、アイヌの生産物と交換したのである。

渡島《おしま》半島の一角に住み込んでいたシサムの中から権力の強い者が出て、その地方を支配するようになり、中央権力と結びついて富の収奪をするようになった。はじめのうちはアイヌの欲しがる物を与えて貢物の形でとり、だんだん物々交換となったのであるが、アイヌのお人好しをいいことに不平等の交換が多くなった。それを不満としてアイヌは不当を正そうと立ち上がったが、武器の力とだまし討ちでその度にアイヌは負けた。

五〇〇年前のコシャマイン戦争、三〇〇年前のシャクシャイン戦争、二〇〇年前の国後《くなしり》・目梨《めなし》の戦争などが歴史上に書き残されている。

戦いに敗れ圧政はますます強くなり、アイヌモシリの豊かな資源は支配者の貴重な財源となり、資源の略奪がすすめられた。藩は商人に漁場を請け負わせ運上金を納めさせた。その運上金の額がだんだん多くなり、商人の利益が少なくなると当然そのしわよせは働く者のアイヌの肩にかかってきたのである。

二 風俗アイヌの強制連行

沙流場所（現在の苫小牧市から静内《しずない》町にかけての漁場）は、山田文右衛門が請け負っていた。この場所は、アイヌ人口が一千余人と多く、その割に産物が少なく、請負人は介抱のための出費がかさむことから、アイヌを他の場所へ送って二年も三年も出稼ぎさせていた。請負人は、厚岸場所も請け負っていたので沙流のアイヌを連行し、奴隷として酷使していたのである。

大正六年（一九一七）発行の『平取外八ヶ村誌』は、アイヌの間でいい伝えられた彼等の惨状を載せている。

一四、五歳以上の労働に耐える者は皆、強制的に漁場に連れて行かれ、大人一日玄米五合を食料として給せられ、仕事を終えて後、各自これをたきて食す。強壮にしてよく労働に服するものにて給料は一漁期金一両を最多とし、労働の少したらざる者は木綿衣服又は鍋一枚を得、弱き者は一物も得ずしてボロをまといて悄然としてその部落に帰りきたる有様なり。宝物とするケマウシペ（高さ二尺直径尺五寸位の円筒形の容器にして、内外を漆にて塗りたるもの）は強健なる者で二漁期の給料の代わりに得たるものなり。部落に残りし者は、老人幼児又は不具者にして、皆労働に耐えざる者のみなるが故に、旧暦二月頃より一〇月頃までの出稼ぎ中の食料として肉類を貯え与え、時には暇をもらって帰り、鹿を猟して生肉を与えたれども、その難儀はなはだしかり。

北海道という地名をつけた幕末の探検家・松浦武四郎が二風谷の地に来たのは、安政五年（一八五八）、旧暦の七月四日で、今から百三十余年前であった。当時は、今の二風谷地内ではニッタニ・

ピパウシ・カンカンの三コタンがあった。

川船で上流から下り各コタンに上陸、コタンの人員・年齢や生活の状況、雇にとられた人々などを記録している。三コタンの戸数二六戸、一二〇人でその中で二四戸から一二―五二歳までの男三〇人、一六―二七歳までの女一一人、合計四二人で全人口の三分の一以上で、残るは老人婦女子だけだったと記されている。

その頃のアイヌの賃金は一漁期間(一月下旬―一一月上旬)

男、上、　一三貫六〇〇文
男、下、　六貫八〇〇文
女、上、　一〇貫一〇〇文
女、中、　六貫八〇〇文

であった(一両は六貫八〇〇文である)。因みに、アイヌの必需品ではシントコ(行器)は五貫五〇〇文、ドキ(漆塗りの台付酒器)は二貫であった。キセル一本で男は三日、下帯一本で男は五日、酒一升で男七日又は昆布二五貫であった。

このように、よく働くアイヌの約一年に及ぶ労働の対価がシントコ二個分にすぎなかった。二風谷の貝澤シランペノエカシが漁場で一漁期働いて得た報酬で求めたドキは家宝として保存されていた。エカシの死後、二風谷アイヌ文化資料館(建設大臣に是非見に来てもらいたい場所の一つである)に展示されている。

『戊午東西蝦夷山川地理取調日誌』には、沙流川筋のアイヌの豊かさを示す例として次のような記載がある。

ポロサル村(平取町振内《ふれない》)

脇乙名シュクンナ四十四才。此家場所第一番の大家にして凡十間四方も有、家にはホカイ(行器)を凡六七十、太刀の百振も懸たり。前に蔵有。年々雑穀凡三十余俵ヅ、とるといへり。

ピラトリ村(平取町本町)

西岸ヲハウシナイの少し上の方に、人家三十一軒有。是を今はピラトリ村と云り。先岸に船をよせて上陸して、当所の乙名チャリアマ家えよる五十六才に、其家八九間有て頗る大家也。行器・耳盥・手筥・太刀・短刀等百振余も飾りて美々敷さま也。

シュムンコツ村(平取町紫雲古津《しうんこつ》)

人家弐十三軒市町の如く並びたり。余は当所の乙名イコラッテ四十六才なる者の家にて止宿したり。此家場所内第三番の大家にして、凡九間四面も有。行器凡八十、太刀百振、槍五すじも飾りぬるなり。尤も具足等も有るよし申たり。

その頃のアイヌの豊かさは想像できるが、何故アイヌは何の役にもたたないシントコ(行器)やエムシ(刀はただの鉄と飾りをつけたさや)を宝物として重宝し大切にしたのか。それは、松前藩のアイヌに対する愚民政策にあった。

松前藩ではオムシャと称してアイヌを藩邸に呼びよせ貢物を受けとっていた。終わると酒と料理でもてなし、みやげを与えて帰した。藩主は上座で威儀を正し行器や太刀で飾りつけて威光を示したものと思う。原始共産制社会のアイヌに私有欲の悪弊をもたせ、酒や煙草の味を教えたのも松前藩であった。

封建的な武士団がアイヌモシリを支配したことからアイヌの悲劇は始まった。鉄器や日用品はアイヌの生活に利便と文化をもたらしたが、役にもたたない宝物集めにたくさんの熊や鹿などの動物、海や川の魚を交易品として必要以上にとりつくしてしまった。今二風谷ダムの工事現場や国道の切替工事現場で緊急発掘が毎年行われているが、沙流川流域はどこを掘っても遺跡で、人間が長い間住んでいた豊かな生活の跡が多い。近世の遺跡では三百余年前の樽前《たるまえ》山噴火の際降った火山灰層の下から交易品の高価な金具が出土し、その頃のアイヌが本州との交易に依存していたことと代償として支払った物資の豊富さが分かるような気がする。

川向いは私を育てた母なる大地

開拓使から三県時代となり、札幌県は狩猟・漁労と採取によって生計をたてていたアイヌを農業に就かせんと「農業授産事業」を行った。一〇ヵ年計画で食料・種子・農具などを給付し営農指導員をおき、沙流郡から授産事業が始まった。

それまでのアイヌの農業は、住んでいる高台の周囲に僅かの自給食料を作付けし、離れた所では、河の流域で増水によって沈澱した泥土に春先ヒエの種子を蒔き除草もせず、秋には雀のとびたった場所でヒエ畑を確かめ収穫して副食にした。

　営農指導は大木を伐採し跡地を耕して種を蒔いた。土地が肥沃だったので、二、三反も耕作すると一家族一年の食料がとれた。私が子供の頃見たのは、ノギのついたヒエが穂のまま足高のプ（倉庫）の中に山積みされてあり、こうしておくと何年たっても味も変わらず、足高のプにネズミ返しがついているのでネズミの被害を防ぐことをアイヌは知っていた。自給食料の外、大豆やその他の豆類は販売作物として作付けし、秋に収穫した豆類は馬の背にのせ門別浜で売り代金で生活に必要な品物を買った。土地が肥沃なので、無肥料でも相当の収穫だったので、コタンの人達は競って開墾に励み、暮らしはどんどんよくなった。豊かになったので、先ず子供の教育をしなければと、明治二五年学校を建て、シサム（和人）の先生を招いた。初めてシサムが住みついたのである。続いて何戸かのシサムが住みつき掘立小屋から本格的な住宅を建てるように変わってきた。明治三二年柾《まさ》葺《ぶき》板囲いの校舎を建てたのがシサム式の家屋の始まりであったと思う。豊かになったコタンの人々は競ってシサム式の住宅を建てた。柾葺から本葺、土間から床板敷、寝室は畳を入れ床の間まで付けていた。

　その頃までのアイヌは皆で力を合わせて住宅を建てていたのであったが、日本式住宅は大工から木挽までシサムの職人でなければできなくなり、職人は泊まりこみで建てたものだろう。私が物心ついた大正一〇年頃にはシサム式住宅が五〇戸のコタンのうち三分の一位あったと思う。農業によって金が入った。資本の蓄積を知らないアイヌは住宅にだけ注ぎ込んだ。日本人（シサム）になりたい。シサム志向だけで暮らしている間にコタンの周囲の山林や土地はどんどんシサムが権利をつけてしまった。いつでも自由に狩りができる、川漁もできる、薪も住宅用の材料も自由だったと思っていたが、盗伐となり密猟となってしまったのだ。

明治四四年(一九一一)小学校改築の時に青年時代の私の父は学校建築に力を尽くした。「少しでも良い校舎をと労力奉仕をした。学校の土台をリエプイ(二風谷にある高台の名前)で木挽がのこで挽いて、馬で校舎の所まで運び出したものだ」と。昭和二九年、小学校改築は私の時代で前回と同じく部落の奉仕作業で、その頃では珍しい火山灰ブロックの耐寒校舎を建てた。

旧校舎を解体して分かったことだが、豊富な木材を使ってあり、土台は楢で長さ一二尺、五寸×六寸の角材、床板は桂で一八尺、幅二尺、厚さ八分、天井板や内張は松材を使い、その他の用材も今とは比べられないぐらいに強固につくられている。

土台材や床板を伐った所は今三井物産の社有林となり、川向いの松林は国有林となっている。明治四四年、今から八〇年前は木材や薪炭材は自由に伐れた。そのよき時代は既に過ぎた。

川向いは肥沃な土地に恵まれ、豊かで平和に酔っているうちに自然破壊がどんどん進んだ。川の流域は肥沃なので、開拓者は川伝いに上流へ上流へと入植する。谷間の狭い所なので水辺まで木立を伐って畑にする。特に沙流川は急流なのと山は立っているので降った雨がどっと下流に流れる。明治三一年の大水害は、人馬や人家に被害をもたらした。湾曲して流れていた河の流れが沿岸の木を伐ったので激流となって沿岸の畑を洗い流した。そのために二風谷の人々の苦難がはじまる。男の大半は土木や造材・造林・漁場へと出稼ぎに出るようになり、農作業は女や子供だけに任されるように変わった。

私が幼児の頃、祖母について丸木舟で川を渡り、三キロ程を歩いて開墾地についた。祖母の仲間が数人いて、大きく伸びた雑草を刈り取って、鍬起こしをする初夏の暑さはひどかった。裏山のセミの鳴き声で眠くなった私は、木陰で眠ってしまった。帰路、祖母達は必ず荷物を背負う。流木を拾って薪にするか、豚の餌の雑草かであった。アイヌの女はよく働いたものだ。

小学校に入るようになると、母に連れられて川向いの山へ山菜採りに行く。プクサキナ（二輪草）で柔らかいものを採り、乾燥して冬期間の野菜代わりに汁に入れる。採取期間が二、三日間であるのと川向いは遠いので荷物背負いにつれられる。

小学校を卒業、青年期になると馬耕をさせられる。わが家では畑がなく、冬は父に連れられて造材山で働いたが、夏の間は父が一人出稼ぎに出て、私は祖父の家の手伝いをさせられた。畑は川向いが多く、沙流川は春の増水で馬を泳がせなければ渡れない。仮小屋をつくり寝泊まりして馬耕をする。同じ若者が大勢いたので楽しかった。仮小屋の中でも、近くのシサㇺの農家は一二坪の家を建てていて、馬との同居だが広い一室があり、雨降りで馬耕ができない時は皆で集まり話に花を咲かせた。

蒔付けの準備ができると種蒔きに家族の者がくる。お土産は皆で分けて食う。誰かが作業に遅れると手伝ってやる。馬を持たない農家もあるので、除草や収穫の時の労力で馬耕代を払う。馬糧や食料も丸木舟で渡すので、共同体制をとらなければならない。持てる者も持たざる者も同じ部落共同体であった。戦争中の援農作業まで続いた共同体も崩れる時がきた。

農地の交換分合

第二次世界大戦が終わり、農村を民主化すべく占領軍の指令で農地法が施行された。法により農地の交換分合モデル地区に選ばれて実施したのは昭和二五年であった。

明治一八年札幌県により実施されたアイヌに対する農業授産事業では鍬と鎌の開墾で、畑は各地に点在していた。ムンキトイ(麦畑)、タイコトイ(大根畑)と地名は残っていた。

面積は、大でも五反、小では五畝《せ》と狭いのは、開墾した土地をそのまま北海道旧土人保護法で各戸に給与されたままになっているためで、鍬起こしの時代は別としてプラウによる馬耕に不自由なうえ、各地に点在しているので作業能率が上がらず、皆の意見が一致、全部の面積を合計して一ヵ所にまとめることになった。小沢には橋も架かり、農道もつけて大変便利になった。

交換分合の結果は功罪相半ばするが、農地が一町歩から三町歩と団地化したので売りやすく、買いやすくなり、売買がされるようになった。売買の成立の原因の大きいのは昭和一五年から米穀の配給制で米食をするようになり、自給食料の作付けが減り、換金作物が多くなるとともに、団地となったので輪作の形も崩れ、大小豆の翌年は麦類とか根菜類とかでなければならない、その他僅かの畑にしがみつくよりも日雇いに出て米を買って食うように変わってしまった。部落共同体もくずれてしまうとともに冷水害の連続で耕作放棄さえ出てきた。昭和三〇年の水害は川向い全域が水没し、畑には流木が重なり合っていた。春になっても農耕をする者は出なかった。私は日頃の夢であった共同耕作をと同志数人と語り合って流木を集めて焼き、川向いの一部二〇町歩に燕麦《エンバク》を作付けした。蒔付けと除草はよいとしても夏の収穫は手刈りのために一部分の収穫だけで倒伏して刈り取りを断念した。大きな赤字を背負ったまま共同経営は崩れた。この時買う約束をした土地三町歩を買うことができず地主を怒らせた。反当たりたった二万円の約束であったが、次の年は農協が乗り出して春耕期の肥料や資材の川渡しに自衛隊の援農も要請し、ビートを作付けした。秋に収穫したビートは運び出せず、叺《かます》に詰めて丸木舟で渡すなどの苦労を重ね、またも失敗に終わった。

川向いが連年のように冷水害をうける中で、戦後海外からの引揚者や都市からの疎開者が増加するとともに人々の食料が問題となり、農家以外の者が非農家の食料確保組合を結成して沙流川流域の堤防敷地の開放運動がはじめられた。当局も食糧難解決のためならと許可し、農地と川との間の立木が伐採されどんどん開墾された。堤敷の荒地は作物がよく育ち、非農家で専業農家以上の収穫があった例も多い。だが、私有地を守った堤敷が裸になったので、水害がまともに私有地をおそって来た。

村の人は、昔のようにヒエやトウモロコシの雑穀を主食にしていればよかったのに、昭和一五年頃からの配給制で米の味を覚えてしまった。春の農耕期に下流の水田農家から米を借りて食う。米一俵に対して秋には大豆三俵を返す。（水田農家は）その大豆を米の代用として供出し、余った米は畑作農家へ貸す。富農はますます太っていくことになる。

二風谷の農家もやっと気がついた。大豆は反当たり平均三俵だから米一俵の収穫になる。米を作らなければならないと、あらゆる工夫が重ねられ、小沢から樋《とい》で水を引いたが水は少なく、雨がなければ田植えができない。次は地下水を動力とポンプで汲み上げた。地下水は冷たく水口《みな》が多くなる。次は沙流川から直接揚水することであった。ところが築堤のない原始河川なので増水すると河畔の水田は作物だけではなく、地ならしをした柔らかい土とともに流出してしまう。さいの川原の石積みのように次の年も造田田植えをする。代表者は土地改良区に足を運び、造田の陳情を繰り返したが、貧乏な部落は相手にしてくれなかった。大豆を積み立てろとか、相談にもならない難題をかけられただけであった。

そのうちに農協の借財は増えていく。機械代・燃料代その他で、暮れになると農協の理事の居並ぶ前に呼び出されて「このままだと借財は増えるだけだ。今のうちに土地を放せ」といわれる。このおどしで村の人は土地を失った。その土地を買った下流の富農はダムの補償金で何十倍もの利益をあげてほくほくしている。

奥山と周りの森林伐採

明治三〇年に制定された「北海道国有未開地処分法」で雪の少ない日高地方は牧場適地として大面積が無償で下付された。北海道庁の役人は、資本家や政治家の手先になって払下げの検査ではいいなりになり、北海道の大地がどんどん資本家の所有となってしまった。

木材業者は地目が牧場であるはずの場所から大木を伐り出して大儲けをした。日高の中でも沙流川流域は桂や楢の銘木の産地で本州市場で好評を得た。造材業にしても雪は少ないから冬の間に伐採・搬出と海岸沿いなので海まで運び、沖合に船積みし早く市場へ出荷、高価に取引され、業者は大儲けをした。大径木を伐ったら次は木炭生産で山は丸裸になってしまった。沙流川周辺の山は荒いので、雨が降ると一度に流れ出して沿岸の畑を荒らす。

明治四四年苫小牧に王子製紙が進出、原料丸太の針葉樹を沙流川上流で伐採、輸送には川を利用して流送した。流送中の丸太は増水すると蒔付けの終わった畑にまで寄り上る。それを集材と称して馬に曳かせて川へ流す。畑は護岸のない川に面しており、川面から二間位の高い位置にあったが、増水の度に畑が音をたてて崩れて行く。岸に丸太がぶつかり、崩れをますます早める。

平取市街から下流の農家が騒ぎ出したので平取で網場(丸太を止めるところ)をつくり、イカダに組んでイカダ流しをしたが、力の弱い農家の多い上流は流送が戦後も続けられた。王子製紙では流送被害の補償として川向いにワイヤーを利用した吊り橋を架けたが、風に飛ばされ一年ともたなかった。製紙工場・木材業者・製炭業者が山を荒らしたことによって、沙流川上流のアイヌは大きな損害を受けた。

夢にまで見た水田

平取本町下流の築堤工事が終わり、川向いの築堤が着工されたのは昭和四〇年であった。築堤ができ安心した土地改良区は造田に取り組んでくれ、川向い一帯は見事な水田となったのが昭和四一年。翌四二年農道橋ができ、川向いへの丸木舟の必要もなくなり安心して農作業ができ、米も食えるようになった。肥沃な川向いの水田からは反当たり八俵もとれ、やっと農家の安定を迎えた。

私の八〇年の生涯は、川向いと共にあった。先祖のエカシ達が狩漁から急激に転向を迫られ、馴れない農耕に苦しんだ百余年の足跡をしのぶと共に、文明への怒りがこみあげてくる。金がもうかるからと自然を破壊し、そこに住んでいた者を排除しても平気でいる文明社会を憎む。開発は、ダムの目的として流水調節をいうが、築堤ができてから一度でも水害をうけたことがあるか。開発は、築堤ができたのちも洪水被害があったかのように宣伝しているが、一体どこのことか。

リゾート開発でよごされる沙流川

必要のないダム建設だけでも頭にきていた矢先に、リゾート開発で奥地の山が破壊されそうだと聞かされた。アイヌモシリだった北海道を無主の土地として勝手に処分したのが明治の天皇制政府だった。

北海道開拓は貧民によらず、資本力でなければと明治三〇年北海道国有未開地処分法を制定、東京を中心とした政治家や資本家が無償で大面積の山林や原野を分けあった。利潤を追求する最悪人に資源が略奪されてしまった。

資本家の侵出は昔のことだと思っていたのは甘かった。昭和六二年に「総合保養地域整備法」（リゾート法）が成立、開発の手が届かなかった奥地が大資本の金儲けの場になろうとしている。道は、「北海道富良野・大雪リゾート地域整備構想」を決め、計画や工事が進められている。私達は、遠く離れた場所であり関係ない対岸の火事くらいに思っていた。ところがよく聞くと占冠《シムカップ》村の奥トマム地区を流れるソウシペッツ川は中間でダムをつくり、日高発電所に流れてくる。当然沙流川にだ。ついで日高町にも大リゾート構想がたてられている。二〇年間で二〇〇〇億円の計画でスキー場・ゴルフ場・高級ホテルなどを建設、年間二〇〇万人の観光客を見込んでいる。これらリゾートブームに連動するかの如く平取町にもゴルフ場の計画とかで山林の買いあさりが進んでいると聞いている。

アイヌの故郷、アイヌ文化の発祥地だから自然を残して保護すべきだとの声はむしろ外部から起きてきているが（沙流川周辺の住民は事情に気づいていない）、今の行政側は過疎対策だけに躍起となっている。

北海道の大地を食い荒らした本州の資本家は、最後の攻勢をかけてきた。金余りの投資を北海道にかけようとしている。リゾート開発にしても、資本家と土建業者の金儲けだけでリゾートの乱立で採算がとれなければ投げ出して逃げてしまう。その例は北海道の近代の歴史を振り返ってみても分かる。明治初期には失業武士団を送りこみ、資源の略奪をはじめた。ついで貧農の二、三男、第二次世界大戦の際は疎開で大量の難民を送りこんだ。敗戦後は外地からの引揚者や家を失った者、戦地からの除隊兵など、道内でも残っていた所は不便な奥地だけであったが、そこへ押しこめられた人々は地上の木を伐って収入がなくなると本州へ引き上げてしまった。こうして北海道は奥地まで開拓が進み、木を伐りつくし、地下の資源をほりつくし、河海の魚をとりつくすと必要はなくなったと鉄道を廃止した。残された人々は過疎に苦しめられると、過疎対策としてゴルフ場とスキー場の造成で最後の奥山国有林の木まで伐ろうとしている。北海道の良さは自然が残っているからだといわれているが、その自然も失われつつある。

役所のいやがらせ

税務署

苫小牧税務署から土地売買の事実があるから申告するようにと、電話がかかってきたり担当者から直接度々申し渡されたりした。私は売りたくもない土地を権力によって強制的に買収され、開発は買収代金を持ってきたが受け取らなかった。代金は法務局に供託されたとの通知を受けたが、私はお金を受け取っていないので収入ではなく、所得ではないのだとの考えから申告をしなかった。以来、税務署からの書類は受け取らずにいた。昨年暮れに来た書類も送り返したところ、電話があり、書類を受け取らなくても署で発送した事実があれば効力が発生することと、受けた時から二カ月以内に異議を申し立てられるとのことなので書類を送ってもらった。

その書類には

平成元年度所得税更正、加算税の賦課決定通知書

本税の額　二、四〇三、二〇〇円

過少申告加算税　三三五、〇〇〇円

とあった。僅か一年足らずの加算税にはびっくりしたが、支払う気もなく弁護士から異議の申立をしてもらった。普通であれば、公共用地に対する課税特例は三〇〇〇万円までの免税措置があるのに、買収に応じないために処罰されたことになった。

開発局

国道拡幅の改良工事で用地買収の交渉を受けたのは昭和六一年であった。国道二三七号線は交通量が田舎の道路にしては珍しく多い。根室、釧路、十勝から苫小牧、室蘭、函館港を経由して本州方面へ渡る大型貨物車が多く、道路横断にもしばらく待たなければならない位だ。それなのに歩道はなく、小学校や村の中心地へ行くのに、老人や子供は危険この上もない。まして運転免許のない者が自転車に乗ることさえ危険でできない。この道路は急カーブの上、坂道で交通事故の多発地帯で死亡事故も起きている。ついこの間であるが車がアイスバーンで滑り、若者が電柱との間に挟まれて大怪我をしている。国道の用地買収交渉の時に私の所から小学校までの間に歩道をつけること

と工事を早急に進めてもらいたいという条件をつけて買収に応じた。ところが、いまだに工事着工の声は聞かない。役所とは都合よくできていて、当時の役人は転勤してしまって今はいない。そんな約束はしていないと担当者は逃げる。

この地域に買収に応じない者が二、三いるとの理由だが、国道の改良は工事費の多い所から着工している。カンカン地区が終わり、額平《ぬかびら》橋や長知《おさち》内《ない》橋、幌去《ぼろさる》橋の工事は着々と進んでいる。予算を消化するのと土建業者の仕事をつくることが優先しているようだ。私が開発に協力しないためのいやがらせとしか受け取れない。小さな改良工区はなるべく先にのばし、住民の不便などに耳を傾けないのが開発行政なのかもしれない。用地の買収が決まらなければ足しげく交渉すべきだと思う。こんな例もある。北海道収用委員会の審理の中で開発側は、私達の所へ十数回も交渉に行ったと言うが、国道を通過しただけなのに担当者は交渉に行ったと報告し、そのことを上司は真に受けてその旨陳述をしている。

開発に対する不信の一つにダム水没地域ではないが、私の土地の問題があった。開発局ではダム周辺地域の開発のためにサーモンパーク構想を持っている。平取町長から話があった。「お前は開発へ土地を売らない姿勢だが、この計画は町発展のためにもなる。売る気があるか」。私は交渉に応ずることを町長と約束した。ところが、以来何の話もない。

二、三年前に開発側と地権者の間に入って交渉を進めている人からは話があった。地域の有力者なので大平の地権者は交渉に応じて土地を売ったと思うが、以来私に何の話もないままであった。

ところが、今年に入ってある地権者の所に室蘭から二人の役人が来て、売ってくれと交渉されたと聞かされた。私だけを何で役所はさけているのか分からない。私に対するいやがらせとしか受け取れない。

ダムは必要なのか

二風谷ダムの展望台に上って見ると、説明板に

一、洪水調節
二、流水の機能の維持
三、かんがい用水
四、水道用水
五、工業用水
六、発電

治水七一・五%、かんがい〇・三%、水道〇・四%
工水二六・〇%、発電一・八%(三〇〇〇キロワット)

と書いてある。

右の表を見ると水害調整が目的のようだが、今までの水害の例からしても築堤で防げないような水は出ていない。開発が調査した記録によると、水害は昭和三七年八月、昭和四一年七月・八月、

四八年八月、五〇年八月、水害に見舞われたので、沙流川水系工事基本計画が改訂されたとしているが、私の見ている大正一一年の大水害はダムぐらいで水害を調整できる程度の水ではない。ダムに何百億もかける金があったら沙流川流域に植林をするか、木は伐らずに育てるのが水害を防ぐ最もよい方法だと思う。苫東へ供給する工業用水の必要性よりも、水量調節に重きがおかれるように変わったことで古い新聞の切り抜きを探してみる。

苫東用水確保でも壁。「沙流川開発」住民反対で立ち往生（昭和四八年七月一一日、「北海道新聞」）

二風谷ダムの基本構想示す。開発局、苫東工業用水一日五六万トンを取水、洪水時の水量調節（昭和四八年九月二六日、「北海道新聞」）

新聞記事を見た限りでは苫東へ水を供給するためのダム建設だと思い込んでいた。苫東へは企業が計画したように入らないので、ダム計画も延長するかと思っていたが、ダム工事だけが先行してしまった。私が疑問を持つのは、二風谷ダムから鵡川へ地下導水で、苫東へ送水するものと思っていたが、今は、導水路の計画すらないとも聞いている。それならますますダムの必要はなくなるのではないか。数百億の国費をかけて土建業者の仕事をつくるのなら、再び繰り返すが治山で山を守るべきだと思う。北海道収用委員会の審問に応じて私が陳述したことを重ねて申す。

おわりに

まとめとして私は言わなければならない。川向い（ダムによる水没地）の土地はアイヌが生きるための食料基地であり、精神文化のよりどころであることを強調するだけで、金銭のことはさけようと思ったが、このことだけは言わなければならない。

二風谷ダムの用地買収について開発側はとんでもないだましをはたらいている。開発が買収した土地には、現在稀少となった川砂利が一〇メートルから一五メートルにわたって眠っている。砂利業者にとっては垂涎の的である。しかし、この川砂利は一円も補償の対象になっていない。これは、私だけではなく買収されたすべての土地がそうである。

買収交渉を受けたある者は、「水田の下の砂利は補償金とは別に代金を支払う」といわれ、またある者は一部の者が砂利を売っているから売りたいと言ったら、「砂利をとったら水田価格で買い上げにならない」と注意されて断念したと。しかし、結果はいち早く砂利だけを売った者も同じであった。買収が終わり、ダム工事が進行し、砂利と砂が現地採取で充分との見通しがついたら、開発は買収した土地の下に眠る砂利を売り始めた。個人に砂利の払下げはしない、町だけと限定し、差益はダム周辺地域の開発に使い、地権者への分配はまかりならんとの条件が付けられた。

砂利の払下げの受け皿として有限会社平取町振興公社が設立された。社長は町長で、副社長は農協の組合長である。国からの払下げ価格は、一立方メートル一三〇円で、有限会社である開発公社は砂利業者に一立方メートル二〇〇円で売ることになる。一立方メートル七〇円の利益となる。素人の試算だが、反当たり深さ一メートル掘ると一三万円、深さ一〇メートルで一三〇万円となる。役所は一四〇万円で買収した土地から砂利代金を回収し、更にもうけている。一般の見方では一五メートルか場所によってはもっと深く掘れる。こんなことが許されてよいのか。国はただで土地を取得したのではないか。収用委員会はこんなことも分からないまま判断したのかと言いたい。

国は公共施設の建設地は最も弱体な所に目星をつける。それが図に当たった。二風谷ダムは、最も弱いアイヌが北海道旧土人保護法で給与された給与地が過半を占めている。反対運動もなく赤旗の一本も見ないままに建設工事の過半が終わっている。

このように封建時代から侵略者によってこの地の先住者アイヌは苦しめられて五百余年。時代が進み侵略者の数が多くなるとともに圧政はますますひどくなった。わけても明治の天皇制政府の成立はアイヌの国土をねこそぎ奪っただけでなく、人間として大切な精神文化も奪ってしまった。今の多くのアイヌは無気力になってしまっている。

沙流川流域は、製紙業者・製材業者・製炭業者の乱伐により丸裸にされ、丸太の流送のため蛇行している部分を削り、洪水を起こす川となってしまった。築堤もでき、ようやく川向いが本当に我々の土地となった時、今度はむりやり川向いから我々を追い出す。

これでもか、これでもかと圧迫されながらも、アイヌの一部はアイヌモシリ(北海道)で生き続けている。


一九九二年二月、『私の想い――アイヌの声――』(正の葬式にて配布)所収、一部削除

五——大地に立つ

1987年11月26日．収用を強いられる水田を前に．撮影＝田中洋一

山への恩返し

大正のはじめ山奥の貧乏な家に生れた私です。学校で「農は国の本だ」と教わり、農業は一番大切な職業だと思いながら育ちました。

周りを見ても、暮しのよい家は農家です。学校を卒業すると、女子は近くの農家の子守、男子は年雇で春から秋まで家から出されました。

私は父と共に近くの造材山へ出面《でめん》(日賃稼ぎの労働)に出ましたが、出面とりが恥ずかしく、農家になる夢を持ち続けました。

私の家も、親が「北海道旧土人保護法」で給与された僅かの土地を兄弟三人で耕作したので、野菜と僅かの食糧だけ、暮しは出稼ぎにたよっていたのです。

私が青年訓練所に入り、兵隊検査もすんだ頃から日本は国力増強を目ざして大陸への侵出をはじめました。満州国の独立、満蒙開拓政策と、不景気で苦しんでいる農家の夢を沸かせました。「満州では肥沃な大地が開拓を待っていて、将来は自作農になれる」ということばに踊らされて、故郷を離れ、満州へと渡って行きます。

私の村でも青年が応召、戦死や戦病死で白木の箱で帰る仲間が多くなるにつれて、私も「このままでいいのか」と自己不信におちいりました。勇気を出し、両親も弟妹も捨て、お国のために満州の土になる決心をしたのです。

「畜産経営を中心として乳と蜜の流れる郷をつくるために北海道の経験者を招きたい」との団長の熱意に賛同、集団開拓団に入ることを約して渡満したのが昭和一六年初夏のことです。

開拓地には私の夢見た「王道楽土の建設・五族協和」の理想を見出すことはできませんでした。その上渡満二年余で、当時は不治の病といわれた肺結核に侵されたのです。踏み止まっても全快の見通しが暗いと判断して帰国にふみきりました。

耕す土地もない故郷で私に背負わされたのは、闘病生活と、共に年老いた両親と弟妹・妻子をどうするかなど暗いことばかりでした。

ある日のこと、病気見舞に立寄った一人の友人が「山を売る人がいるので、これから世話をしに行くんだ」とのこと。私は「その話、しばらく待ってくれ」とたのみこみ、次の日から病いをおして借金の交渉をはじめました。幸いにも当時の農業会は六〇〇〇円の金を貸してくれ、私はそれで約二〇町歩の山を買いました。昭和一九年春のことです。

両親と家族に炭を焼いてもらい、伐った跡地を開墾してカボチャやイモを蒔きました。食糧難の時代で一家はこれによって飢えから救われたのです。

畑にならない斜面にはカラマツを植えたのです。それから一四、五年たった頃、住宅を建てたいと決意し公庫資金を借り入れ、不足分は前に植えたカラマツを売って充当したのです。今から二五年前ですが三四坪の軽量ブロック造りの住宅を一五〇万円で建てたのです。

長い療養生活でしたがその後私も家内も健康になり、希望していた農業にも専念できました。長男に経営を任せて夫婦で自由になって既に一〇年になります。

農作業に忙殺されることもなくなり、落ちついて周りを見回してがくぜんとしました。カラマツの造林地は竹林のようになり、ツタにからまれて私に助けを求めていることが分りました。

青年時代は造材山で働き一家をささえ、戦中戦後の食糧難の時は助けてもらい、家を建てた時は手伝ってもらった恩あるその山を、荒れるに任せたことを反省し、以来ナタを下げて山にのぼり除間伐に精を出しました。

中間で台風の被害を受けましたが、三十余年生のカラマツは生長を続けています。かつてはブロック住宅の建築費の半分をまかなってくれた小径木も、今では伐採の労賃にもならないほど安くなっています。でも採算を考えていたら木は育たないと思っています。そして山から受けた恩を山へ返すつもりで今も山へ通いつづけています。

老齢に達し、欲から離れて、やっと山に愛着を覚えるようになったのです。人間は老醜となるが樹は年輪を増すにつれて見事になります。

今年は栗の種を蒔き立派に育っています。栗林をつくります。「桃栗三年」ですから……。生あるうちに栗拾いでもできそうです。明年からミズナラの苗木も育てます。「年を考えてごらん」と家内は笑っていますが私の夢はまだまだ広がっていきます。

四〇年前の病気が全快して以来健康に恵まれたのも、私を取りまく大自然と、山を相手に働いてきたからではないかと、今日もナタを下げて山へのぼって行きます。

一九八六年、健康で豊かな老後をつくる会編『人生80年！ 豊かに老後を生きる』ゴールデンアート出版部、所収

私の川向いへの執念

初夏の頃であった。私は祖母に連れられて川向いの開墾地へ行った。近くの山でセミがうだるような鳴き声で鳴き続けていた。私の七、八歳の頃だと思う。

細川というシサㇺの行商人が仮小屋に住んでいた。種屋と称して野菜の種などを行商してコタンからコタンへと渡り歩いていたのだろう。祖母やその他のフチ（老婦人）がその開墾地の周辺を借りて荒れ地を開きアワやヒエを作った。

今にして思えばオパウシナイとタイケシとの間でヤイニタイとの地名が残っている。ドロの木の密林地帯という意味で、肥沃な沖積土で蒔付けがおそくとも収穫物は多いのでフチたちは競って開墾に励んだ。この畑は後にシサㇺ名義になっていた。

川向いは二風谷ダムの完成で早晩湖底になるだろう。川向いはアイヌの貧乏をいいことに安い値段で土地を買って移転した二戸の農家があった。

アイヌが苦闘を重ねながら守ってきた土地を後から来たものが要領よく立ち回り巨利を得、豪邸にぬくぬくと住んでいる。明治一八年開拓の鍬をおろして約一〇〇年、アイヌは惨めな暮らしをしているのを見て社会の矛盾を感ずるのは私だけだろうか。
もう一ヵ所はピンニ沢のダム建設の工事用橋が架かっている台地で、祖母の開墾地であった。祖母が弟松治に金を貸してその代償としてこの土地を貰ったと言っていた。仮小屋に寝起きして豆類を作っていた。春耕期には私が祖母と暮らし、朝はカッコウの声で起き、夜オットー《（ママ）》（トキト＝コノハズクのことか）の淋しい鳴き声で心細い夜を過ごした。秋の収穫物の運搬がひどかった。急坂を転がすように河原に着け丸木舟で川を渡す。

幼児期は祖母や叔母の後について歩き楽しく過ごしたが、学齢期になると一家の労働力として母は遊ばせてくれない。春の蒔付け時にイモ畑の肥料として肥桶の片一方をかつがされ、夕食のイモの皮むきや食事の支度など、父は出稼ぎで留守、母は近くの農家の出面に出て帰りは遅い、水汲みも日課で近くの小沢から石油缶を引きずるようにして運ぶ。冬の降雪時など両側の雪にぶつかり家につく頃は半分にへっている。

高等科を卒業すると父は待っていたかのように私を造材山に連れ出す。秋は材を出すための道路つけ、冬は材木を馬に引かせて平取駅前の土場まで運び出した。

造材山は奥地へと移動する。大体一つの小沢が一年はかかる。シケレペ、オサツ、マカウシ、カンカンと家からの通いでは大変になると、山小屋で両親とともに暮らし、幼い弟妹達とは別居することになった。冬は造材山で働き、春からは荒れ地を開墾してイモやカボチャを作り秋に子供達の待つ我が家に下がる。

こういう生活を四年間続けたが、父は親子の別居生活に不安を感じたのか、川向いの空き地を借りて開墾をすることにした。そこは小沢の下流で流木や大きな石ころが転がっていて、条件が悪く誰も手をつけない土地であった。その時は妹も小学六年を終えていたので親子四人の苦闘が始まった。

流木を集めて焼き、石ころは積み重ねその間を畑にした。川向い地帯は春の蒔付けが終わると作物が伸びるまでの間、馬は自由放牧できることとなっていた。馬は空き地の若草を食い元気を回復していく。農民の知恵だ。

父は朝になると強そうな馬をつれてきて馬耕に使い夕方は放してやる。餌も与えずにただ儲けをしていた。

時季おくれの蒔付けでも新墾地の肥沃な土は作物の伸びをよくする。ヒエやキビ、豆など結構な収穫を得た。

ただ裏山は砂岩地帯で小沢から押し流された砂れきで地力の損耗も早く、干ばつにも弱い。雨の少ない年など枯死することもある。大雨の時は沢口なので冠水したり流木に埋められてしまう。

それでも父は諦めず、出稼ぎには出ようとせず家族が共に暮らせることを楽しむかのように開墾に励むとともに、水田造りを始めた。家の前の小沢、シケレペで稲作に夢をかけた。

ここは大正一一年の大洪水で父が営々として造った水田が、収穫間近になって土砂に埋められて以後、父は米作りを断念していたのだったが、今度は災害復旧に取り組み出した。雨が降り増水すると喜んだように飛び出し、芝を重ね土止めを作り、流水を利用して土砂を流す。流水の少ない時はスクリッパー（土砂を入れ必要な場所で反転させる道具）を馬に引かせて地均しをする。農作業の間には必ず水田作りに励んだ。

中国に「愚公《ぐこう》山を移す」という諺があるが、父は愚公そのものであった。私の営農日記を見ると、昭和二四年水田四反となっており、昭和三七年には一町歩となっている。父は生涯をかけ一町歩の水田を造ったことになる。

父は昭和三六年病死した。小学校で同化教育を受けシサムに近づく夢を持ち続け、青年期には近くの開拓者が米作りをしたのを見て米作を志し、生涯かかって一家の飯米だけはこと欠かなくしてくれた。

現在、父の造った水田は休耕地として牧草畑となっており、父は草葉の陰とやらでどう見ているのか、又、孫が大型機械で父の一〇倍もの面積を作り二〇倍もの収穫をあげていることで満足の笑みを浮かべているかも知れない。

さて、ずっと前へ戻って青年期の川向いでの耕作の状況を振り返ろう。春耕期に日高山脈からの雪解け水で沙流川は増水する。王子製紙工場の原料丸太がどんどん流れて来る。その間を縫って丸木舟を漕いだり、馬を泳がせて川向いに渡す。

川向いへ渡るのが不便なことは、オサッ沢の向いに中島があり、カンカン沢下流から川が二股になっており、二度も舟で渡ることとなる。水の少ない時は冷たいのを我慢してはだしで渡る。一人の渡し守りで二ヵ所では大変なので、早朝や夕方では皆が協力し合った。当然農作業の能率も低下する。

川向いの小沢口で、仮小屋を建て寝泊まりし自炊をすることになるが、多くは若者なので、若衆集団で結構楽しんだものだ。家からは馬糧と食料を川縁まで持ってきてくれる。一定の畑の耕起と整地ができたら連絡をとって家から種を蒔きにくる。

中には馬を持たない農家もあり、我が畑だけでは終わらず、誰かが耕起し代償として労力を出してもらう。

夏は水量が少ないので馬車又は乗馬で通うが、秋の収穫期は増水期でもあり、収穫物が多く丸木舟だけでは大変だ。浅瀬をさがし回り金輪馬車に台をして荷物がぬれない程度なら、どんなに遠回りしようが馬車で渡る。女性は収穫した穀物を背負えるだけ背負い、遠い道を夜までかかって我が家に帰る。

私が見た二風谷の女性は畑からの帰りには必ず何かを背負う。春は川原から燃料を、夏には豚の飼料としての野草、秋には収穫物と、そんなに働いても貧乏から抜け出られなかったのだ。

川向いへの渡船場も一定していない。ピパウシの川口を多く利用したが、のぼり坂で荷物の運搬が大変だ。そこも川の流れが変わり船着場がなくなると学校の裏オサツ沢口となる。今のように道路がなかった当時はオサツ沢伝いにあがりやっと道路に出た。川の渡り場が悪いので遠くカンカン沢口を迂回するとか、ピンニの沢口とか、馬車の渡り場所は常に変わる。沙流川のわがままな流れに私達は常に牛耳られて暮らした。

昭和五年、二風谷に石油発動機が入った。秋の収穫はカラサオぶち(カラサオは農具の一種、ぶちは打ちのこと)で行っていたが、大豆だけは大変な労力がいるので、動力脱穀にたよるようになり、一台の機械を村中で利用して共同作業をするように変わった。

共同作業をするためには先ず二風谷の耕地について知ってもらわなければならない。

明治一八年北海道庁の前身札幌県が、アイヌ農民化の方針を立て、農業授産の法を作り営農を指導した。最近までの地名でタイコトイ、ムンキトイなどは、大根畑、麦畑のことで、大根畑は五畝から一反、麦畑は五反か八反と場所は集中しているので、アイヌを集めて開墾を指導、蒔付けをさせたものと思う。

川向いは勿論、川のこちらや高台にも分散しており、多い家は二〇カ所、少なくとも五カ所位をもっている。

「北海道旧土人保護法」の制定で各戸が開墾した土地と家の立っている土地をそのまま給与地としてアイヌに給与した。法で一戸五町歩となっているが、ここでは多くて五町歩、少ないのは一町歩位で、開墾当初よく働いた農家ほど面積も多く暮しもよかった。二風谷は人口の割合にして土地が狭いので、役人は保護法の五町歩と帳面を合わすために高台の火山灰地を一町歩ずつ区画して給与した。今の萱野茂さんの土地から上流の方、カンカンまでの間だ。

秋の大豆収穫の共同作業は、点在している畑から大豆を一カ所に集めることで始まる。一台の石油発動機と脱穀機は村中を巡回するために能率を上げなければならない。休まずに運転する。各農家の庭先で脱穀するので、各戸から馬車を出して豆を運ぶ。十数台の馬車が出ても川向いなど遠いので時間がかかる。

秋の長雨で乾燥させることができず、一二月に入ることが多く、雪が降るとニヨ（大豆を乾燥させるために直径一・五メートル、高さ二メートル位に積み上げたもの）の雪を払いに行く。川にはスガ（川を流れる、夜間に凍った氷）が流れて馬の腹などに氷がつく。

こういう農業を続けていたところ、友人のすすめで、マカウシ沢の所で炭焼き跡地へ入植したが、将来性のないことを悟り、新天地を求めて満州へ渡った。満州の生活も病気のため、二年で故郷へ逃げ戻った。

故郷での農業で再度川向いとの関係を持つことになる。本家で営農をしていた父の弟が事故で片足を失い転職をしていたので、僅かの給与地と借地だけだった。応召家庭で人手不足の所から、貸してもらえる畑をできるだけ多く借りて耕作した。

秋の収穫期にヒエを刈りとり、乾燥中に水害で全部流され、勿論豆など全滅して一年の苦労も水の泡となった年もあり、応召兵が帰郷すると借地を返した。

農地法によって不在地主の農地六反歩が売り渡され、私は土地を持った第一号であり、土地が欲しいという執念の一部が満たされた。

明治一八年の農業授産は鎌と鍬からはじまり耕地の狭さは苦にならなかったが、馬耕による農業には不便を感ずるようになり、農地法での農地集団化と交換分合を実施することになり、連日連夜の交渉が行われた。耕作条件の善悪、肥沃度などで議論をした。特に畑の場合は格差が大きい。農道もでき小沢には橋も架かり、鍬起こしの時代から六五年で近代的営農ができるようになった。

農業近代化とともに食生活も変わってきた。ヒエ、キビの主食から米食となり、食うための米を借りた。下流の水田農家から春に一俵を借りて秋に大豆三俵を返す仕組みなのだ。水田農家は大豆を米の代替として供出し、一夏で三倍の利益をあげた。大豆は反当たり三俵の収穫だから反当たり米一俵の計算は誰でもできる。米を作らなければ損だと米作りの気運が高まり、代表者が土地改良区に陳情したが、毎年大豆の積立てを要求され、到底できない話なので断念したこともあり、各自が小沢の水を樋《とい》で引いたり、沙流川から揚水ポンプで揚水をして米作りをしたが、原始河川の沙流川は増水の度に稲と共に水田まで流失させた。

河畔の低い所だからと、少し高台に打ち込みポンプで揚水もしたが、地下水は冷たく充分な収穫はあがらず失敗した。こうしたことの繰り返しで農協への借財は膨らみ土地を売る農家も出てきた。雑穀を食っていればよかったのに、シャモの真似をしようとしたばかりにアイヌは貧乏を重ねた。

昭和三〇年の水害で川向い一円が水浸しになり、畑の中に流木が山をなした。皆は完全に耕作を放棄したので、私はこの際だからと同志に呼び掛け共同耕作を提起した。流木を集めて焼きその後に燕麦《エンバク》を作付けした。草は取らずにすんだが秋の収穫は手で刈る作業で能率が上がらず、そのうちに倒伏する。さんざんの失敗で一年で断念した。

次いで農協が乗り出した。共同経営でビートを作付けする計画を立てたが、蒔付け時の増水で肥料を渡せない、農協は自衛隊の出動を要請、ドラム缶を並べ肥料を渡した。秋の収穫も叺《かます》に詰めて丸木舟で渡すなど、労多くして実益はなく、これも失敗に終わった。

共同経営の夢を失わず、ドイツ製トラクターを入れ、耕作していない土地を借りブルドーザーで整地造田、トラクターで揚水して稲作りを始めた。両三年で地主が他に転売したので米作りも断念した。

再々度の共同経営は、天候に左右される農業がどんなに難しいか身をもって体験したことだけが残った。

一九八八年一〇月、未発表原稿より

自立への道のり

農業実習地と農事教育

二風谷小学校初代教員の阿部喜代治《あべきよじ》先生が一番強調したのは、学校で模範農場をつくり部落の範としたいということだった。土地は、桜田先生が入植した学校樹栽地五町歩とともに、沙流川流域の肥沃な畑地五町歩が確保されていた。

大正四年沙流土功組合を結成、平取より下流の造田計画がたてられた。当局の許可条件の中で沙流川本流からの取水口が二風谷地区に入っているので、二風谷も含めるべきとの勧告を受けて二風谷も加入を決定し、理事として松崎順吉・黒田彦三・矢部伊太郎が決まり、二風谷を造田計画区に入れて測量を行った。測量が終り来年から工事着工となった時、大正一一年の大水害が起り、造田計画も流れ、部落の者は完全に水田化を断念した。

測量にかかった費用の支払いは、青年会の積立金とアイヌの組織である互助組合とが負担した

（互助組合とは町村長が組合長となって役場内に事務局と職員をおき、アイヌの給与地を小作させ、小作料の取りたて

と地主のアイヌに支払いをする組織)。

共同耕作地の畑は、部落では土地の登記ができず村有地となっていた。小作料はどうしていたか分からない。その後、青年会の共同耕作ができず有力者に貸しつけていた。ここは今では学田という地名が残っている。学田は私達青年会が共同耕作をしたこともあったが、行きづまって他に作らせた。同じことの繰り返しだった。沙流川の水害の度に畑は決壊して四町に減り三町までになり、決壊した所は砂利の河原となり柳が生い繁るばかりであった。

学田の売渡しを受けた二風谷のアイヌは、ダムの補償金と比べてただのような価格で売ってしまった。ダム計画が発表され、そこの補償額が一四〇万円は安いと駄々をこね、土地収用委員会の調停で妥結した。安く買っておいて二〇倍からの補償では不足だと、欲の深いのはシャモだ。

昭和四〇年築堤が完成、河原も客土によって造田可能となり、部落から払下げの希望が殺到した。町は払下げを決定、アイヌに限り優秀な農家を選び、八反歩ずつ四人を決定した。

先輩が子孫のためにと苦労して造りあげた共有財産の大半は強欲なシャモに強奪されてしまい、弱いアイヌが得た物は何だったのか。二風谷は人口に比して耕地が少なく、一戸当たり五町は下付できなかった。僅かに追加一町歩だけタナシリという今の資料館からカンカンまでの間の土地が付与された。給与規定によると一五年間で開墾せざれば没収するとなっているが、なぜかここは没収されず、今では二風谷の中心街となって碁盤の目のように整然と区画されている。皮肉なもので肥沃な土地はシャモにとられ、耕作できないやせ地だけが残り宅地化が進んでいる。

果樹栽培の奨励

北海道庁は苗木を無償で配布、各戸に植えさせた。リンゴ・ナシ・スモモ・グーズベリー・カレンズ（カラント）・小ウメなどで、稔ると子供の楽しみが増えた。今でも不思議に思うほど大きな樹が見事に剪定されていた。なぜかナシはそのままで枝が広がらず、まっすぐ天にのび木登りが大変であった。

昔の住宅は寄り添うように軒をならべていて、宅地は狭く、東窓から離れた所にイナウチパ（幣所）があり、熊祭りで熊の魂をここから親元へ送り返す儀式場とし、使用ずみの用具にイナウをつけてご苦労だったと送った。穀物の粗皮などもここに捨てシンヌラッパ（先祖供養）の時もここから先祖に贈りものをする大切な場所で、後方にリンゴやナシの果樹を植えた。スモモは山の腰とか小沢の周りに多く植えられた。

グーズベリー・カレンズ・小ウメは畑や宅地の奥や道路の間に植えた。無肥料無消毒で、ただ秋肥として木の周りに溝を掘って下肥を施肥しただけで立派に稔った。私が幼児の時、ある夜の嵐で落果がたくさん出た。祖母が私に「お前、来るのおそいからみんな拾われてしまった」と言った。アイヌ社会では地上に落ちた物は盗みではないと知った。

その後間もなくリンゴの大敵の腐乱病が蔓延し、どんどん枯死していった。枯死したリンゴの台木から若芽が出て、やがて小リンゴが稔り出した。各戸で掘り取ったが学校の周辺ではそのまま残っており、病気にも強く、秋に真赤な小リンゴの実が風景をかもしだし、目を楽しませてくれた。

いつまでも果実で残ったのがグーズベリーとカレンズで、子供に楽しみを与えるとともに悪童に悪さをさせた。私の祖父の隣に矢部伊太郎が住み、祖父のリンゴ園と共にたくさんの果樹があった。私の家内の母、平村いよが父親を訪ねて二風谷で奉公をしたのが矢部家で、矢部家が二風谷を去っても平川源内はここに留まり住んでいた。初夏の頃グーズベリーは緑色の実をつけはじめる。酸味だけの美味な味ではないが、悪童達には味よりも盗むことが魅力だった。それと悪童を追い散らす平川源内が面白く、「平川源内大万歳」と悪童達は口々に叫びながら四散する。源内は腹の虫が収まらず、学校へどなりこむことも度々あった。私もその一人で、源内を祖父に持つ家内を娶ったことも何かの因縁かもしれない。

源内は津軽藩の下級武士の次男で、仏教信者の多い弘前出身だけに、僧のように頭を丸めていた。(私の)祖父とは大の仲よしで、一合の焼酎を求めては二人で楽しみながら飲んでいた。量が不足すると水を割って増量していた。生れた年も大体同じで死んだのも一年の差で、二人とも八十余歳まで生きのびた。

私には経験がなかったか忘れたのか、先生はグーズベリーを皆で採ったのを集めて学校の屋内に撒き、体操代りにと子供に拾わせ、食べさせたらしい。「当時の先生は人権も衛生もなかったのかと、今思えば怒りが湧く」と誰かが言っていた。

果樹のほとんどは枯れるか伐採されるかして、今大果樹はなくなり、グーズベリーだけが旺盛な生長を見せ、共同墓地の片隅か農家の跡地に残ってはいるものの、大株となって果実は小さい。私は懐旧の念からグーズベリーとカレンズは残している。萱野茂さんが小ウメを一本贈ってくれた。私もスモモの木がほしいと心がけていたが、今年荷負《におい》本村の街外れに真白に咲いた一本の小木を見つけて庭に植えた。立派に育つことを祈念しながら。

農耕民族の発想は農耕だけ

阿部喜代治先生は、アイヌ児童教育の最重点は農業授産だと、地域の模範的農場をつくる提言をしたが、前記の通り農業は完全に失敗し、果樹栽培にしても同様であった。近年になって米作りに転換してようやく自家食料だけでも自給できるようになったが、二風谷ダム建設で農地を失った者が多く、今では専業農家はただの一戸だけになってしまった。

その一戸も水田一五町歩畑一〇町歩と、一〇〇年前北海道旧土人保護法で給与されることになった五倍もの作付け面積を大農具で消化して、どうにか赤字経営を免れている。

狩猟民族から農耕民族に転換して一般と対等に農業経営ができるまで一〇〇年四代目で達成したことになる。二〇〇〇年の農耕の歴史をもった日本人は産業とはすべて農耕だと思いこみ、寒地の北海道にそのまま持ちこみ、しかもアイヌに農業への転換を強制したことになる。長い歴史をもつ農耕民族さえも、馴れない寒さと条件の違った風土に耐えられず郷里に逃げ帰った。

明治初期の為政者の無知が原因でアイヌに不幸をもたらした。政府は西欧文明を吸収し国力の増強をはかったが、精神文化までは吸収できなかった。中でも最も悪いのは現地行政を担当していた北海道庁の役人の無知と怠慢で、アイヌを人間と見て対応したなら、もっとよい方向での保護対策を立てられたと思うのは、私だけではないはずだ。

お前ならどうすると聞かれたら、私は私なりの方策は立てられると思う。アイヌは自然の中で自然を守りながら生活することを身につけていた。狩猟にしても漁労にしても自然物採取にしても、自然から離れたら生活の手段はない。

新天地に入ってきたシャモは自然を無視して乱獲をした結果、資源が減り直接自然に頼っていたアイヌの生活が圧迫された。弓矢とわなが鉄砲に代り、カギや小舟で漁していたのが大網で大量に捕獲する。しかも自家食料だけだったのが商品として本州だけではなく海外にまで輸出する。資源保護のため鹿猟の規制や内水面漁業の禁止、漁業権の付与などで、アイヌの生きる道がふさがれてしまった。

札幌県の指導で僅かの農業をしていた道南地帯は穀物がとれたので餓死はまぬがれたが、穀物のとれない道東地方は餓死者まで出た悲惨な状況だった。

私なら道南の日高と胆振《いぶり》地区を特別地区として、鉄砲と大網の持ちこみと、商品としての鹿皮や鹿肉の販売を禁止し、アイヌに限り自家用食料としてアイヌ古来の方法で狩漁猟を自由にさせ、逐次家畜の飼育から農業へと転換させる指導をしていく方法をとる。

明治の初期、有珠《うす》や新冠《にいかっぷ》に馬の牧場が開設され、天性の器用さが重宝がられ、オオカミの駆除から牧柵つくり、牧場の管理などにたくさんのアイヌが使われた。新冠ではアイヌ娘が育てた競走馬が天覧に供されたと語り伝えられている。アイヌの牧場主も多く、相当の面積を所有し、相当の頭数を飼育した記録が残っている。平取など一戸当り五〇頭から一〇〇頭も飼育していたと記録されているが、どうして転落したのか詳かではない。また日高地方は楢の大木が多く、ドングリが豚の飼料として利用され、各地に豚の牧場もでき、日高豚の名声が札幌市場で高かったことも語り伝えられている。この種のアイヌの天性を利用する職業指導が大切であった。

　アイヌは漁労民族でもあったので、漁業権を与えて漁業に従事させる方法もありえた。今も漁業に従事しているアイヌの生活が一番安定している。例として八《や》雲《くも》、長万部《おしやまんべ》、豊浦《とようら》、白老《しらおい》、静内《しずない》、浦《うら》幌《ほろ》、白糠《しらぬか》などがそうだ。気の毒なのは北海道旧土人保護法が成立して、土地を無償で交付すると海岸から奥地に移転させた例だ。勘ぐれば意図してアイヌを漁場から追いだしたことにもなる。最も悲惨なのは厚岸《あっけし》の例で、厚岸湾内の天然の漁場のアイヌを別《べ》寒辺《かんべ》牛《うし》の山の上へ移転させた。今でも穀物の取れない乳牛と牧草だけの土地で、私が数年前訪れた時には一戸だけアイヌが残っていた。それも聾啞の娘と母親だけで二頭の乳牛によって生活を支えていた。

　近い例としては、新冠《にいかっぷ》川の流域に住んでいたアイヌを平取の最奥地上貫《かみぬ》気《き》別《べつ》へ強制移転させた。御料牧場地内にアイヌがいたのでは天皇の目ざわりになるとの理由からだ。小学校長が先頭にたって学校とともに移住した。今も火山灰地のやせ地で、戦後の開拓農家も逃げ出した所である。当時は大密林地帯で昼も暗かった所を木を伐って開墾した。春先に食物がなくヤチブキを取らされ毎日食べたとその頃の人々は語っている。今でも熊の多い所で、夜、熊の近づく気配がして恐ろしかったと語られている。

道内至る所に役所や力の強い者の都合で強制移住の例は多い。私の知っている例で札幌と小樽の中間でオタルンナイという川端に住んでいたアイヌが漁の都合で移転したのが今の小樽で、アイヌは元住んでいたクッタラウシという地名をそこにつけたのが小樽のはじまりであった。小樽が港として発展し札幌の入口となり炭坑への鉄道も開設され人口が増えるとともに、アイヌは不潔で草小屋住まいなので火事の心配があると高島に移動させた。

高島の漁場が不漁になると浜益《はまます》村へ移転させ漁業を営ませたが、ここも例にもれず土地を無償給付すると奥地へ移らせた。私はこの土地も訪ねたが山と山との間の僅かの水田の中で貧しい農家が点々とあった。恐らく今では完全に離農したことだろう。五町歩の土地の半分は山にかかって、農地としては不適地であった。

ここの村ではアイヌの知識人天川恵三郎がいた。明治一三年開校の小樽量徳小学校の第一期卒業で、成績も良く、明治の高官が小樽に来た時、アイヌ児童として成績を披露したと『小樽市史』に書かれている。明治三三年旭川のアイヌ地紛争の時にはアイヌ語の通訳として裁判所などに出頭したほどであった。このアイヌも時の権力には抵抗できず、一族は四散した。

旧土人学校で日本文字を習い日本人化教育を受けたアイヌはどうなったのか。不思議なことに初期の子供の多くは文字まで先生に似ていて達筆であった。三太郎といった名物男、清太郎・一太郎・前太郎も同様であった。清太郎は日本人になりきれず最後までアイヌプリ(アイヌの習慣)を守り通した。他の部落の死者にまで弔問にでかけ、しかも我が子をつれて行き、アイヌの勉強をさせた。萱野茂さんが今日唯一人のアイヌ通として活躍しているのも清太郎のアイヌプリの発露であろう。

一太郎は若い頃から山師を働きあらゆることに手を出し、水田づくりから鉱山探検まではば広い活動をした。晩年になって観光地で働いた。持ち前の怪気炎を上げ客に関心をもたせ、おもむろに筆を取り出して色紙に文字を書く。アイヌのおじいちゃんの書いた字をおみやげにと、いくばくかのチップを渡され、芸は身を助くとばかり、充分の小遣い稼ぎとなった。

前太郎はアイヌの犠牲的精神と義勇奉公を一つにしたような人物で、己れを顧みず他人のため村のために働いた。私などかけ出しの百姓の頃、どれだけ世話になったか分らない。ただし無鉄砲でも有名で、ある年のこと沙流川の急激な増水で、中島につながれていた牛がおぼれそうになった。その時村人の止めるのもきかずに濁流の中を一人で丸木舟をこぎ、牛の綱を切断した。綱から離れた牛は泳いで向う岸にたどりつき助かった。こういう冒険はよくやった。

わたしと栗の木

幼児の頃から低学年にかけて、私は母の養父母平村コタンピラの所に足繁くかよっていた。老夫婦の話が面白かったのと、弟妹といっしょではわがままは許されなかったが、ここでは初孫の私を溺愛してくれたからである。

祖父母の所のイナウチパ（幣所）の前に栗の大木が一本立っていて秋には大きい実をつけるので、拾うのも楽しみの一つだった。子供の私にはひとかかえもあり木登りもできず実の落ちるのを待つだけであった。樹齢は五〇年位と推定していたが、祖父が植えたものかは聞いていない。アイヌは庭に木を植える習慣はなかった。明治の半ば頃アメリカから入った果樹で、リンゴ・ナシ・グーズベリーなどが各戸に植えさせられて、私が子供の頃まではよく稔ったが、栗だけはあまり見られなかった。ただ二谷国松さんの裏山に栗林があるが、繁りすぎて実はあまりついていない。二風谷の祖父の庭に数本植えてあり競争して拾ったが、今は既にない。学校の庭に一本あり、よく実をつけ生徒を楽しませてくれたが、今はどうなったか確認していない。

栗の木の北限は平取のように思う。義経伝説で義経が種を蒔いたと伝えられているが、義経神社の境内には北海道の銘木となっている樹齢三〇〇年の大木が残っている。その外はパンケピラウドルとペンケの間の栗林は確認している。今の奥野木工場の裏山に栗の大木があり、高等科通学途中に登ってみたが実を拾ったことはない。話を聞いただけで実物は見ていないが、シケㇾペとニㇷ゚タニ、アペッの分水嶺の所に老木が一本残っているとのことだ。体力がついたら一日がかりで見に行きたいと思っている。

人工植栽の栗の北限は二風谷のようで奥地にはあまり見えない。誰かの話で今の旭小学校元上貫気別の初代校長渡辺誠先生は、「いくら植えても上貫気別には栗は育たない」と話されたと聞いている。

二風谷校の二代目校長黒田彦三先生の植えた木が残っている。貝澤さよ子さんの庭の栗も元先生が住んでいた屋敷だ。トイピラの黒田家の墓地にも植わっていたが、今はなく種から自生した木が付近に多い。私が黒田さんから買った山林の頂上に十数本植林されていたが、よく育っていない。栗の木の特徴として枝のつけ根から割れる欠点を持っていて、老木になると四方に枝の延びたのは少なく、この造林木も直径一尺にもなってはいるが、見事な林とはいいがたい。

恐らく義経神社の境内から苗木をもってきたものと思う。小粒ではあるが小鳥やリスが持ちはこび広葉樹林の中で育っている。栗は他の広葉樹の中でも生育がよくほかの木を圧倒している。私の山ではカラマツとトドマツの人工林で樹下の稚苗は育っていないが、植林してから二〇年をすぎ、牛馬を放牧しないで混層林として栗やミズナラを育てていきたい。

用材としての栗は、昔は腐らない木としてエンジュやドスナラと同じなので、地杭や土台として重宝されていた。他の用材としては見かけないのは産出が少ないからとも思う。父が、どこで入手したか聞いていないが、幅二尺五寸厚さ五分のテーブルがあったものだが、今は確認していない。

父が炭焼きをしていた昭和二〇年以後、孫達の楽しみになる、と畑の隅や道路側で植えたのが今実をつけている。たくさんの中で大粒のは二本だけで、家内や妹がときどき拾いに行く。小粒のは食べるとうまいが、めんどうであまり喜ばれない。墓地道路わきに植えたのは他の木の繁みの中で実はつけていない。

私の栗との取り組みは、戦前家の裏の丘の中腹に丹波栗という苗木を注文して植えたのが、今も毎年実をつけている。元裏山だった所が今は耕一(長男)の住宅の傍で、回りの土を削り小高い丘になっている。今愛犬クロの住家となっている。

戦後になり栗の改良種ができたと聞き、耕地では惜しいと思い、裏山に植えたが、木陰のために失敗した。今はたった二本残っているが、晩生のためか実がつくことは少ない。

新冠の園芸農場で天津甘栗の試作が成功したことを新聞で知り、貝澤進さんの軽トラックで新冠へ行き場長の栗作りの説明を受け、苗木を譲りうけた。本数は忘れたが、苗木代八万円を支払ったことだけを覚えている。

今度は場所を選びトイピラの旧墓地の前の牧草地にした。北側は小沢に面しているし、西側は墓地の林、南側は草地で理想的な場所を選んだ。ところが一冬一冬枯死が多くなり、三年で全滅してしまった。同じ苗木を住宅の近くに植えたのが、一部枯死したが三本だけ残り、今年も大粒の実をつけている。貝澤進さんの所も最近まで実をつけていたが、大きくなって枯死した。二風谷はやっぱり寒いので栗に適さないようだ。一〇年ほど前、守雄・留治両君が子供の頃栗拾いをした楽しさと、我が家に栗の木がなくうらやましかったと話していたのを思い出し、全戸に苗木一本ずつを配り、子供達の楽しみを目ざしたが、ほとんど枯死し、貝澤輝一さんの庭にだけ一本残って今年も大きな実をつけたと聞いた。

苗木を買った新冠園芸農場は、海辺から一〇キロほどの所にあり、川の流域の沖積土で地味もよく、二風谷に比べて温暖な所だったと気づいたが、私の選んだトイピラは風の通り道なのか冬の吹雪で道路が埋り、寒さが失敗の原因と知った。

今度は地場産のシバ栗を育成すべく、前田さんから種をもらって苗木を作り定植した。条植えで距離を短くし実がなった様子を見て間伐する予定で植えた。今年何本か実をつけたが、やっぱり小粒が多い。明年の様子を見て間伐しようと思う。
七、八年前、弟芳夫が胆振の壮瞥町《そうべつ》から種を買ってきて、「兄貴、蒔いてみろ」と置いていった。苗木を育てたが、気乗りがせず畑の片隅に四本だけ植えたのが、今年大きな実をつけた。前にも書いたように平取の野生栗は小粒で、大粒の実をつけるのは一割か二割のようだ。勿論今年はじめて実をつけた前田さんからもらった栗も小粒が多いようだ。来年一年様子を見ることにする。
壮瞥の栗の種を買わせたが入手できないので農協へ電話をしたら、「苗木を作って春になったら出荷する、今のところ価格も決っていない」とのことなので、高価でなければ五〇本位注文して植えたいと思っている。桃栗三年というから、私が生きている間には実のなるのを見究めたい。今年は栗にとりつかれた年だ。

平成三年一一月六日、病院で

一九九一年、未発表原稿より構成、原稿にはタイトルなし

インタビュー

アイヌモシリ、人間の静かな大地への願い

ききて　北川　大

九一年八月下旬、チプサンケの祭りも終わり、二風谷の夏は盛りを過ぎていた。早朝、長男の耕一さんのトウモロコシの出荷を手伝っていると、正さんは様子が気になってか、疲れやすくなったからだを押して集荷場にやって来た。無口にたたずむ正さんに、私は無遠慮にも「昔の話を聞かせてください」と申し出た。旅の青年といった出で立ちの私に「いつでもいらっしゃい」と快諾してくださった。私は毎朝正さんのお宅を訪ねた。祖父の懐かしい昔話を聞くように、語られていく「歴史」に耳を傾けた。森の話に熱が入ると、正さんは「行ってみてくるか?」と腰をもちあげては、周囲に止められた。私は夢中だった。今は消滅してしまった日高の原生林に、日ごと奥深く案内されていったからだ。終点にたどり着くと、「歴史」が知らず知らずに「風景」となって脳裏に焼きつき、その記憶がうずくようだった。このインタビューは五日間、正さんのご自宅で行なわれたもので、晩年の想いを綴ったものとなった。

(この記録は、本来ならば正さんによって再度、内容を検討、確認されなければならないが、

本人が故人となってしまったため、やむを得ず北川の責任において編集、公表に至った。なお伝わりにくいところは一部口調を変えたり、本文中に関連する記述がある場合は、重複を避けその部分の言葉を削って編集している。）

アイヌの受難と同化

——戦前戦中の皇民化教育というのは、アイヌ民族に対してどういう影響を与えたと思いますか？

私の穿った考え方なんだけれども、長い間、封建的な社会生活をしてきているシャモが、世界に目向けたって、汽車とか飛行機とかそんなの吸収するだけで、精神はあくまでも封建的な貧困さをもって臨んできたでしょう。その連中にとって、北海道は金儲けの場所だったし、資源略奪の場所だった。だから「内地」という言葉がいまだにあるように、北海道を植民地としか考えてなかった。もっと悪いのは、アメリカあたりの、先住民を侵略した連中を連れてきて北海道開拓の仕事させたでしょ。その上、内地の人ら来て、例えば、百姓にしたって開拓民にしたって、向こうで食えなくなった貧農が多い。自分達よりもっと下の人間がいるんで、優越感を持って、アイヌを見下してきたんでないだろうか。アイヌの文化がどんな物持っていようと、人間としてみてなかったと。

アイヌは、人間にできないことはカムイと言っているからね。既にシャモが文字を持って、書いたものを見て理解しているのを見てね、やっぱり子孫はカムイだというような見方をして恐れおののいていたんでないだろうか。自分達にできない文化を持っていることでね。ただ私の母親だけは

「学校」に入っていないからね。それだからこそアイヌ「文化」を最後まで死ぬまで守り続けたというのが私の母親だ。父親と全然正反対だったの。例えば子供生れたら、行ってお産の手伝いしてやったり、後始末してやったり、死んだとき真っ先に駆けつけて死装束着せてやったり、死人に対してはこうするもんだと全部アイヌ式で教えていたからね。そういうあたり、アイヌ文化をうちの母親は最後まで守っていた。父親は極度に嫌ったんだけれど、でも「やめれ」とは言わなかった。当時の母親は日本文化を知らなかっただけに、子供のうちからアイヌ文化を大事にしてきたんだ。当時のアイヌというのは今考えれば腰抜けと言われるかもしれないけれども、さっき言った三〇〇年から四〇〇年間下積みになって、たたかれたら従わずにはいられなかったんではなかろうか。

この間東京の人から、「第二次世界大戦でアイヌが兵隊に行って、大元帥陛下のもとでどういう形で生きて何をしてきたか」ときかれたのだけれど、天皇のために命を投げ出して尽くすということに、全然我々には抵抗がなかった。当たり前と思い込んでいたから。喜んで陛下のために死んでいったというのが、本当のところでないだろうか。アイヌがどれだけ出征して、どうなって戦死したか数字が一つも出ていないわけなんだよ。沖縄戦で戦死したアイヌは北海道庁の民政部で調べているから実態つかめているけれどね。あとはないんだよ、どこで何やったか。アイヌとして調査して、活字になっているのは大正九年が最後だと思う。その後は特別な数字は出ていないわけさ。明治になって日清戦争で清国に勝ち、朝鮮半島を侵略し、ロシア帝国に勝ったということがやっぱり日本人である誇りをアイヌに持たせたんでないだろうか。アイヌ自身もやっぱり中国に対して、

「シナ」とか「チャンコロ」という見方で、下に見て差別してきた。強いものに媚びて、弱いものに優越感を持つという、やっぱり「教育」のせいだろうな……。アイヌであること隠して、日本人の尻馬に乗って優越感持ちたかったのではないだろうか。だから私の娘(次女道子)が、学校時代旅行していたら、兵隊に行ってきた(アイヌの)男が平気で「チャンコロ」殺してきたと話をするわけさ。(娘は)「聞いていられない」と怒っているんだよ。利用されて侵略されていながら、酷いことを酷いと思わなかったわけさ、アイヌ自身が。まして俺達は利用されて侵略されたというところまで考えがいかなかった。まあ教育レベルが低かったせいもあるわな。少なくとも中等教育以上受けていればね、世の中を正しく見れたかもしれない。

失われゆく自然

――今こそアイヌの自然に対する精神を見直すべきではないでしょうか?

生活の中で、自然を大切にし、自然とともに生きるというのが、アイヌ文化の基本だからね。やっぱり失われていく北海道の自然というものを、アイヌ文化を通して見直していく、それが社会に対しての呼びかけだろうし、北海道を守る大きな基本になるんでないだろうか。アイヌ語を学ぶだけでなく、アイヌが自然を大切にするという文化を広めていくというのが、やっぱり自然保護の精神につながっていくんでないだろうか。アイヌだけの問題でなく、北海道の住民の全部の問題として、北海道の自然を見つめ、アイヌ精神を通して自然を見直していく、これならば訴える価値もあるだろうし、賛成も得られるんでないだろうか。日本人にも共通した問題の解決になるんでないかと思う。今やっていることは、少しでも自分のできる範囲内の自然保護をやっていこうかなと。山を買って、木を植えるのもひとつだろう。山菜一つにしても、札幌とか旭川あたりの人口の多いところは、もう春行っても、キトビロ（ギョウジャニンニク）も一本もないというぐらい、山菜までなくなっているべさ、乱獲しているからなんだよね。アイヌみたいに大事にして、全部採らないで、来年もある、再来年もあるという一〇年先のことを考えて、同じ自分達の食料も取っていくということが基本になるんでないだろうか。今の畑づくりにしても、水田づくりにしても、何にしたってそうだろうと思うしね。

――沙流川は、どういうふうに変わってきましたか？

幼児の頃、歩けるようになってからおばあちゃんに連れられて、川向いに開墾に連れられて行ったのが初めだった。近くはほとんど開墾されていて、我々が行った頃は、ヤイニタイ（ドロノキの林）だったらしい。オパウシナイとタイケシの間の山の腰の荒地としてなげてある（放ってある）所をおばあちゃんたちが何人もで連れ立って行って開墾していた。その時は、イタドリがもう、五尺も六尺もある、夏のセミの鳴いている頃だったよ。盛んに開墾して、沙流川の流域の肥えた土だから遅く蒔いてもよく採れてたと思うんだよ。だから普通の畑の開墾が済んでから、おばあちゃんたち、女たちが行って開墾して、ヒエを蒔いたりアワを蒔いたりした。誰の土地でもない、おばあちゃんたちが開墾したんだけれど、土地の払い下げ受けたのは、シャモの人だったと思う。

――結局、開墾しておいて、取り上げられたわけですね。

そういうことだわね。申請することも知らなかったと思う。われわれそのころ、ヌプリラという地名つけておったんだけれど、ヌプリというのは、山のことだからね。「山の腰」だったんですよ。そして上が高い山で、その下が、ずっと沙流川の流域なんですよ。おばあちゃんというのは、必ず空で歩かないんですよ。帰りには、サラニッといって、大きな袋に、川で流れた薪をしょって来るとか、それから夏になったら雑草、豚の餌を持って必ず荷物しょって帰る。働きものだったということだわね。そんなことで、うちのおばあちゃんというのはよく働いたもんだと思うんだけれど、今ダムの展望台になっているでしょう、あそこで春になったら仮小屋に住む。川渡って行くもんだから、仮小屋に寝起きしながら、あそこも畑作りしたわけなんです。川を渡るのが大変だからね。丸木舟、たいてい持っていて、川縁につないであったんだ。そんな時は、おばあちゃんと寝て、夜のヤマバトの声聞いたり、朝カッコウの声に起こされながら、そんな生活を子供の時にしていた。

農耕を始めて

――本格的な開墾が始まったのはいつごろからですか?

当時の札幌県がアイヌに営農を指導して、農機具の、鎌とか鍬とか無償給付して種子と多少の食料を与えてやらせたのが明治一八年。その時の一〇ヵ年計画は、一番アイヌが多くて、一番貧乏して困っている沙流《さる》郡から始まっているわけだ。その時に指導員まで派遣して、このあたりずうっと開墾させたわけだ。だから、明治三一年の大水害の時の被害報告の中に記録残っているんだけれど、大体一戸あたり、二町歩平均の耕作面積をもっていたというぐらい。大体、自給できるくらいのヒエとかアワとか、トウモロコシ、それで自給食などを作る。そして大豆小豆を作って、それを門別浜まで馬の背中につけていって、現金に替えて生活した。どこの倉庫でもヒエが一杯つまっていて、食料の心配はなかったわけ。儲けは、味噌は食わんから、醤油だとか塩だとかそういうことに替えていったんでないだろうか。だから明治四五年から大正にかけて、ここにはシャモ式の柾ぶきで、板張りの住宅が既に一五、六戸あったからね。そんだけ生活が楽だったわけさ。ところが奥地がどんどん開発されて、川の水ぎわの木まで伐り倒されて、木材が伐られてから、水害の多発地帯になった。

――本格的に換金作物をつくるようになったのは？

明治一八年以降、三一年の水害から水害の多発地帯になって、だんだん貧乏していった。元来、男の仕事というのは、川や海に漁に行くのと、山の猟で、作物を作るとか、薪を集めるとか、子供を育てるというのは全部女の仕事だった。女の人はよく働いた。子育て、畑行った帰りでも必ず薪をしょって帰って来るとか。明治になって、男も、立っている木を伐るとか、百姓をするようになったんだ。畑で飯食えなくなったら皆、出稼ぎに出てしまって、畑の仕事を女だけに任せた形に変わっていった。うちでは父親が本家を出て、畑がなかったけれども、私は学校教育のなかで、農業が一番天職だと思い込んでいるからね。百姓やりたくてしょうがなかったわけさ。夏になったら父親が出稼ぎに行く。私は学校を卒業してから本家の叔父さんの所で手伝いして、ずっと百姓やって、冬になったら父親と山に出面とりに行って稼いだという経緯があったから、平取の高等小学校を卒業してからは、叔父さんの手伝いして、毎年畑作りしていた。馬を持っている人が少ないから、その頃から川向いの高台に仮小屋を作って、若いもんだけで、共同生活みたいなことしながら、百姓していた。秋になったら、収穫を馬車で運ぶのも我々の仕事だった。当時、馬や馬車を持っているのは多少でも生活にゆとりある者だった。ゆとりない者は、起こし賃とか労賃で返して、「畑起こしできたから、皆、蒔きに来いよ」と言ったら、川を渡って来て種蒔いて、そんなことで部落全体の共同体が連帯して生きていた。どうしても畑の面積をたくさん持っているものが多く人を使えるわけさ。貧乏人はただ出て労力奉仕するだけでね。だから少しでも畑が欲しいというのが、皆の信念なんですよ。

でもね、おじいちゃんあたりが、たくさん畑を持って金持ちだったのが、孫の時代になって、全部売り食いしたという例もないわけでもないけどね。知里幸恵さんの言っている、『アイヌ神謡集』の最初の言葉でね、貧乏人が今、金持ちになって、金持ちが貧乏になったというのはそれはもう昔からあったんでないだろうか。昔は猟のできる者がニㇱパ(旦那)だったんだからね。イペサㇰといって、盛んに山へ行っても、猟ができないものはウェンクㇽ(悪い人、転じて貧乏人)だったんだよ。どうしてウェンクㇽと言うのかね、悪いから貧乏したわけでもないのにね。貧乏という言葉はないんだよ、アイヌには。貧乏人もウェンクㇽというから。ウェンクㇽはなかったはずなんだけど。大体、同じ、熊獲っても鹿獲っても、あたる人と、あたらない人あるんだよ。私なんて昔だったら、やっぱりウェンクルの組だろう。アキアジ一本獲ったことないんだから。うちの婆ちゃん（しづ夫人）だったらあたるんだ、イタチ獲りもしたことあるというから。やっぱり備わっているもんだよ。うちの息子あたり松茸も採ってきたし、アキアジも獲るんだから、あれはニシパの組だ。そんだけど近代社会にはやっぱり通じないわけさ。農民精神というのは、暗いうちから起きてただ働くだけだ。アイヌはそうでないんだからね。早く起きてモサモサするのは、ウェンキソっていって、貧乏人は蒲団が冷たいから、寝ていられないから起きるんだといって、ニシパというのは、ゆっくり寝て、ゆっくり金儲けを考えるからニシパになる。萱野（茂）さんの主張だけれど、萱野さんの兄弟皆、朝寝坊だからニシパになるって（笑）。とにかく今の近代社会には、朝早く起きてね、時間から時間まで働いて、ちゃんときちんとしなかったら、生活できないんだよ。アイヌ精神じゃ通らないんだよ。

僅かな土地でね、トウキビ（トウモロコシ）作ったり、ヒエやアワを作ったりしていれば、食うだけ不自由はしなかった。労力でもって返して、女の人が内職みたいにやって食料自給できたわけなんだ。雑穀食っていれば、なんも苦労しなかったの。ところが、昭和一五年ですか、米穀統制令というのができて、米の配給が始まったわけだ。そしたら、うまいべさ、ヒエやアワ食うよりか米の方が。しかもあの頃だったら配給だから割合に安く手に入れた。そんなことで二風谷のアイヌは米の味を覚えてしまったのよ。ヒエやアワで自給自足していれば何のことないの、だけど無理して川向いあたりを水田にしようとしたわけさ。まず小川から水を引いて。でも水田作っても、田植え時期になったら、水が少なくなって田植えできないんだよ。その次は沙流川本流からポンプで揚水したわけだ。水田作って発動機買って揚水ポンプ買ったはいいけれど、高台の水田はどうにもならんくて、今度は打ち込み井戸を打ち込んで、地下水を汲み上げたわけだ。

毎年獲れれば文句ないんだけれどね、沙流川は堤防がない原始河川でしょ、水出たら、せっかくの水田が根こそぎもっていかれるわけ。そして来る年も、来る年も、投資をしては流され、苦労して苦労して、最後に農協の負債だけが残った。当時、農協の年利は一割二分ぐらいだからね。発動機買った、石油買った、機械買ったと、どんどん膨れ上がっていくんだよ。しかももっと悪いことはね、大豆作ったら反当たり三俵しか穫れないんだよ。ところが米食いたいから、春になって営農始める時に、金持ちの農家から米を借りてくるわけさ。何俵か借りてきて、米一俵に対して三倍の大豆で返さなければならなかった。いよいよもう自分で水田を作らなければならんという水田作りの意欲が高まっていく。それで借金が重なる。借金が多くなったら農協が「お前、これから営農続けてもだめだから、今のうち、足もとの明るいうちに土地を売れ」と言う。売らされた土地を金持ちの農家が買って、例の、ダム問題で最後までつっぱった、六軒だか七軒みなは全部そういう形でアイヌの土地を農協を通して買った。その連中が、安いから売れないってつっぱって、収用委員会にも我々と一緒に出向いたわけなんだよ。最後に川向いに仮小屋を建てて、宅地と認めろと「開発」(北海道開発庁)とやりあった人も多かった。

「日高森林王国」——大森林伐採の始まり

――明治三二年以降、沙流川が水害の多発地域になっていくのは、上流域での森林伐採によるものですか？

我々の記憶の中では大正一一年の大水害、これはもうこの下から川向いまでぴしっと海みたいになっているんだから。明治三一年の水害もそうだったそうだ。伐採はもうみんながやったんでないだろうか、王子ばかりでなく。数字が出ているんだけれども、年間の伐採量といったら相当なもんだ。まとまった伐採が戦後まで続いたからね。それと三井が大正から昭和初めにかけて、大径木をどんどん伐り出して、その後は、炭に焼いてかたっぱしから裸にしちゃった。しかも、とくに水害が沙流川で多いというのは、日高山脈が急峻で、木を伐ってしまったら降った水がそっくりそのまま全部流れてしまう。しかも川の流域の木は(伐ってしまって)ないでしょう。昔は水出ても、湾曲して流れて、木にぶつかりながら、ゆっくり抑えられながら行くから、別に被害出ないんだよね。ところが川の流域は土地がいいべさ。開拓者が入って全部縁から切ってしまっているわけだ。日高町の入り口から向こうは畑地が一段高いとこでしょう。そして川が狭く流れているから、そう影響ないんだけれど、日高から下流というのは長知内《おさちない》も池売《いけうり》も振内《ふれない》も全部、川の縁から縁まで伐採禁止の堤防の木まで根こそぎ伐っちゃったんだから大変さ。

そんだからいつでも羨ましいと思うのはね、東大演習林の前の休憩所あるでしょ、川の縁に木が密生しているべさ。ああいうの見たら羨ましいんだよな。記録の中に残されているのは、イザベラ・バードというのが、明治一一年に平取まで来て、何日か泊まって帰っていったんだけれども、平取の川渡って奥地は大密林地帯だと言っているでしょう。二風谷の地名の始まりだってニタイ(森林)と言っているんだ。ニタイというのは本当だと思うんだ。今の小平《こびら》というところから二風谷にかけての平地は全部大密林地帯だったんだと思う。

——明治三〇年に制定された「国有未開地処分法」がきっかけとなって、森林の買い占めと入植者が増えていったわけですが、実際、上流域では、どういう形の森林伐採が行なわれていたのですか?

最初のうちは、大径木が奥地にたくさんあった。日高町へ人間が入ったのは、沙流川を伝わって上流に行ったのと、空知川を伝わって、富良野《ふらの》の山部《やまべ》の方から回ってきたのと両方あったらしいんだけれども、一番先の森林伐採は、歩兵銃の銃身のためのクルミの原木を伐っていった。それからもう一つ、マッチ軸木工場というのが沙流川の河口にできていて、川の流域にあるドロ柳がどんどん伐採されていった。大正に入ってから、ナラ材、カツラ材、ヤチダモ、そういうものがどんどん伐り出されていった。それと平行して、明治四〇年代に苫小牧の王子製紙工場ができて、それからマツ丸太の伐採が始まった、針葉樹ね。トドマツ、エゾマツ、国有林の中だから、択伐で皆伐はしなかった。民有林の大径木を伐採した後は、戦前のことだけど木炭業者が入ってきて山を裸にしてしまった。当時、木炭は北海道の大きな産業だったし、本州だけではまかないきれなくて、恐らく、石炭と同様に鉄を作るために木炭を使ったんでないだろうか。鋳物を作るにも木炭使ったろうし、(家庭用)燃料ばかりでないと思うんだよ。しかも戦争が始まってから、軍需品として、ここら走るバスでも、自家用トラックでも、我々農業用でも石油とかガソリンがなくなるから、全部木炭だった。軍需品として特に生産されているから、山の伐採なんて平気でやっていった。

平取は、人口が多いときで一万三〇〇〇もあったし、大半は木材業者が中心になって、作業に入ってきた。平取の市街あたりで大きな料理屋が何件もあってさ、それこそ流送人夫、木材搬出人夫で押すな押すなの大盛況だったわけ。正月二日は初荷といってね、木材をつけて平取の所まで持っていけば、飲めや騒げや、大騒ぎやっていた。大きな業者がたくさん入って来て、そして平取から富川《とみかわ》までの沙流軌道というのがあって、平取まで馬搬して富川までその軽便列車で運んだ。我々山稼ぎした頃は、玉びきといってね、ソリみたいなものにくっつけてさ、こんな大きな木材をそのまま二本も三本も繋いで、国道を引っ張って歩いたもんだよ。トラックが通るようになっても玉びきの馬車追いがトラックを圧倒したんだよ。トラックも馬車追いに負けてしまって、遠慮しながらよけて走ったもんだ。一〇頭も一五頭も連なってさ、だいたい一二尺(四メートル)、長いもので一五尺のこんな角材、それも今みたいに丸太でなく四面削って角材にする。それを富川の駅土場へ集めて、本州まで行くわけ。農家で馬何頭も持っていたからね、農家の冬の副業は全部木材。馬のない人は、人夫としてね、木材を山から下ろしたり道をつけたり、働いて山へ行って木材搬出にかかったわけさ。

襟裳《えりも》の方、静内《しずない》の方へ行ったら直接海へ持ってって沖積みする。北海道はどこでも雪深くて、冬の木材を国鉄の沿線まで出すのが大変だから、遅れるわけさ。だけど日高は雪が少ないから、冬のうちに造材して、冬出したやつを今度沖積みにして、東京とか大阪の市場に一番先に出すわけさ。高く売れるから、日高の木材業者は儲けて儲けてとまらんかった。三井あたりは外国市場にどんどん進出していった。だいたいカツラ材は建築材ばかりでなく、ヨーロッパあたりに出して楽器にもなったらしいんだよ。それからミズナラ材は棺桶。イギリス人なんて、ここのナラの棺桶に入って死ぬというのが、一生の夢だったらしいからね。それともう一つ、ウイスキーの樽をナラで作るわな。

我々も若かったから、競争して軽い桂の、赤桂、ひ桂を競争して取りに行くもんだからね、いいのつかみたいと思って、一二時過ぎたら、一時、二時、貫気別《ぬきべつ》まで行って夜明けるぐらい、夜も寝ないで歩いたもんだよ。しかも馬そりの上に火鉢もって。火鉢にあたりながら、眠たいからいい気になって寝たら、火鉢燃えて火事になったこともあるしね。馬が慣れているから、なんも通る人ないからね、寝ていても馬任せに行くんだよ。我々夜学なんて行くんでも、それ済んでから行ったりして。秋口は道つけに山入って、父親と一緒に山で働いて、それから馬使えるようになったら、今度は馬で木材出すんだよ。そしたら一緒になって山子が入って、木を伐って削って、それからまた別の人夫が入って、それを小沢へ落とすわけ、そいつを今度馬車追いが行って、雪が降って下が固まったら、引っぱり出すというしくみになっているの。だから夏山はできないんですよ。木が大きいから、いじれないんですよ。下が凍って初めてやる。そして春の雪の解けるまでに終わらして、それから自家用の薪切りということになる。『二風谷』（二風谷自治会発行）みればわかるけれども、炭焼きに入って馬車追いやったりした連中が定着して、ここの住民になっている。

——馬車追いというのはだいたいどれぐらいの日当をもらえたんですか?

昭和に入って、私の弟が中学校入った頃なんだけれども、一番不景気の底をついて、出稼ぎも真面目な人間しか使ってくれない時期あったの。いろんな世界的影響のために、輸出も途絶えたんだろうし、その時私は真面目だから幸い雇われたんだけれども、一日人夫として働いて八〇銭ですよ。食費を五〇銭とられてさ。残りは三〇銭を出し合って弟を学校に入れた。昭和七年あたりの不景気を通り越して、そのあたりからポチポチと炭焼きが入った。我々百姓やっていても、百姓よりももっと貧乏なのは炭焼きだと思い込んでいるんだよ。炭焼きで親方に借金のない者はいない。普通、仕事がなくなって、一番最後に転落するのは、炭焼きの焼き子といわれていた。ここのアイヌでも炭焼きの焼き子になって、親方の後ついて、新冠《にいかっぷ》へ移って、戦後の御料《ごりょう》牧場の開放で、あそこで農家として定着しているのもいる。そういうふうに、親方について転々として山歩くわけなんだ。でもそんなのはいい方だよ。

変わりゆくアイヌ

——沙流川をずっと見てきた正さんにとって、「開発」とは、どういうことでしょうか?

「開発」というのは自然破壊だからね。ちっともよくない。アイヌにすれば。昔は豊かではないけれど精神的な豊かさは持っていたわな。食うことの心配はないだろうし、仲間同士の意識もはっきりとつながっていただろうし。ところがこの私有財産制というのを押しつけられて、今のアイヌは変わってきているんでないだろうかな、残念ながら。自然保護する、自分の周りをよくしようなんて考え方がなくて、やっぱり、なんちゅうかね、シャモ的な感覚に変わってきた。もっと悪いというのは、教育受けてないから教養がない。例えば萱野(茂)さんと主張しているダム問題にしたって、理解してもらえるのは(アイヌではなく)むしろシャモのインテリの人でしょう。チプサンケ(舟おろし)のお祭りにしたって、二風谷の祭りでなくよその祭りだって言われてる。二風谷の人が何割かしか出てないんだよ。どこかやっぱり、表だっていう事に対して反感が地元にある。昔のアイヌというのは、例えば門別の奥だとか、鵡川《むかわ》の奥あたりでも不幸が出たら、必ず悔みに行くんだよ。コタンから一族郎党引き連れて、三日ぐらいかかるんだよ。お祭りがそうだし、お祝いがあったってそうだし。そういうつきあいだけでも、働く暇がないくらいさ。だから感心しているんだけども、萱野さんは、親父に連れられて、歩いていろいろ勉強した。私の父親あたりは、軍事講演があれば息子を連れていくくらいだった。それだけ育ちが全然正反対なんだよ。

二風谷の人が一番団結したというのは、小学校ができた明治二五年から、黒田彦三校長が、三〇年間、村長みたいに君臨していたときでないだろうか。それはもう、先生の命令一下、手足になって動いたからね。家の親父なんて時分はやっぱりちょうどその頃、結婚してまもなくの働き盛りだったから、毎日学校の仕事ばっかりやっていたんでないの? 母親がそういって、こぼしておったもの。また別の先生は、やっぱり子供に自習せいっていいながら、一生懸命パイプを彫っていたり、カボチャ作らせて、それを自分の家にもってって食ったりしてたというから。とにかく、こういう学校には、定年間近の心臓の強い年寄りの先生しか来ないべさ。焼酎飲んで、そこらでアキアジ獲りばっかりしていたというから。

森林は蘇るか

——戦後、皆伐が行なわれた後に植林されるわけですが、それはカラマツが中心なんですか?

普通の人はカラマツが中心だけれども、三井あたりでやっているのはトドマツ、ストロープが主らしい。北海道でなぜ落葉《らくよう》(カラマツ)がどんどん奨励されたかというと、炭坑が盛んな時は、炭坑丸太として一五年も経てば売れたくらい生長が早いからさ。生き物の住まないのは、マツを中心に造林されているから、クマも、リスも、カケスも食うものがなくなる、それから人工林の下には下草生えないから、シカも食うものがなくなるでしょう、密生してきたトドマツの林なんていうのは何も生えないから。だから私ちょっと見たとこで大きな木があるのは、振内《ふれない》の向いあたりの三井の裏山が大体国有林と同じく造林しているから、三〇年ぐらいの太い造林地がある。オサツとカンカンあたりは戦後まで伐採した後だから、まだ小さい。炭焼きに伐った後、なお造林するために小さい木まで全部木伐ってしまうわけなんだよ。それだから山の荒れ方がひどい、崩壊がひどい、斜面まで伐っているんだから。カンカンの沢なんていったら、崩壊が、山の荒れ方がひどいんだよ。とにかく木を伐ってしまったら、裸にして、木の根っこが腐ってしまう、雨が降ったら水がもたないわけなんだよ。崩壊してどんどん流されていくというのが戦後の造林の形態なんだよ。

それでもなぜ三井が山を手放さないかというと、国の補助金が出るからなんだ。戦後まもなくの造林は、三年ぐらいの下草刈りの補助ぐらいは出たんだけれど、それが今になったら、間伐の補助金が出るようになった。自然林だったら、なげておいても自然淘汰で、駄目になるやつは駄目で、勝つやつは勝つ。人工林はそうはいかないんだよ。落葉なんて、競争しちまって、竹みたいになっちまって、それにツルがからまったら、全部根こそぎ倒れてしまう。それだから国は間伐の奨励を盛んにしている。今も落葉でも二五年ぐらいまで間伐の補助金がでるんだ。本当は国の補助金というのはね、労賃と自己負担のうちの七割五分出すことになっているんだけれども、そこは検定の時うまくやれば余るんだ。そういうのを大財閥の三井あたりは有効に使っている。民有林はそういくけれども、国有林はそれがないからだと思うんだけれどもね、私いつでも憤慨しているのは、振内から入って、鹿鳴林道といって支流に抜ける林道があるんです。その林道の周辺の落葉なんて間伐してないの。国あたりが金になるところだけやってね、なぜもっと大事なところをしないのか。だから営林署の連中を見たら文句言いたくなるんだよ。伐るだけ伐って後は手入れしていない。落葉植えて密生しちまってね。広葉樹だったらそうでないけど、人工林の落葉とかトドマツというのはもう手入れしなかったら全然駄目だ。

――日本の木が見向きもされなくなってしまったという感じですね。

国は山を守るために補助金を出しているんだけれど、むしろ日本の労働賃金が高いからね、外国材との競争できないわけ、外材は労賃が安いし、大径木があるから、効率があがるということと、船賃なんて問題でないから、国内の木を使うよりか外材を使ったほうがコストが安くつくというのが今の現状。今だいたい、七割ぐらいまで外材に依存しているんでしょう。外国から総スカンくって締め出された場合さ、どうなるかということとやっぱり考えとかなきゃならんし。私が心配していることは、本州の山持ちは、林業を経営の中に入れてやっているから、植えて、親子三代ぐらい後に伐るような循環体系ができているでしょう。だからこんな(大きい)木がたくさんあると思う。順々に伐っていくわけだから、採算合うんですよ。ところが北海道は一三〇年前に、明治政府が、北海道庁をつくって、それからいい木だけ伐り出して、大正の初めから、奥地にどんどん入って木を伐り出した歴史があるでしょう。計画的な植林をしていないからね。順々に伐って金に換えて、植えていくということができないわけなんだよ。

それと今、新しく見直されているのが、自然体系が壊されてしまうこと。この間、常呂《ところ》の漁協あたりかな、山を買って漁師が木を植えているのをNHKが放送していた。常呂側が、鮭の孵化場を作っているらしいんだ。それが、奥が開発されて牧草地になってしまった。川が汚れる、水が汚染する、回遊する鮭まで、泥でもって死んでしまって、死魚がごろごろ海辺に押し上げられているのをカメラが捉えているのさ。まして、孵化場の水が出なくって、用をなさなくなったというんで、漁協が気がついた。開拓者が開墾した山の跡地をどんどん買って、漁協が造林している。漁業で魚を獲るために、川をきれいにするために、自分たちの生活を守るために、結局山にたどりついたということ。彼ら、それでも気がついたからまだいい。昨日、我々襟裳《えりも》岬へ行ってきて、こちらの十勝《とかち》のほうへ向いた斜面には全部、営林署で柵を作って、その中に木を植えてるんだ。だいぶ今大きくなってきてるんだけども、そのために、沿岸に魚がだいぶ寄ってくるそうだ。だいたい、素人が考えてもわかるんだけども、魚の餌になるプランクトンというのはね、奥山の広葉樹が落ちて腐って、それが水に溶けて流れて海へ出ると、それが食料になるでしょ。北海道で沿岸に魚が獲れないということは、木を伐ってしまって、落葉とか、マツしか植えてないからなんですよ。広葉樹の、餌になるようなものを入れて、川から流れて海へ行くことによって、魚の回遊が多くなるということが、自然のサイクルなんですよ。人間だけが生きていけばいいという時代ではないんだもの。我々子供の時は、北海道は世界の三大漁場の一つだといわれたくらい、魚が獲れたんですよ。ところが、今はもう遠くに行かんきゃ、魚獲れんでしょ、油たいて時間かけてな。漁民はぼちぼちと山を守ろうというふうに気がついてきている。今すぐは解決しないにしたって、木を植えて、山を守るということが必要だ。北海道中がそうなったら、また魚寄ってきますよ。

漁民もそうだし、下流の川の水を飲んでる住民だってね、みんなの飲み水なんだから、みんなで守るということが、大事なんでないだろうか。東京あたりは、ひどいというじゃないか、水が泥臭いって。苫小牧は支笏《しこつ》湖という水源地を持ってるから平気なんだ。苫小牧の水は生で飲めるというくらい威張っているからな。札幌だって、定山渓《じょうざんけい》の奥が国有林で、山が傷んでないからね、豊富でうまい水が出る。北海道は恵まれているから、案外、水に対して、関心ないわけ。まして沙流川のゴルフ場ときたら大変だ。まだまだ日本人、特に北海道の人というのは、悠長ですよ。

だから、例えば国有林なんて、あんな独立採算制にしないでさ、国が持つべきなの。採算が合わないからって、今度リゾート法によって、リゾート基地に貸すことになったでしょ。大変なことだよこれ。奥地は全部国有林だったんだからね、だから手つかずだったの。日高山脈にしたって、大雪山系にしたって、知床《しれとこ》だってそうだろうし。それが今度、どんどん手をつけられるようになったら、大変ですよ。独立採算制の悪いところですよ。空気と水というのは、皆が受けてるんだから、負担すればいいんだよ。そして結局、国有林の管理も地域住民の町村に任せればいいの。国が出してるだけの金を市町村に出せば、林業労働者は地元の人なんですから。営林署の役人にしたって山を見て回る真似だけでしょう。五年ぐらいで代わっていく連中が、なんで木を大事にする？ 誰が考えたってわかるべさ。地元の住民であればね、自分たちの子孫までそこに住む場所だから大事にするさ。

オーストラリア行ったときにね、ホテルの会場からずっとそこの川を見とったら、あそこらあたり護岸していないんですよ。湾曲したところ、特に崩れるようなところは玉石だけ置いてあってさ。大体自然そのままに残してあって、これが本当の川だなと思った。昔からヨーロッパあたりでも白人が自然を大事にしてきたんでないだろうかね。ヨーロッパ行ってみて、特に感ずることは、例えば当時の王侯貴族が狩猟の場所だったって、一つの島をね、自然のまま昔のまま残しているところあるんですよね。同じことをオーストラリアでもやっていた。自然を大事にするというのは日本人と違った発想があるように思う。特に北海道は植民地でしょう。儲けてさえいけばいいと、北海道の自然がどうなろうがいいというのが、日本人の基本的な考え方でないだろうか。

開発の犠牲

――二風谷のダム問題を含め、今一番気になっているのは?

ダムは自然破壊の最たるもんだろうし、二風谷の何十年もかかって作り上げた農地がなくなってしまうということは、二風谷の生活を根底から破壊するということだ。いわゆる開発のために、アイヌが過去からずっと犠牲になって、最後の犠牲を強いられるというのが今のダムの問題でないだろうか。最も今気にしていることは、国有林というのは聖域と思ってせっかく誰も手つけられない場所だと思い込んでいたのが、今度リゾート法によって国有林の奥地まで開発が進められるということなんだ。ダムは同じ自然破壊するといったって、農地を潰す程度だけど、奥地の乱開発というのはいつまでも影響する。日本の資本主義社会の一番悪い面が今度のリゾート法で作られている。日本国民は総力を挙げて反対しなければ駄目だ。我々にすれば聖域だし、外部から見た場合はアイヌ文化の故郷《ふるさと》でもあるし、それを平気で破壊する手はないんでないか。例えば、アイヌを民族として認めるんであれば、日本民族の伊勢神宮を聖域として大事にするのと同じだという意見言ってる人もあるしさ。せめて北海道で沙流川一本ぐらいでもね、手つけない自然のまま残しておけんものかと。ダムは建設が進んでいるから、止めれといったら止めるか止めないか今んところわからないでしょう。奥の木を伐ることは止められるんだからね、すぐにも。リゾート開発なんて、しなくたっていいんだから。地域の開発は、土建資本の金儲けの手段でしかないんでないか、どんどん貸して、その金で北海道の山を買い占めて破壊していく情勢を何とか止められないものかと思っている。

もう二〇年前かな、列島改造ブームの時に、萱野さんの真向かいのとこの上の土地を東京の金持ちが買い占めたんだよ。北海道中各地で、原野商法というのか、人が歩けないような山の中を開発したら道路が通るとか何とかと言って、金集めているという。過去の反省があるのに、また今奥地の山に大資本がやってきている。やっぱり北海道の人は気がつかなければ駄目だと思う。アイヌコタンの場合も全部人のものになっている。結局地域のアイヌを利用して払い下げ受けて、共同牧場にするとかなんとか言いながら、次々金儲けで利用していた。東京あたりの金持ちがここへ盛んに入ってきて土地の買い占めやった列島改造の時に、地元の人がその斡旋業やっているわけ。そして、お礼たくさん貰ったって、儲かったって喜んで博打に手出したり、競馬に手出したり、家庭破壊の例がなんぼかあるんだ。北海道の山林というのはみなそうやって荒らされているわけさ。どうせ北海道に来ているシャモは植民地だと思って一時の腰掛けに来ているからいいようなもんだけれど、もとから住んでいるアイヌにすればやっぱり悔しさに耐えられない。それでも我々は国有林ぐらいはね、聖域だと思って安心してたんだよ。国有林がまたやられるということになったら、本当にもう我慢できないわ。みんな知床の伐採問題であんなに騒いでいるんだからね。自然保護団体はやっぱりもっと騒ぎ出すべきなんだよ。

アイヌ新法への思い

――アイヌ新法の制定をめぐる最近の政府の対応をどう見られますか?

ウタリ協会がうちだしている、アイヌ民族に対する法律が要求として掲げられているんだけれども、それさえ政府は認めようとしない。やる気になれば簡単なことなんだよ。保護を受けるんでなくさ、北海道のいわゆる「借り賃」だとか、過去の歴史に対する補償をして、国が金を出せば、アイヌはそれを基金として自分たちの生活を高めていく。今のウタリ対策の長期計画でもって保護を受ける形で、来る年も来る年も、政府に頭下げて予算を計上させるんでなくてね。明治三二年の「北海道旧土人保護法」は、アイヌの生活が困っているから、外国に対してかっこがつかなくなって成立したと思うんですよ。むしろ、外国人が入ってきて、バチェラーさんみたいに学校作って、アイヌの子弟の教育をしたりする。日本は国際的に日清戦争に勝ち、国際的な一つの立場にたった場合はアイヌ民族に対する政策というのが、批判される。それでかっこつけるために保護してやっているんだという名目つけたのが、この法の精神だと思うんだよ。本当にアイヌを救おうとか、アイヌを立ち直らせるための保護法でないんだよ。

今だに北海道のアイヌ民族を政府は認めないんだよ。中曽根さんみたいに、単一民族国家だと言ってみたりさ。認めることによって、北海道をどうしたかという彼らの過去の問題が出てくるから、言を左右にして次々と延ばしていく、アイヌの声の冷めるのを待ってるんでないだろうか。北海道の議会もそうだし、知事も、もっと真剣にやるべきだと思うんだよね。やっぱりウタリ協会そのものも弱いんだよね。弱いわ。丸められてしまうのは数少ないばかりからではない。韓国人とか、「インディアン」とか、外国との交流はしているよ、しょっちゅう来て。向こうがどうやっているかというのがわかっていながら、そこまで行けないという弱さ持ってるんではないだろうか。少数民族との会議とか交流にしょっちゅう出ていても、アイヌの代表というのは横文字一つ読めないでしょう。向こうから来るハワイの先住民にしても、オーストラリアの先住民にしてもね。出てくる人は医者とか弁護士、裁判官だとかでしょう。そういう肩書きの人ばっかりだし、どこ行ったって、対等にしゃべれるわけなんだよ。だから緊急の問題として、子弟の教育が大事だということよ。そっちから手つけていかんければ、駄目なんでないだろうか。しかもアイヌたちの意識を高めて、アイヌの権利を堂々と主張できるような、インテリの青年を作っていかんければね。

ナショナルトラスト運動

——我々シャモもアイヌモシリで生きる上で、それなりのモラルというものを持たなければなりませんね。

アイヌを助けてやるんだ、困っているから世話してやるんだという観点からだったらまずいんだろうけれども、やっぱり理解してもらうということが、一番大事でないだろうか。アイヌの立場を理解して、かつては侵略したんだと。いわゆる人権という言葉で今言ってるけれど、アイヌの権利を認めるというのが根本になるんでないだろうか。そういう輪が広がっていくことによって、国も考えるだろうし、いわゆるシャモが本当のシサム（隣人）になってアイヌと一緒に北海道に生活していくという基本もやっぱりそこまでもっていかんければね。親がそうだったから、今の子供も同じ考え方が抜け切らないんですよ。アイヌに対する目だとか。このあたりのシャモの子弟だって、まだ心のどこかにやっぱり優越感もって、アイヌに対する差別意識を持っている。

一つの例として、よく言われているんだけれども、新冠《にいかっぷ》で、交通事故かなんかで孫が死にかかって、緊急の輸血が必要なのでね、（アイヌの）青年が血を提供したらしいんだよ。ま、それで、助かったのは助かったらしいけれども、そのおばあちゃんがうちの孫にアイヌの血が入ったってこぼしていたという。そういうのがシャモの意識なんだよ。だから結婚する場合でもやっぱり、例えばシャモの娘とアイヌの青年が結婚するといっても、親戚が反対叫ぶからといって、式もしてやれないんだ。二風谷でお祝いしたけれども、親戚一人も来ないんだよ。親に言わしたら、俺はいいけれども、親戚が嫌がるから。うちの婆ちゃん（しづ夫人）が怒っているんだけれども、ここでシャモの炭焼きで、アイヌの所に婿に入っていついたのがいるんだよ。その親戚のものが、婆さんが死んで、やっとアイヌと縁切れたと思ったら、またアイヌの親戚できたってこぼしていたという話聞いたことある。三〇代でまだそういう意識なんだから、今だに。恐ろしいことなんだよ。私やっぱり、面白くないと思うのは、二風谷墓地にいっぱい墓石作っているんだけど、シャモの法名しか書いていないんだよ。アイヌの先祖のことは墓石に載せていないんだよ。今だにまだそうなんだよ。三〇代、四〇代のアイヌが。それが私にすれば歯がゆいんだね。

——差別撤廃はもとより、自然を乱開発から守っていかなくてはなりませんね。

シャモだって、田舎の人が書いたものを見たら、周囲の自然を守るということに基本を置いているんだろうし、自然を残さなければならんということに気づいてきていると思うんだよ。それを一つの国民の運動として広めていくことが大事だろうし、アイヌだけが自然を大事にするんでなくね、シャモと共通認識の中に立って、自然を守っていくということ。やっぱり、力を合わせてやっていくということが大事でないだろうか。差し当たって、誰でもできる、ナショナルトラストという運動があるでしょ。どうやってやろうかということは、まだ具体的に決まってないんだけど、呼びかけてね、少なくとも一〇〇万単位のトラスト運動やったらどうだろうとは言ってるんだよね。少しでも山を買って永久保存していくという、それだったらできるからね。だから今度買った山も、子供三人いるから、三人の共同名義にして、二〇〇年間伐採禁止するって、遺言に書くといったら、うちの婆ちゃん怒ってたんだけど。そういう形で法人化してしまえばね、誰も手つけられないものができると思う。それが最も手のつけやすい自然保護なんだよ。自分の山がそこにあると言ったら、一〇〇万出せば、北海道でなんぼ買える? 一町歩の山持ってるといったらやっぱり、見てくるのも楽しみですよ。できたら、共通の運動として、シャモとアイヌと一緒になってそういう運動を展開していけば、一番北海道のためにはなるんでないだろうか。私が健康でさえあれば、あの「オホーツクの村」に行ってみたいし、昨日あなたが行かれた富良野《ふらの》の東大の演習林も視察に行きたい。

エピローグ――アイヌモシリを願って

――正さんが、ご健康になられたら、まず何をしてみたいですか？

無論、できたら反対運動ののろしを上げたいわけさ。スキー場やゴルフ場の反対運動になるだろうさ。沙流川を守るという、できたら、穂別《ほべつ》、鵡川《むかわ》、沙流川の水源(トマムのこと)に呼びかけて、組織作りしなければ駄目なんでないだろうか。それと沙流川の森を守るということだろうな。観光開発っていったって、変な建物たてたりね、お客さん来やしないよ、今時。むしろ、木を一〇〇年間残しておけばね、黙っていても、北海道の大自然に接したいという人が続々と来ると思うんだよ。だから町長と町会議員が勇気あればね、三井の山を買ってさ、一五億とかなんとか金入っているんだから。それで買って公有林として保護すべきなの。アベツから貫気別《ぬきべつ》へ抜けるこの裏通りさ、すばらしい森林地帯だから、いつか行ってみるべ。木は択伐されているけれど、残っているわ。もう死ぬの近くなったから焦ってきているんだけれども。本当にその運動だけはしたいな、町にその一五億でね。三井の山とか、この向かいとか、少なくても二風谷周辺ね。

(地図を見ながら)これ、入ってみるか、ここの川へ。これ保安林になっているからね、木がけっこうあるよ、集積面積は一〇〇町歩あると思うんだよ。一億で買えるんだよな。だから計算してみて、三井が木を金に換算するかどうかわからないけれども、六〇〇〇町歩あって、反五万で売ったら、三〇億か、あの一五億で半分買えるな。一〇〇年の将来のことを考える理事者がいればね。三井の山を全部公有林にしてね、しかもコタンの裏山全部だから一番いい場所だ。三井を仇にしてるわけでないけれど、本当に三井の社長に宛てた手紙どうしたんだろうね。

学校通っていたとき、山の木を焚いて生活したんだけれども、学校卒業して、働くようになってから飯食えたのは、全部山稼ぎ。こういう小沢あたりから、次々と木材の搬出があったでしょう。その仕事にずっとかかって、来る年も、来る年も、道路付けだとか、それから材木出しね。それでずうっとやったし、いよいよ仕事なくなったら、造林人夫で日高の奥地まで行ってきたこともある。二風谷の人のほとんどは、冬は山稼ぎ、夏は造林人夫で営林署の仕事に行っていたわけだ。

戦後になって、我々が引き揚げて帰ってきたら、何していいか分からないんだよ。その時たまたま、あそこの村上組の親父が山の売り物あるから、これから木工所の親方に世話しに行くんだと言って、うちへ寄った時、「棟梁ちょっと待ってくれ。俺にいい考えあるから」とストップかけて、そして山を買う交渉したわけなんだよ。当時畑もないし、結局炭焼き始めた。山を買ったその年の一〇月に火事になって家丸焼けになって、買った山を全部、直径一〇センチ以上の木を木工所にやることにして、建築材をわけてもらったわけ。そして家をみんなで建ててくれた。炭を焼いた後すぐ、開墾して、カボチャとかイモとか穀物を蒔いて、一家の生計をたててきた。そして炭を焼いた後の平地を畑に作っていく、食料を蒔く、傾斜地には落葉を植えた。その落葉が一五年くらいたって、売れるようになって建てたのが耕一の家だよ。そのころ炭坑丸太だからね、一五年もたてば売れたの。そんなことで、その時山で救われた、そういう一家の経緯がある。そんなやっぱり恩があるんだよ、山に対する恩が。山によって生活してきた、いわゆる畑そのものよりか山の生活だということ。狩猟民族が鹿も獲れない、鮭も獲れなくなったら、身近な出稼ぎはもう山しかない。戦後またそういうふうにして、山に助けられた。だから山に対しての恩返しはしなければ駄目だ。だから木植えて、木伐らないで、木植えて。それが段々エスカレートして沙流川全部の木を残そうなんて、大きな夢になる(笑)。だからまず、例のナショナルトラスト運動で、少しでも金集めて、逐次山買っていくということと、町に対して森林を公有林に替えていけという働きかけをしたいなと思っている。

一九九一年八月インタビュー、未発表

(北川大・写真家)

——貝澤正の世界

1989 年 9 月．自慢の愛馬に跨って．撮影＝矢崎龍雄

おのおのが信じた路

萱野　茂

貝澤正さんと私の歳の開きが一五歳もあったのと、仕事が全く違っていた関係上、正さんの青年時代のことはあまり覚えていません。最初の印象というと、昭和二七、八年頃であったと思いますが、部落会の会長になっていただきたいというお願いのために、五、六人の者で伺った時でしたか、玄関の右側に、木の札に「昼休みの時間は訪問お断り」というような意味の言葉が書かれていました。しばらく後でその木札の理由をお尋ねすると、「俺たちは朝早くから仕事をし、少しは昼寝をしないと体が持たない。それなのに昼休みならば家にいるであろうと用事を持って来られるのには一番困ってしまう。それでやむをえずあのようにした。それでも来る人は来たが、みんなに分かってもらって休めるようになった」と、話してくれました。

正さんと私は性格も違うし、片や北海道でも指折りの篤農家で、米を千俵も出荷するなど、アイヌ側から見ても尊敬できる方だけに、近寄り難い存在でもありました。私自身は造林人夫を振り出しに、やまご、彫刻、村人、特にアイヌから白い目で見られがちな観光アイヌを、登別温泉ユーカラの里で、昭和三六年から四二年までやっていました。ですから、正さんと私は、沙流川の右岸と左岸を、おのおのが信じた路を歩いていたという感じの二人でありました。

その二人を急接近させたのは私の実弟である貝澤末一で、当時、今もそうですが、観賞石というものが持てはやされ、石組合が結成されたさいに、正さんに組合長になってもらいました。それからは正さんという名を呼ぶ者は少なくなって会長と呼ぶようになり、その呼び名は亡くなるまで続きました。

やがて昭和四二年、石組合が主たる推薦母体となって、会長を町会議員に推そうと、若者が中心になって動き始めたのです。物事に動じない方でしたが、この時だけは本気で怒ったかに見えました。なぜかと言うと、本人は表に出ようとせずに常に村内をまとめ和を保つため努力し、貝澤善助さんや貝澤松太郎さんの選挙責任者でいらしたので、現職の貝澤松太郎さんがいるにもかかわらず出馬を要請したのですから、しかられたのも無理はありません。

私の家内と松太郎さんの夫人は実の姉妹、正さんと松太郎さんは従兄弟――、村を二分しての選挙戦は熾烈《しれつ》でしたが、一つの救いは松太郎さんは社会党、正さんはアイヌが推薦、幸いなことに二人揃って当選できたことでした。

私自身は夏の間だけ七年間を観光アイヌをやりながら飽きもせずにアイヌの民具蒐集に力を入れ、このまま観光地にいたら二風谷村の先行きは明るいものではないと思いました。足元の明るいうちに村へ帰ろうと思い、昭和四二年までで村から出るのを止め、四三年に正さんにお願いをして国道沿いに観光みやげ店を建ててもらいました。それが二風谷におけるみやげ物屋の草分けになり、現在も続いているのです。

みやげ物屋があっても見る物がないとお客は来てくれない。そこで私自身が買い集めた物を展示して見せる場所を、ということになって、二風谷アイヌ文化資料館構想が生まれたのです。そこで正さんに建設期成会長になっていただき、寄付集めに奔走し、私の日記によると二人で歩いた延べ日数は六〇日にもなっています。

建物が出来上がったのは昭和四六年一一月、一二月一三日に仮検定が終わり、近所のお年寄り方に来てもらって内輪だけでアイヌ風のお祝いをしました。全員で二〇人ぐらいでしたが、おしまいの方で皆で歌い踊ったその場で、正さんのお母さん・ぺかしぬれさんが急逝されたのは悲しいことでした。くずれるように倒れた母親をしっかりと両腕で受け止め、抱きかかえ座っておられたお姿は、今でも私の脳裏に焼きついてはなれません。

不遜《ふそん》な言い方かもしれませんが、長男が建てた建て物の中で、内輪だけとは言いながら、祝宴の席で愛する息子の腕の中で永久の眠りにつけたこと、つけさせたこと、母親であるぺかしぬれさんにとっては幸せであったかもしれません。

次の年、昭和四七年六月二二日、二風谷アイヌ文化資料館開館、初代館長貝澤正、副館長萱野茂になったわけです。昭和五七年までの一〇年間、館長として館の基礎を築き上げてくださり、平成三年夏には、工事中であった現在の二風谷アイヌ文化博物館の建物も見にいってくださいました。

現在の中国東北地方(旧満州)での生活体験を生かされ、北海道の家は耐寒性に欠けているといいながら、率先してブロック建ての住宅を建て、村人にその暖かさを教えてくれたものでした。自分の家ばかりでなく、平取町議会議員になっての初仕事は、平取町に利子補給をさせてアイヌの家の建て替えを推進させたことでした。その一翼をになったのはアイヌの建築屋カイケンこと貝澤輝一で、建てた軒数は平成四年までで五一軒ということです。上の数字はカイケンの仕事の分のみですが、この制度を利用したアイヌの家は平取町内で一〇〇軒近くになるでありましょう。

農協の理事の時代には、アイヌの土地が借金のために農協に取られそうになると、自分の山や畑を担保に入れて信金から金を借り、その金で何人もの土地を本人の手に取り戻させるなどなさったものです。

外国へ一緒に行ったのは三回、昭和五三年七月のアラスカ、昭和六二年六月のハワイ、平成元年五月のソビエトです。

ハワイへ行った時のこと、早く会議が終わったので、マーケットへ行き、夜飲むためのビールなどを買い、おいしそうなワインも買い物かごに入れてレジの所へ持っていきました。ところが、ワインの栓抜きはないとのこと、かごへ入れたのは私であったと思うが、それを元の棚へ戻すとき、二人同時にあーあ、もったいない、と顔を見合せたのを、昨日のように思い出します。

家へ帰ってその話をすると、二人とも本物の酒飲みではないね、引いて駄目なら押すものよ、なあーんだ、そうだったのかい……、二人で飲めなかったあのワインのことは、忘れることのできない思い出の一つです。

アイヌ語教室開設にも力を尽くされ、北海道庁からの補助金、平取町からの補助金の交渉に当たられ、アイヌ語教室運営委員長として、毎回必ず出席され、今日の基礎を作ってくださったのです。

限られた原稿用紙の升目の中へ、あれも入れたいこれも書きたいと気ばかりあせっても、さっぱりはかどりませんが、どうしても書いておきたいことは、遺言によるアイヌ風のお葬式のことです。

私自身の生き方の一つは、お年寄りと若者たちの中間に位置し、良き通訳であっても当事者であってはならない、ということです。なぜかというと、しゃべるのも、書くのも、彫刻をするのも、どれを取っても一通りはできるわけですが、万能選手にならずに若者たちの分を残しておこうと思っているからです。しかし自分の葬式をアイヌ風で行ってほしいと、最も尊敬していた大先輩が言い遺した言葉とあれば、それをやらなければ罰が当りそうに思うほどでした。

前々から耳打ちされていたことではありましたが、万が一に備えて原稿を用意するなどということはできるものではないし、それでは単なる作文に過ぎないでありましょう。ですから、亡くなられたという知らせが来てからは、書斎にこもり、ご遺体が自宅へ帰られた時に伝える火の神さまへ言う言葉、そして仏さまのまくら辺で言う言葉などを考えました。お葬式の日も、朝早くから時間の直前まで涙で目をかすませながら書いたのが、引導渡しの言葉です（本章末に全文掲載）。それが活字にされたことは、アイヌ文化史上、空前絶後のものであります。それも、想像ややらせではなく、実際に本人も信じ、家族も遺言で同意納得の上で引導渡しをしたのです。私にとっても大役でありました。

何か大切な決断が必要な時は、最終的な判断を仰ぎ事を進めて来た私にとっては、名実共に心の支えを失った気持ちでありました。

平成四年一月四日のこと、病院まで来てくれとの伝言なので、行ってみると、社会党推薦で全国区比例代表区候補となる話、本気で持ち込まれたら受けるようにとの指示でした。そのとき付け加えられた言葉は、「今まで誰かの口を通して国へもの申したが、アイヌの声を直接国へ届けることができるかもしれない」というものでした。

入院中でありながら、アイヌ民族の未来を考えておられる心に、頭の下がる思いがしたものです。二風谷ダム構築に二人で反対したのも、金銭的なことは一言も言わずに、アイヌ民族として日本人に一方的に奪われた諸々の権利の一端でもいいから取り戻すのが目的でした。

志半ばにして亡くなられましたが、ご長男の貝澤耕一さんがご遺志を継承されましたので、いい意味で貝澤正さんの心は生きるでありましょう。

いろいろなことで、正さんの懐刀的な存在は貝澤末一、私の実弟ですが、あまり多くの人には知られていません。このような場でこそ、お世話になってありがとうと、私の方からもお礼を言いたいと思います。

いうまでもありませんが、永い年月をウタリ協会会員のために働かれたその陰には、内助の功の最たる鏡、貝澤しづ奥さまがおられたればこそ……。

村の中での数々のご業績は、枚挙に遑《いとま》がありません。何はともあれ書き遺された原稿が多くのウタリの目に触れ、アイヌ民族の指針となることを信じ、かつ、願ってやまないものであります。

（萱野茂　アイヌ記念館館長）

ウタリ協会の活動を共にして

川奈野惣七

以前、私が北海道ウタリ協会平取支部の理事を務めていた頃のことです。当時、協会の日高支部連合会の会長だった貝澤正さんから、連合会の総会議長をやるように言われました。拙いながらもなんとか無事役目を果たし、総会終了後は桜並木で有名な静内の二十間道路に代議員一五〇名ほどで繰り出しました。二次会も終わった頃、正さんがやおら私に向かってこう言いました。

「川奈野さん、なんですか。木というものは伐るものではない、育てるものです」。

商売柄、間伐ばかりでなく皆伐もしている私は、本当に返事に困りました。そこで話をそらそうと、日高連合会の研修旅行として十勝の然別《しかりべつ》湖に行かないかと誘ったのです。すると「喜んで行く」とのことだったので、一緒に一泊旅行をしました。遊覧船に乗って湖のまわりの景色を見ていると、

「ああ川奈野さん、いいなぁこの辺りは。自然というものは本当にいいもんだ」。

その口ぶりからも本当に木を大切にする人だというのがよくわかりました。大先輩にもかかわらず、私らの誘いに気軽に応じ、「誘ってもらえてよかったよかった」と喜んでくれたこともありがたく思っています。

自然保護のことに限らず何事にも一生懸命な人でした。

ウタリ協会の活動に関わったことのある人ならおわかりでしょうが、この活動というのは金にもならない、

かえって持ち出しの多い仕事です。当然ながら家族に負担もかけます。まして本部の副理事長ともなれば、ご家族の苦労も大きかったのでしょうが、やるからにはきちんと会議にも出席し必要な時には言うべきことを言う、そう考えて行動されていたようです。

なにしろ今生きているみんなのために、あれだけがむしゃらに働いたのですから、悔いの無い人生を送られたように思います。おとなしいようで厳しい、立派な方でした。

（北海道ウタリ協会日高支部連合会理事、同協会平取支部支部長）

教えられた事ども

貝澤末一

正さんの事を知ったのは、古い話ですけども「十勝長葉」という当時の新品種の大豆が反当り五俵か五俵半とかで多収穫日本一という記事を新聞で読んだのが最初で、二風谷にもすばらしい人がいると思いました。正さん宅には、大勢の人たちが作柄を見に来たり堆肥の作り方を教わりに来ていた様子でした。

私も家畜商の仕事をするようになってからもよく出入りし、牛・馬・豚その他ずいぶん買わせていただきました。その頃「人間、大切な事は信用だ」とよく言われ、信用は無形の財産だと教えられました。若い頃の事でなかなか言われた事を実行できませんでしたが、いつもその言葉が頭からはなれません。その頃よく正さんの家のそばを通ると、家の前も畜舎の前も夏でも雑草一本生えておらず、よく働いていらっしゃるなと感心したものです。

時代の移り変わりは早く、造材山では昔は丸太を運んだ馬もブルドーザーに変わり、農作業も耕耘機やトラクターに変わって、私の仕事も庭石販売に変わりました。家庭を持ち、荷負《におい》で四年位過ごしてから二風谷に戻り、毎日石を売りながら生活しておりました。その頃、朝早く石積みをしている時に正さんがよく見えて、「昔は農作業に邪魔になった石が、今ではお金になる。世の中が平和になり、よい時代が来たものだ」とおっしゃっていました。

その頃、有名な旭川の神居古潭《かむいこたん》をたずねて行って見て驚きました。有名な油石は一個もなく、川石の泥をおとして石の色を見るための亀の子タワシがたくさん放ってありました。その事を正さんに話すと、「沙流川《さるがわ》もいずれ石がなくなるだろう、沙流川銘石保存のために「保存会」を作ろう」という事になり、正さんに会長になっていただき、会計は貝澤保さんに決まり、銘石会が中心になって、すばらしい新しい二風谷づくりが始まりました。その頃から仲間は正さんの事を「会長」と呼ぶようになりました。

話は戻りますが二五年位前に、元旦に貝澤保さんと私は春の町議選に「会長」さんに立候補していただこうと決めて、石仲間の先輩の貝澤進さんのところに相談に行くと、大変よい事だと喜ばれ、頼りにもなるカンカンの山奥の貝澤福市さんの家へ行ってその旨を伝え、私達の意見を時間をかけて説得したところ、「若い者たちがそれだけまじめに考えるのであれば、私も全面的に協力する」と約束してくださいました。石仲間をはじめ、木彫り仲間や町内の多くの方々のお世話もあって、正さんはめでたく当選されました。

初議会の一般質問での第一声は、町管理の通称「コタン道路」には砂利一粒も入れた事がない、これはどういう事かと町長にただしたことです。翌日、町議の中でも古い有力な方が私の家に来て、「あまり過激な発言をさせない方がいいよ」といわれたことを正さんに伝えると、「そういう事では二風谷が損をする」とおっしゃいました。

私たちが正さんにお願いした事は、子供たちの教育の問題でした。せめて子供たちが高校か大学を出ていれば、社会に出ても恥をかく事はない、まずは教育だと申したところ、「よしわかった、これからは残る人生をそれにかけよう」と言ってくださいました。

それから、二風谷の国道縁を一つの観光地とするプランにも着手され、土地の購入をはじめ自費で貸し店舗を作って下さり、皆喜んで、その店で商売をし、ずいぶんと助かりました。その後、山田町長とよく話し合いをし、農道橋をはじめコタン道路も全部舗装され、昔正さんが中心となって建てた手づくりの小学校も、町内一の立派な学校に変わりました。正さんと萱野茂さんと二人で、資料館、生活館をはじめ、平取町老人福祉センター(温泉)を、山田町長の協力を得て、町議各位の反対をおし切って二風谷地区に持ってこられ、二風谷の人たちは大変誇りに思いました。

「会長」は、「だれにもだまされた事がなく、保証しても迷惑をかけられた事がない」と口ぐせのようにおっしゃっていました。二風谷の人たちが平取町農協への借金のために土地を整理されることになり困っていると、農協の理事という立場から、町長の山田さんが議長だった当時、相談をされ、苫小牧《とまこまい》信用金庫平取支店より自分の家屋や裏山を全部担保にして金を借り、関係者の皆の土地を取り戻しました。その後、「会長」の一二〇〇俵に達するという北海道一の米の供出を記念して、部落を挙げてお祝いをしたものです。

正さんは、常に前を見る事を私達に教えてくれました。全道をはじめ数多くの若い人たちの人づくりを真剣に考え、実行され、すばらしい多くの立派なウタリの後輩が次々と育っていきました。

あと一五年は生きていてほしかったと、切に思うこの頃です。

(平取町二風谷在住、庭石販売業)

失ってはならない、コタンの自然

戸塚美波子

一九七〇年初頭、アイヌを取り巻く状況は混沌としていた。旧土人保護法の存在を巡って意見続出。若者たちの間から、ウタリ協会をやめて、アイヌ協会と名乗るべきだとの意見も出た。外では〝アイヌ民族解放〟を叫ぶシャモの運動家による一連の爆破事件。

このころ、我が家で呑気にテレビのニュースを見ていた私は、ある画面にクギ付けになった。機動隊と揉みあっている人々の顔は、まぎれもないアイヌウタリだったから——。

それは伊達《だて》の火力発電所の建設に反対する漁師たちの必死の姿だった。

〝海が汚される〟、汚れた海ではホタテもアワビもワカメもサカナも採れない、と。美しい海を守るための闘いをしているアイヌが、そこにはいた。シャモのアイヌにたいする偏見と差別にばかり憤っていた私の目を開かせた、大変な出来事だった。かつては私たちアウタリの大地だったこの北海道。

このころ、札幌に住み始めた私は少しずつ有珠《うす》に関わりはじめることになった。

札幌では、アイヌの若者たちが計画したミニコミ紙「アヌタリアイヌ」に参加させられ、この中での取材で、必然的に伊達火力発電所建設反対運動の人々の中へと入っていく事になった。貝澤正さんとは、その少し前からのお付き合いというか顔見知りであった。

一九七三年二月には「北海道アイヌ中国訪問団」の一人として、団長の貝澤さんと、行動を共にした。なにやかやとあったけれど、私にとっては、いい思い出になる旅だった。

その後、伊達火力は強行建設され、われらアウタリの漁師は、警察に逮捕されたり、散々な目にあった。その後も様々な出来事に遭遇し、理不尽なことに反対したり、ということに対しての国家権力の介入の仕方などには大いに疑問を持つこととなった。

この国では、生活していくための環境を守るという、基本的な闘いすらできないのか、と絶望感だけを味わった。皆が危惧した通り、伊達から有珠にかけての海は汚染された。

二風谷へは、当時、何度か訪れることがあり、浜育ちの私には、連なる山々が不思議な魅力となって目に映った。

数年後、弟子屈《てしかが》町の屈斜路《くっしゃろ》コタンに住む私は度々、マスコミを通じ、二風谷ダムのことを知ることになった。すぐに思い浮かんだのは、あの伊達火力の当時のことだった。

またもや、アウタリにかかわることかと思うと、辛くなった。事の重大さに気づきつつも、成りゆきを見守っていたとき、私の足元に火が付いた。このコタンのすぐ裏手に位置する丘陵地帯に、ゴルフ場建設の計画が持ち上がった。町役場も、全面的にバックアップするらしい。このコタンから一キロも離れていない場所、コタンのフチたちの山菜採りの宝庫であり、その昔はアイヌの大地——。

おまけに、国立公園内である。そこが、いまは畑だろうが牧草地だろうが、ゴルフ場を作って欲しくはなかった。

このコタンに住んで一二年、湖があって山があり、さらにここは、釧路川の上流で、川も流れている。古き良きコタンなのだ。その昔、弟子屈町の中心部に在ったコタンも、奥へ奥へと追いやられ、このコタンに集結したようなものだった。与えられた代替地も荒れ地がほとんどで、畑作には向かないような場所(ほとんどのアイヌは同様な目にあった)。このコタンの人々も、事情があって、土地を手放したりで、余裕のある所有をしていないのが現状なのだから。

当然、景観の良い土地も、国と道と町ぐるみの、パイロット事業の名目で、ただ同然で、酪農家たちの手にわたり、そこが、今回のゴルフ場建設の予定地となった。このコタンに住む女友だちと、最近ヘビが減ったね、虫も、カエルも……、なんか変だよね、ということから、これにゴルフ場ができたら、とんでもない事になる、山菜も採りにいけないし、山が山でなくなる、私たちの土地ではないけど、あのままにしておいて欲しいよね、子供たちのためにも――。という会話の結果、じゃ反対しよう、と決まり、女四人だけの「コタン山の緑と湖水を守る会」(名称を考えつくのに一年)をスタートさせた。二風谷のほうも、必要性のないダムを、なにがなんでも作りたい国側に対し、訴訟事件にまで発展――。私達は反対のための署名集めを開始。コタンの住民の八割の支持を得た。北海道自然保護協会の協力も得ることもでき、私の回りの友人たちの助力もあり、なんとか、反対運動なるものを進めた。

「あのコタンのバカな女たちが、とんでもないことを始めやがった」と、ある町議が私たちを中傷した。いろんなことが起き、様々な目にあったが、私達を支えたのはこの大地を守りたいという思いだけだった。

守る会がしんどい時に、病床にある貝澤さんが、私たちのことを心配して、署名を集めるように家族に指示してくださった、と知らされ、随分と勇気づけられました。ゴルフ場計画は止まりました。私達アウタリは、これ以上、失ってはいけないんですよね、貝澤さん――。

(弟子屈《てしかが》在住、詩人)

「北海道アイヌ」への弔辞

本多勝一

貝澤正さんの遺稿が岩波書店から刊行されることを心から喜ぶとともに、それに添えて下さるという拙文として何を書いたら多少とも故人を偲ぶよすがとなるかを考えた末、やはりその告別式——貝澤氏の盟友・萱野茂氏によってアイヌプリ（アイヌ民族の伝統的方法）で行なわれた葬儀——の当日における弔辞が最適と判断した。燃える心を秘めながら、しかし大地のようにものしずかだった貝澤翁《エカシ》。あらためて翁の遺稿集のためにこれをささげたい。

弔　辞

貝澤正さん、……というより、いつもあなたが自称していたように「北海道アイヌ」の正《ただし》エカシ、と呼びかけたいと思います。

正エカシと最初にお会いしたのは、数えてみれば今からちょうど二〇年前（一九七二年）、二風谷アイヌ文化資料館開館式の場でした。あのときの、民族の怒りと訴えとを代表するかのような切々たる開館の辞は、今なお耳に残っております。

そして正エカシと最後にお会いしたのは、ほんの二ヵ月半ほど前でした。前々からあなたがこだわりつづけていた三井の山林、二風谷コタンのすぐ裏を占領している広大な三井の山を、せめて地元のアイヌが生活に直接必要な面積くらい、もともとの所有者たるアイヌに返すべきだという主張を、なんとか全国民に公表して訴えるべく、入院中の苫小牧の病院に訪ねたときです。エカシの病状がおもわしくないことを御家族から聞いていましたので、万一の場合を気づかってのことでしたが、私の方にも理由がありました。定年による退職の日がせまっていたので、それが過ぎては書けなくなるのです。エカシが作成し、娘さんがワープロでうった三井の社長あての直訴状をまえに、病院の食堂でエカシの説明をお聞きしました。そのときのエカシは闘志満々、三井に対して表現はじゅんじゅんと説くかたちながら、相手の顔も立てつつ一歩もひかぬ決意にみなぎっていました。だれが何といおうと、ことの道理は一〇〇パーセントアイヌ民族の側にあります。世界中のいかなる民族をもなっとくさせずばおかぬ訴えです。

そして、エカシの写真入りのその記事が『朝日新聞』に掲載されたのは、去年の一一月二一日夕刊、まさに私の朝日新聞記者としての最後の日であり、最後の記事でありました。あなたにとっても、アイヌ民族復権の闘いにあけくれた生涯のなかで、これが最後の訴えとなったのです。あれからわずか二カ月余りで、このようにお別れの言葉を述べなければならなくなろうとは……。

残念です。言葉もありません。しかし正エカシよ。あなたの無念さは、私などのそれの何百倍、いやとてもそんな量で比較できるようなものではありますまい。シャクシャイン戦争にアイヌ軍が敗れて以来数百年、あなたの先祖たちが無念の生涯を重ねてきた末の、民族の怨念を晴らせぬままの、一個人の死を超えた口惜しさだったでしょう。

地球環境の危機が叫ばれている昨今ですが、地球上でもとりわけ恵まれた自然環境の日本列島は、かなしいことにその有り難さを理解できぬ民族の土建屋政治によって次々と破壊されてきました。とくにアイヌモシリたる北海道は、ごく最近まで環境が比較的保全されていたのですが、ここにもついに毒牙が及びはじめ、ことあろうにアイヌ民族の神話の聖地たる二風谷に無用のダム、単なる土建資本のカネモウケと汚職政治と癒着役人のためのダムがつくられつつあります。エカシがこれに正面から立ちはだかったのは全くの必然でしょう。

あなたが母なる大自然の、とくに山を愛しつづけ、守り、かつ育てようと孤軍奮闘していた姿は、本当に神々しいものがありました。あたかも大自然のカムイ（注1）たちが、あなたを使徒として地上につかわしたかと思われたほどです。

数年前のある日、あなたは自分の山へ私を案内して下さいました。上ヌキベツ（注2）にエカシが買ったばかりの山林です。エカシはつねづね、山は変な人工林にしないで、自然に生える木をそのままに育てれば、やがては昔のアイヌモシリ時代と同じような立派な姿を回復すると主張していました。この山林はその考えを実践するための舞台でもあったのです。

長靴姿で案内してまわりながら、育ちつつある一本一本を、エカシはわが子のようにいたわりつつ私に解説して下さいました。あと一〇〇年もすれば、ここはかつてアイヌ民族が自由に渉猟していた時代と同じように、うっそうたる大木でおおわれた美しい山になるだろう。そのころはむろん自分は生きてはいないが、子孫が志をついでいてくれさえすれば必ず実現するだろう。それを天国で見ている自分を想像するだけでも楽しい、と。

あのときの正エカシほどはればれとした笑顔を見たことがなく、私の脳裏からいつまでも消えません。おそらくあれは、さまざまな木々のカムイや沢のカムイたちの喜びと一体となった笑顔でもあったのでしょう。

今日、あなたはカムイモシリへの旅路につきます。おそらくあなたは、その途中で二風谷ダムの建設現場ものぞいてゆくでしょう。あなたは去年の三月八日、この環境破壊ダムを推進する元凶たる建設省で意見陳述したとき、ダムが完成したら自分も水没して湖底の人柱となる決意を表明し、民族の聖地破壊を阻止できなかった責任をとって先祖にわびると予告しました。あなたの早すぎる死は、この悲愴な決意の実行をはたさせませんでしたが、あるいはこれもアイヌの先祖たちのおぼしめしなのかもしれません。あなたの志は、あなたの遺言どおり、あなたの後継者たちがひきついでゆくでしょう。あなたによって蒙を啓《ひら》かれた私たちもまた、及ばずながら可能なかぎりの力をつくして恩返しをしたいと思います。

「北海道アイヌ」こと正エカシよ。どうせ遠からず私たちもあなたのあとを追うのです。そのときはまた、炉ばたでアペフチカムイ（炉端の神）ともども一パイやりながら語りあいましょう。それまでのほんのわずかな間のお別れです。

ありがとう、貝澤正さん。さようなら、北海道アイヌ！

（注1）カムイは「神」とはやや概念が異なり、神や悪魔も含めてもっと広く、精霊的な意味も。

（注2）アイヌ語を嫌う勢力によって、この地域は「旭」と改称された。

（一九九一年二月六日、北海道平取町二風谷での告別式で）

（ジャーナリスト）

非道

田中宏

貝澤正エカシが生涯をかけて闘われたのはアイヌ民族の復権であり、アイヌ民族が民族として誇りを回復することであった。二風谷ダム事件は、エカシ自身が本書の編集委員の一人である萱野茂さんとともに当事者となられて闘われた事件であり、エカシの一生を象徴する事件である（本書所収「私の想い」「北海道収用委員会における貝澤正の中立」を参照）。この事件の背後で進行しつつある驚くべき事実を明らかにし、日本国政府がアイヌ民族に対しどれほどの「非道」を行っているかを訴えたい。

日本が高度成長の真っ只中にあった一九六九年、苫小牧東部工業基地構想が持ち上がった。建設省（北海道開発局）や北海道開発庁は、この工業基地を世界最大の工業基地とする構想を描いた。そして、この工業基地に一日二五万トンの工業用水を供給することを目的として沙流川開発計画が策定され、沙流川上流に二つのダムの建設が予定された。その一つがアイヌ民族にとって聖地とも言われた二風谷である。二風谷ダム建設予定地にはチノミシリ（聖地とし人々が立ち入ってはならないところ）が三カ所もあったが、うち一カ所はダムサイトのため破壊され、一カ所は水没してしまった。そのうえ、収用される土地は、元来明治政府がアイヌから強制的に取り上げ、北海道旧土人保護法により「給与地」として与えられたものである。貝澤エカシの祖父母や父母、そしてエカシが給与地を耕作し、見事に水田や畑とすることに成功したのである。土地所有権の観念を持たないアイヌたちは、給与地の大半を再び和人に取り上げられたが、エカシたちは、アイヌ民族の土地を守り抜いてきたのである。

またアイヌ民族は、シペ(鮭)を主食とする文化を形成し、川を中心に伝統文化的行事を営んできた。ダムの完成は今後こうした伝統文化的行事の継続を困難にしてしまう。即ち、アイヌの伝統文化の破壊を意味する。貝澤エカシが萱野さんとともに収用に反対されたのは、至極当然のことであった。しかし、一九八九年二月三日、北海道収用委員会はお二人の声を無視して収用裁決を出した。

ところが、現在苫小牧東部工業基地は、分譲されたのが一七%余りで工業用水を使用する重工業の進出はなく、だだっ広い原野が続いている。苫東開発は完全に失敗した。推進者の道開発庁は、昨年一〇月、正式に開発基本計画を変更することを公表した。今や二風谷ダムは、目的を失ったダムと化している。しかし、国はダムの建設を強行している。

ところで、この二風谷ダムの工期は、一九九一年度で終了しているはずであるが、国は二〇〇四年まで工期の延長・予算の追加を計画中である。その建設費用は従来五四〇億円であったものが、九二〇億円に増加する。三八〇億円の増加である。さらに、これだけの時間と費用をかけて変更する中身は二風谷ダムの堤の高さ三一・五メートルを三二メートルにするというものである。この〇・五メートルの堤の高さを変更するために工期を一三年間、費用を三八〇億円かけるなどというのは、正気の沙汰とは思えない。にもかかわらず、国と道は、この事業の基本計画変更のプランを内部的に調整し、本年六月に開催の道議会でこの変更について同意を求める予定である(特定多目的ダム法第四条第四項は「建設大臣は基本計画を変更しようとする時は、都道府県知事の意見を聞かなければならない」と定め、都道府県知事は意見を述べようとする時は当該都道府県議会の議決を経なければならないと定めている)。建設省の出先機関である北海道開発局が道に同意を求めてきたのは、一九九一年一〇月のことである。

昨年七月の参議院選挙で、萱野さんがアイヌ民族を代表する者として日本社会党の比例代表区から立候補した。その選挙告示の第一日目に横路《よこみち》孝弘道知事と萱野さんは選挙カーの上でアイヌ民族の権利の復権等について力強く訴えた。その知事が、こともあろうに萱野さんや貝澤エカシらの願いを尽く打ち砕くような作業を密かに行っていたのである。この本が出版されるころ、おそらく道議会での結論が出ていると思う。与党の社会党は、この問題に対して、どう対処しようとしているのだろうか。

道は、二〇七一年(つまり、今から七八年後)には苫東基地の水需要が二五万トンに達する旨のシミュレーションを行っているが、机上の計算という他はない。北海道開発庁が、苫東基地の計画を変更しているにもかかわらず、どうして七八年後に一日当たり二五万トンの工業用水が必要になるのか。結局、この工事の変更は、大手建設会社に仕事をつけること以外に何の合理性も見いだせない。官民癒着の背後でアイヌ民族の聖地を破壊して憚らない和人の国家、アイヌ民族を裏切りながら集票の道具とした和人の政党、さらに、目的のないダムに巨額の税金を合法的につぎ込む和人の役人たち。これらを和人の「非道」と呼ばずして何と呼ぼうや。

(弁護士、二風谷ダム事件弁護団)

正さんから学んだこと

米田優子

二月九日、ご命日には数日遅れたが、正さんのお墓参りに行ってきた。伝統的なアイヌの風習に従えばお墓参りなどすべきではないのかもしれないが、なんだか無性にお会いしたくなったのだ。

墓地の麓まで行ってみると、前日のまたしてものドカ雪のせいで墓地に通じる門を開くことさえできない。「こんな無礼なことをする者もいないだろうなぁ」と心の中でお詫びしながら、膝までの長靴を履いたまま門によじ登り、そしてエイッと飛びおりた。

そこからは、もはや人の気配がかき消された別世界。キラキラ輝く新雪の上、あちこちにウサギのものらしい小さな足跡が飛び跳ねている。大きいのはきっとシカ、それにキツネ、そして矢印が続いているようなのはキジだろうか……。何度も振り返り、動物たちの無数の足跡の中に私自身の真新しい足跡が残されるのを確かめながら、一歩一歩山道を進んだ。山の上の墓地にたどり着くまで二〇分程の道のりの間、私は静かに正さんとお会いしてからの年月を想い起こしていた。

一〇年前、なにもわからない娘が突然二風谷に移り住んで萱野茂先生のお仕事のお手伝いを始めた時、正さんは地元の長老の一人として優しく迎えてくださった。萱野先生の私塾として始まったアイヌ語塾が、道の補助金が出ることを契機としてウタリ協会の事業に移行する過程では、表も裏もあらゆる事情をのみこんで行政とのパイプ役を務めてくださった。そしていよいよウタリ協会平取支部の事業としてのアイヌ語教室がスタートしてからは、自ら運営委員長として細やかな指導を重ねてこられた。運営委員会が開かれる前夜、私たち若いスタッフが作成した議案書の隅から隅まで目を通し、言葉足らずの箇所を優しく指摘してくださったものだ。

初めて正さんの書斎に入れていただいた時の驚きは今でも忘れない。膨大な書物の山と新聞のスクラップ。終生自然と人間とのかかわり方を真摯に問い続けたことに加え、あのごっつい風貌や木訥とした語り口などから、ややもすれば「自然派アイヌ」という側面のみがクローズアップされがちだが、私は正さんという方は近代的なインテリタイプのアイヌだったと思う。厳しい農作業の後でもわずかな睡眠を削ってまで読書されていたと聞く。アイヌ語教室での講義も様々な文献をきちんと読み込んだ学問的な内容だった。命の残り時間がほとんどなくなった頃の病院のベッドの上でさえ、正さんは両脇に文献を積み上げて資料を作成されていた。その姿は今でも私の目に焼き付いており、胸が熱くなる。

ご自身も語っておられるように、正さんは日常語としてのアイヌ語を獲得することができなかった。幼い頃からアイヌのウエペケレ(昔話)のかわりにイソップやグリム童話に親しんだという正さんは、二風谷きっての「エリート」として同化の道を選ぶこともできたに違いない。その正さんが、アイヌ民族運動の指導者へと進んで行く過程には、なによりも意識的な学習の蓄積があった。もちろん根底にはアイヌ民族としての誇りと、それがないがしろにされていることに対する激しい怒りがあったのだろうが、正さんは日常的な学習を自らに課すことにより、アイヌとしての自己を確立されていったように思う。現在、伝統的なアイヌ社会を体験できずに育った若い世代のアイヌが、どのようにして民族的アイデンティティーを獲得するかが問われているとの声を聞くことがあるが、正さんの歩まれた道はそういう点からも示唆にとんでいるように思われる。

亡くなる二カ月ほど前、その日に限ってお見舞い客も少なく正さんの体調もよかったため、私は二時間余りもゆっくりお話をするという幸運に恵まれた。そのほとんどすべてがアイヌ民族の将来と二風谷のこれからについてであり、当時のご容態を思えば信じられないくらい一語一語に気迫がこもっていた。本当に最後の最後まで正さんは指導者として生きておられたのだ。

しかしご自身の人生についてはこう言われた。

「つらいことなんか、なぁんにもなかったさ」

正さんの歴史を少しは知っている私にとって、それは思いがけないことばだったが、案外そうなのかもしれない。「おじさん、モテたもんねえ」と、美女に弱い正さんをからかった時も、私の手を握っていた指にギュッと力を込めて一言、

「うん、モテたな」

そしてニヤッと笑われた。私は、私の大好きな方の人生が本当に幸せに満ちたものだったことを確信し、それが嬉しくて思わず涙を流した。

一年経って、正さんのクワ（墓標）は驚くほど色が変わっていた。すっかりまわりの風景にとけ込んでしまった墓標に、お好きだったビールをかけながら、私も言ってみた。

「ほんとに、つらいことなんか、なぁんにもないよね」

すると

「そうさな。まっ、がんばろうや。優子ちゃん」

私を励ましてくださった時のあのことばが、あのハスキーな声のまま、頭のどこかで確かに響いて聞こえた。

（平取町二風谷アイヌ語教室講師）

イヨイタッコテアペサㇺタ*

(引導渡し　火の前で)

イレスカムイ
モシㇼコルチ
ヌペコㇿピㇳ
オリパㇰト゚ラ
ネワネコㇿカ
アパセケウト゚ㇺ
クコオンカミ
コイェト゚レンノ
ホㇱキクイェㇷ゚
エネオカヒ
タㇷ゚イキクㇽ
レコㇿカト゚
タパン　タダシ

火の神さま
国土を司る神
私は
遠慮しながらで
あるけれども
あなたの心に
そっとふれたいと
思います
最初に私が
言いたいことは
亡くなられた
このお方は
貝澤ただしという方で

ネルウェネヒネ
チホッパイタッ
ウネロックス
チェパパㇰノ
アイヌプリアニ
ネㇷ゚キアㇱクス
オト゚ケㇱトタ
コタヌンウタㇻ
コエト゚レンノ
アパネウタㇻ
ニㇱパウタㇻ
カッケマッウタㇻ
ウウェカㇻパヒネ

その遺言に
したがいまして
このように私どもは
出来うるかぎりの
アイヌの風習で
葬送の儀を
取りはこんで
いるのです
二風谷村の村人や
ご親戚の方
はるか遠い所からも
大勢の方々が
集って来られ

タパンペネノ
アコㇿヌペポ
コㇿイケスイ
イケスイカㇱ
チコイトㇺテシリ
ネルウェタパンナ

イタッㇷ゚リカ
ソモネヤッカ
タネアナッネ
アイヌイタッ
アイヌプリ
アパンテヒネ
シサㇺプリ
アエイカウヌ
ネヒアナッネ
コヨイラクニㇷ゚
ソモネコㇿカ
タㇷ゚イキニㇱパ

これこのように
ていねいに
いろいろな
準備を
進めて
いるのです

言葉のあやでは
ありませんが
今はもう
アイヌの言葉
アイヌの風習
うすめられ
和人の風習が
多いことを
忘れているわけでは
ないけれども
いま亡くなられた
この方が

ホッパイタッ
エペカクㇲタㇷ゚
クイェエニタンペ
アイヌイタッ
ソモネヤッカ
アパセケゥドㇺ
チコイタッカラシㇼ
タパンペネナ
チヤイコルㇱカワ

ウンコレヤン

コエドレンノ
イレスカムイ
ショロㇿワノ
チカㇱパオッテヒ
アエサンニヨワ
ウンコレヤン

このようにしてくれと
遺言をされた
それを守って
このように
私どもが
していますが
アイヌ語を
上手には言えないが
先ず最初に火の神であ
る
あなたに私は
お願いを申し上げます
そこで火の神から
亡くなられた
あのお方が
無事に
神の国へ
帰る道すじを
教えてほしい

アコㇿヌペポ
エタカスレ
エカㇱヌプㇽクㇽ
フチヌプㇽペ
エヤイセレマッイェ
アコㇿヌペポ
ネワシラン
セコラナッネ
シンリッコラヒネ
ウレコㇿカㇳ
オナエペカ
マㇰタエカシ
ウウェサナシネナ
オナエペカ
マㇰタフチ
レコㇿカㇳ
モヌンパノネナ
オナコㇿワ
レコㇿカㇳ

亡くなられた
このお方は
特別に
先祖のことを
誇りに思って
大切にされて
おられた
この方の
その先祖
そのお名前は
父の方の
古い祖父は
ウェサナシと
いう方です
父の方の
古い祖母
そのお名前は
モヌンパノと
いう人です

ヨジロウー　ネナ
ウヌコㇿワ
レコㇿカㇳ
ペカㇱヌレ
ネルウェタパンナ
ウテㇺコㇿサマ
イモカピㇼカㇷ゚
イモカトㇱカ
コエドレンノ
エヤイシンリッオㇿ
エコシレパ
カムイモシッタ
オドケㇱトタ
オレケㇱトタ
イクマラㇷ゚ト
イペマラㇷ゚ト
オシッチューノキワ
エヤイエカㇱオㇿ
エヤイフチオㇿ

父親の名を
ヨジローといい
母親の名前を
ペカㇱヌレ　と
いう方です
そのおそばへ
たくさんの
みやげを持って
先祖の所へ
行ったならば
神の国の
先祖たちは
何日も
何日も
飲みのうたげ
食事のうたげが
繰り広げられるで
ありましょう
そうすると

ウタペヤシㇼ
シラㇺイェレペ
ネナンコㇿナ
イセㇺラㇺセコㇿ
イレスカムイ
アコㇿサンニヨ
ウハイタㇷ゚
イサㇺナンコㇿ

エエパキタ
アタナンラㇺポ
ウウェセマナンラㇺポ
エペカクスタㇷ゚
イルラカムイ
イルラクワ
イタカンチキ
ロルンヌササン
ヌササンカシ
コパセピト

先祖たちは
よろこんで
迎え入れて
くれるでしょう
火の神の
考え方に
まちがいは
ないであろうが
よくよく教えて
やって下さい
そしてそれから
お互いを大切にする
そのために
送りの神
送りの墓標
といいましても
上座の祭壇に
祭壇の上に
鎮座する神

シランパカムイ
カムイウタㇼ
メトッソクㇽカ
イウォㇿソクㇽカ
コインネヤッカ
イキッドㇺタ
ラメトッオロケ
パウェトッオロケ
サクサドラ
チノサラマ
アエカㇻカㇻクニ
チクペニカムイ
カムイラメトッ
チノサラマ
アエカㇻカㇻキワ
エカㇱカㇻクワ
クワペンニシ
イレスカムイ
カムイイシロシ

立ち木の神
神の仲間の
多いなかで
そのなかでも
特別に
頼れる神
度胸から
雄弁から
その香りまで
信頼出来る
神のうちの神
エンジュの木の神
神の勇者に
お願いをし
私どもは
墓標を作った
墓標の先へ
火の神
そのしるしを

アイェヌイェカㇻ
クワパンニシ
フチシロシ
アエムイェカㇻ
ウタペヤシㇼ
チニスッカムイ
ピカンシㇼネ
アケヌペ
チヨイケウシ

コエドレンノ
エカシルウェサン
ルウェサンカシ
コパセカムイ
ワッカウㇱカムイ
カムイウタㇻパ
カムイエカシ
ヌプㇽケウドモㇿ
アヤイコメウェ

ぬってある
墓標の下へは
先祖のしるしの
ひもをまきつけ
本当にりっぱな
送りの神を
作りました
この墓標を
亡くなった方へ
さずけました
それとともに
沙流川の水
その流れに
鎮座する神
水の神さま
神の勇者の
その水の神
その霊力をも
頼りにして

ワッカウㇱカムイ
カムイミッポネ
アパセアレㇷ゚
ワッカウㇱカムイ
ヌプㇽサントペ
アウレㇱパペ
チニセワッカ
イタカンヤッカ
カムイカッケマッ
ワッカウㇱカムイ
ウコㇿイルラ
コエタㇺケノ
イレスカムイ
アカムイドンチマッ
インネワシラン
イキッドムタ
パワシヌオッタ
ラメトッオッタ
チノサラマㇷ゚

神の国へ
仏を送る

そのために

水の神をも

頼みました

水の神さま

それと一緒に
火の神の
召使いが
大勢いる
そのなかで
雄弁も
度胸も
かねそなえた

イルラノピト
イルラレヤン

アケヌヌペ
クワペンニシ
コテケユㇷ゚
クワペンノッ
クワテンポッ
コウレユㇷ゚
エカㇱカㇻトイル
トイルクㇽカ
コヤイドナㇱカ
キノクニタㇷ゚ネ
イレスカムイ
コㇿプンキ
コㇿサンニヨ
タパンペタㇷ゚ネ
オリパㇰドラ
ネワネヤッカ

送りの神々が
送ったならば

神の国へ帰るために
墓標の先を
手でにぎって
足を踏み締め
墓標の神に
みちびかれて
神の国への
道すじを
まちがいなく
行けることを
火の神からも
聞かせて
ほしい
これらのことを
遠慮とともにで
あるけれども

アパセケウドㇺ
コラㇺシㇰヌ
クキルウェネ

エアシㇼ
イレンカサッペ
クネクスタㇷ゚ネ
ドイタックㇽカ
レイタックㇽカ
クコハイタレ
クキアヤッカ
ケライノピト
ケライノカムイ
アネロックス
アオゥペカレ
アコㇿプンキ
ピㇼカヒケ
アンクニタㇷ゚ネ
コヨイチパチパ

神である
火の神へ
私の方から
お願いを申し上げる
本当に
いたらない者
私なので
二つの言葉
三つの言い方
まちがえたかも
知れないけれども
それらのことを
神である
あなたの方で
それをなおされ

火の神が
守って下さることを
心から期待とともに

クキㇷ゚ネナ
アコㇿヌペポ
ケライウタㇻパ
ケライニシパ
ウネロㇽクス
シキルオカタ
シヨカイエヤㇻ
コイサㇺクニ
イレスカムイ

お願いを
申し上げます
亡くなられた方が
立派な方で
立派な男で
あっただけに
先祖の国へ
帰ったあとで
いやなうわさが
立たないように

シヨロㇿワノ
ピㇼカノネシ
チカㇱパオッテヒ
タパンペクイエコㇿ
コンカミナー
イレスカムイ
モシㇼコルチ

火の神からも
よくよく聞かせて
ほしいのです
それらのことを
お願いして
火の神への
願いの言葉を
終らせます
私は礼拝いたします

イヨイタㇰコテポネサㇺタ**

（引導渡し　霊前で）

ククㇿクユポ
ククㇿヌペポ
タネアナッネ
カムイカㇻシリカ
カムイカㇻナンカ
アコㇿワクㇲタㇷ゚
アイヌイェイタッ
アプイドマレㇷ゚
アコヌコウェン
ネヒアナッネ
コヨイラクニㇷ゚
ソモネコㇿカ
チホッパイタッ

私の兄上よ
仏さまよ
いますでに
神の体
神の顔を
あなたは持たれ
人間の言う言葉
お聞きになるのを
いやだと思う
そのことを
忘れたものでは
ないけれども
あなたの遺言

エペカクㇲタㇷ゚
タパンペネノ
チェパパㇰノ
アイヌプリアニ
ネㇷ゚キアㇱシリ
ネルウェタパンナ

イセㇺラㇺセコㇿ
イレスカムイ
モシㇼコルチ
ウピㇼカイェㇷ゚
タパンペパテッ
コアンラマッテ

それを守った私どもは
これこのように
出来うるかぎりの
アイヌの風習で
私どもは葬送の儀を
執り行なっているので
す
いつものことで
火の神さま
国土を司《つかさど》る神
その神さまの
そのお言葉を
聞いておられる

アキワシラン
タタィヨㇿタ
イレンカサッペ
クネコㇿカ
アパセケゥドㇺ
エコイタッカㇻ
クキヒマシキン
イドカリケ
コシケラナ
ウアッテクニㇷ゚
クネワシラン
セコラナッカ
チエヌムシ
アエネカㇻカㇻ
オリパㇰドラ
チカㇱパオッテ
チパドパレ
クエカㇻカㇻナ
チコイコカヌワ

ことであろうが
そこで私は
言葉の下手な者
ではあるけれど
仏であるあなたに
お話を
するについては
あなたのそば近くへ
遠慮しながら
目をふせて
ものを言いたい
これこのことも
あなたの遺言に
したがって
私があなたに
引導渡しの
大切な言葉を
贈るのです
耳をかたむけ

ウンコレヤン
エアシㇼカ
イタップリカ
ソモネコㇿカ
ペゥレアンヒワノ
アイヌモシㇼ
イタカナッカ

シシㇼムカ
チコㇿピラドㇽ
チコㇿニㇷ゚タニ
コタンエウンアイヌ
アウタリウタㇻ
エネネヤッネ
イペネヤッカ
イミネヤッカ
チセドラノ
ポㇷ゚ケオカ
ラッチオカ

お聞き下さい
本当に
ことばのあやでは
ありませんが
若い時から
青年時代から
私どもアイヌ民族のこ
と
沙流川のこと
平取のこと
二風谷村のこと
そこに住むアイヌが
その村人たちが
どのようにしたら
食べることも
着ることも
家もともに
あたたかく
幸せに暮らすことが

エアㇱカイクニ
コラㇺシㇰヌ
アキクスケライ
タネアナッネ
アウタリウタㇻ
アコㇿサンニヨ
エペカクㇲケライ
ポㇷ゚ケチセオッタ
イミノパシリ
イペノパシリ
アヌカㇻルウェ
ネルウェタパン
パテッソモネ
アイヌイタッ
カムイカㇻイタッ
エネネヤッネ
オドサスイシリ
オレサスイシリ
オオマクニ

出来るだろうか
その事に力をそそがれ
そのお陰で
今はもう私どもの
その仲間たち
昔にくらべると
夢のような
あたたかい家に住み
いい物を着て
いい物を食べ
それをあなたは心から
よろこんでくださった
そればかりではなく
アイヌの言葉
神が作った言葉を
どうしたならば
後の世まで
生きた言葉として
受け継ぐことが

アエサンニヨ
クスケライポ

タパンニㇷ゚タニ
コエドレンノ
ハンケドイマ
アンコタンタ
アイヌイタッ
イタッラマチ
シシピパワ
アウタリウタㇻ
アイヌイタッ
エラマンパ
エカㇱカㇻイタッ
カムイカㇻイタッ
イタッラマチ
ラマッコㇿパワ
アㇷ゚カㇱナンコㇿ
タパンシリキカ

出来るだろうか
その事に気くばりされ
て
この二風谷
ここばかりではなく
遠い村や
近くの村で
アイヌの言葉を
教えられる
場所を作られ
アイヌたちが
アイヌ語を
おぼえるために
努力している
先祖の言葉
アイヌの言葉が
たましいをもって
歩けるように
なりつつあります

アコㇿイラウェ
クスケライポ
アンペネヒ
イラㇺクイェㇷ゚
ネルウェタパンナ
パテッソモネ
アイヌコㇿペ
アイヌエイワンケㇷ゚
エネネヤㇰネ
アポホウタㇻ
アミッポホウタㇻ
ネイタパㇰノ
ヌカㇻパヒネ
エチャヌㇷ゚コㇿヒ
アエサンニヨ
クスケライポ
アアシロッペ
イコロオドンプ
イコㇿオケンル

これこのことも
あなたの力に
よるもので私は
心からお礼を
述べます
そればかりではなく
アイヌの民具
生活用具が
どうしたら
子供たちや
孫たちが
後の世にも
それを見て
勉強出来るか
その事にも
心をくばられ
計画したのが
二風谷の
アイヌ文化資料館で

ネルウェネアワ
タㇷ゚ウフナッ
イコロオケンル
ヤイェアㇱリカㇻ
アラスイネポカ
アヌカㇻルウェ
ネアコㇿカ
アシㇼケンル
ケンルノミオッタ
ドマㇱヌドママ
アコㇿカネワ
イペマラㇷ゚ト
イクマラㇷ゚ト
アキクニカ
コヨイチパチパ
クキロカワ
ネワアンペカ
ラヨチシンネ
ウコヘチャカワ

ありました
その資料館が
ついこのごろ
博物館として新築され
一回ばかりも
足をはこばれ
よろこんで下さったが
博物館の
落成式には
元気になられ
お祝いの日には
おいしい酒を
一緒に飲むと
思っていたのに
そのことも
今になっては
残念ながら
虹のように
消えてしまい

イサㇺルウェネ
シンリッオカタ
ネイタパㇰノ
ニサㇱヌドマㇺ
アコㇿワネヤッ
オナチェヨッネ

コタンドンドネ
アナナンクニ
クラムロッアワ

ネㇷ゚ウェンカムイ
コロイケシケ
シロシマキワ
アパネウタㇻ
コㇿイカフイェ
コエドレン
タネアナッネ

これこのことも
悲しいことです
年寄りの少ない中で
いつまでも
元気な体で
おってくれれば
私から見ると父親のよう
に
村のはしらと
仰ぎ見ると
私は思って
いたけれども
どんなまものが
いたのだろうか
それに魅《み》入られ
ご親戚の
手厚い看護
それとともに
いま現在は

クスリドラ
アエニシテㇷ゚
イサ　ニㇱパ
コㇿイカフイェカ
アナコㇿカ
タパンペネノ
カムイカㇻシㇼカ
アコㇿルウェネ
タンペアナッネ
マッアイェヤ
アナッキコㇿカ
ウヌペカタ
イラㇺトイネレ
ハンケオカウタㇻ
ドイマオカニㇱパ
カムイドラノ
カッケマクタㇻ
メアンヒタ
カムイエドレン

薬とともに神と同じに
頼りになる
お医者さまの
手当《てあて》もむなしく
このように
なってしまい
神の作った顔になられ
これこのことは
あきらめるより
仕方がないこと
ではあるけれど
悲しみのなかへ
ありがたいことに
近くの人たち
遠くの方々
神とともに
寒いなかを
弔問にこられ

チェㇷ゚リウェン
チョマノカト゚
ラモッシワノ
アエヤイライケㇷ゚
ネルウェタパン
タネアナッネ
カムイカㇻシㇼカ
アコㇿワクㇲタㇷ゚
アラメト゚ライヌㇷ゚
アシケト゚ライヌㇷ゚
イサマナンコㇿ

ネヒオロタ
マㇰタエカシ
ウレコㇿカト゚
エネオカヒ
ウウェサナシネナ
マㇰタフチ
ウレコㇿカト゚

なぐさめて
くださったことに
こころから
感謝の気持ちを
持つものです
今はもう
神の姿を
お持ちになられ
見えないもの
知らないものは
ないであろうと
思うものです
古い方の
先祖の祖父
そのお名前は
ウウェサナシと
いう方ですよ
先祖の祖母
そのお名前は

エネオカヒ
モヌンパノネナ
オナアコㇿワ
ウレコㇿカト゚
ヨジロウー　ネワ
ウヌアコㇿワ
ウレコㇿカト゚
ペカㇱヌレ
ウネルウェネ
タㇷ゚クイェロッ
シンリッウタㇻ
テㇺコㇿカシ
アヤイト゚ナㇱカㇷ゚
ネルウェタパンナ

ウシンリップリ
ウネロックス
イルラクワ
イルラピト

モヌンパノと
いう方です
あなたの父
そのお名前を
ヨジローと
いうお方です
母のお名前は
ペカㇱヌレと
いう方です
今私が言った
先祖たち
そのおそばへ
ただいまから
出発されますが

先祖の風習で
ありますので
送りの墓標
送りの神

イタカナッカ
キムンイウォㇿソ
イウォㇿソカシ
シランパカムイ
ウインネヤッカ
イキッドムタ
パウェトッオㇿケ
ラメトッオㇿケ
サクサドラ
チノサラマ
チクペニカムイ
チニスッカムイ
ピカンコラチ
エカㇱカㇻクワ
チテケカㇻナ
コエドレンノ
イルラワッカ
ワッカウㇱカムイ
クワテッサモㇿケ

と、いいましても
広い山の
山ふところに
立ち木の神
数多いなかに

雄弁も
度胸も
そのにおいまで
兼ね備えた
エンジュの木の神
それで作った
送りの墓標
先祖の墓標を
私どもは作りました
それと併《あわ》せて
送りの水を
水の神さまも
墓標のそばを

コプンキネナ
タパンネㇷ゚キ
タポピッタ
テエタオイナ
オイナカムイ
オキクㇽミカムイ
テッルコチ
アコイカㇻペ
ネルウェタパン

クワペンニシ
コテッユㇷ゚ㇷ゚
クワパンニシ
クワテンポッ
コウレユㇷ゚
イモカトシカ
エセカネワ
エコㇿシンリッ
エコシレパㇷ゚

守っています
これら葬送の儀式
これらすべてが
私どもアイヌに
生活文化を教えた神
オキクㇽミという神
その教えに
したがいました
すべてのことが
神の責任になっている
墓標の先端を
手でにぎられ
墓標の神
その先導で
神の国へ
たくさんの
みやげを持って
先祖の所へ
無事に着くことが

ネルウェタパンナ　出来るのです
ケライニㇱパ　立派な方
ケライウタㇻパ　立派な男が
アネヤクス　あなたですので
アヌエウェンペ　聞きづらいもの
シヨカイェヤラ　化けて出たとかと
ネロッアナ　言うことです
ポアコㇿア　子供がいた
ミッポアコㇿア　孫がいた
ネワアンヤイヌ　それらのことを
ソモアコㇿノ　考えずに
アヤイホタシシ　ただひたすら
エシキㇽㇷ゚　神の国へ

ネルウェタパンナ　お急ぎ下さい
テエタウタㇻネノ　昔の人のように
ニㇱパネノ　偉《えら》い人のように
アイヌイタッ　アイヌ語を
クイェエニタンペ　上手には
ソモネコㇿカ　言えなかったが
チホッパイタッ　遺言に
エペカクㇲタㇷ゚　したがいまして
チカシパオッテㇷ゚　引導渡しの言葉を
ネルウェネナ　私は言いました
クコㇿニㇱパポ　兄上よ、さようなら
コンカミナー　私は礼拝をいたします

＊＊＊　この言葉は、一九九二年二月六日、萱野茂氏が故貝澤正氏の引導渡しの際に用いたものをそのまま掲載しました。なお、「イヨイタッコテアペサㇺタ」の日本語訳は川上勇治氏が代読し、「イヨイタッコテポネサㇺタ」の日本語訳は貝澤輝一氏が代読しました。

〈解　説〉

痛切にして繊細な知性の人

姫田忠義

本書は、一九九二年二月三日、七九歳でこの世を去られたアイヌのエカシ（長老）貝澤正《ただし》氏の遺稿集である。

五章から成り、それに正氏を敬愛する人びとの追慕の文と正氏の年譜が付されている。

人は誰でもそうであろうが、世のなかには、特にそこにその人がいるだけで家族や同胞、さらにその外につながる多くの人びとへの大きい励ましになる、というような人がいる。その人の存在そのものが、光であり、生きているものへの励ましである、という存在である。

貝澤正という人は、まさにそういう人であった。

自然の摂理とはいえ、その人をこの世から失ったことの寂しさ。

いまはただ、正エカシの御冥福を祈りつつ、この遺稿集の完成に励まねばならない。

人の死に関して、私がアイヌの友人から教えられ、深く感銘していることがある。それは、死という言葉である。

アイヌの言葉、アイヌ語には、老人が死ぬ、あるいは死んだ場合に、ライ(=)死という表現をせずに、オンネ(歳をとる)、あるいはオンネレ(歳をとらせた)と言う。人がこの世にあるとき、年々歳をとるのと同じように、その人は歳をとったのだ、というのである。萱野茂さんの教えである。

萱野さんは、正さんと同じ北海道沙流《さる》郡平取《びらとり》町二風谷《にぶたに》で生れ、育ち、暮しておられるアイヌである。

はじめてこの言葉を聞いたとき、私は強い衝撃を受けた。

そこには、生者と死者、生と死の境はない。あえて言えば、生と死の境を超えた生命の持続を想いえがき、信じて生きてきたアイヌの生命観が凝縮している、と私は思った。そして私自身の父母のことを想った。わが父母は、いまはこの世に亡い。けれど私の胸の奥にいまも生きている。肉体の死は、生命の消滅ではない。生命は持続し、存在しつづける。

このアイヌの知恵、思想を手がかりに、私は思い直す。そしてこう言いたい。本書は、ただ単なる一人のアイヌ・エカシへの追憶の書ではない。いまも私たちの胸のなかに生きつづけている一人のアイヌ・エカシの生命《いのち》の証《あか》しの書である、と。


貝澤正さんは、文字による記述をこととする文筆業の人ではなかった。

大地を耕し、家畜を飼い、森林を育てる人、農民であった。大地を耕し、動物を養い、森林を育てるものに虚飾の言はない。大地、動物、森林に、そんなものは通用しないからである。

ありし日の正さんに直接接した人たちは異口同音に言う。正さんの話しぶりは、吶々《とつとつ》としていた。正さんの人柄をよくあらわしているこの吶々とした話しぶりは、いったい何に起因しているのだろう。私には、それは正さんが何よりもまず大地を耕し、動物を養い、森林を育てることを生活の基本として生きた人であったことを挙げたい。そしてそのことは、本書の正さんの著述の随所にあらわれている。

本来ならば、その随所の著述部分をここに引用し、本書をひもといてくださる人への手引きとするのが、本書の解説を受け持つ私の義務であり、読者への親切であるかもしれない。が、私はこう思い、願うが故に、あえてそういう引用をしないでおきたい。

——どうぞ皆さん、直接正さんの著述そのものからそれを読みとり、感じとっていただきたい。部分的な引用は、私の手前勝手な行為となり、何よりもそれは正さんの著述、言いかえると言葉の世界を穢《けが》し、冒瀆《ぼうとく》し、正さんに非常な非礼を冒すことになると思いますから。

人間の言葉、それをアイヌはアイヌ・イタㇰと言う。アイヌとはアイヌ語で人間、イタㇰは言葉。はじめてこの言葉を教えられたとき、シャモ(アイヌ語で隣人、また和人のこと)である私は、とっさに東北地方のイタコさんを頭に想い浮べた。死者の口寄せをするイタコさんのことである。そしてまた言霊《ことだま》という言葉も想い浮べた。言葉そのものに霊がある、魂が宿っているというものである。

正さんの言葉の世界を冒瀆することになり、非礼を冒すことになると私が言ったのは、言葉のもつそういう力を私なりに受けとめてのことなのだが、それを踏まえて、さて本書はいったいどういう書物なのかと問い直されたら、私は即座に「これは、アイヌのエカシ貝澤正氏のイタㇰの書である」と言いたい。あるいはもっと短く「これは、アイヌ・イタㇰの書である」。

正さんの著述は、文字、日本語で書かれている。が、本書をひもといていただければ即座に第一頁からおわかりいただけるように、日本語の文字で書かれてはいるが、これはまぎれもないアイヌの心の表現であり、アイヌの心の表現という意味でのアイヌ・イタㇰの書である。

そのアイヌ・イタㇰ、貝澤正さんのイタㇰが、何を言おうとしているか。

自分自身の生きてきた足取り、自分の血脈、自分の属するアイヌ民族の歴史と置かれている状況。

それらが、第一章から第五章へ、ときには反覆、逆流の渦を伴ないながら流れる一筋の大河の様相を呈しつつ語られている。しかもその大河に鋭く強い光を放たしめているものがある。

それは、アイヌへの抑圧者である歴史を持ち、いまなおそのことへの反省をなおざりにしているばかりでなく、さらに新たなアイヌ無視、アイヌ抑圧を重ねているシャモへの痛烈な告発である。

そしてそれは、第一章冒頭の著述「夕暮」にすでにあらわれている。

本書は、抑圧者シャモへのアイヌからの告発の書、シャモ告発のアイヌ・イタㇰの書である。

本書の刊行は、正さんがこの世を去られたのち、御家族たちの強い願いを発端として生れたものである。そしてその御家族たちの願いは、正さんがこの世に残された著述、私なりに言えばイタㇰを、せめて数冊の書物にでもまとめてエカシの記念としたい、ということであった。

そういう御家族たちの初心には、これをシャモ告発の書にしたいという気持ちはほとんどふくまれてはいなかった。

また、御家族からの相談を受け、本書を編むことに力を尽してくださった編集委員、ならびに出版を引受けて下さった岩波書店にとっても、それは本書の主たる目的ではなかった、と理解している。

むしろ本書の目的は、一人のアイヌ貝澤正さんの著述や対談を通じて、本書第五章の表題「大地に立つ」にあらわれているように、しっかりと大地に立って生きたアイヌ、人間の、その生き方の大事さ、貴さを、世の多くの人に知ってもらいたいということであった。

にもかかわらず、私があえてこれをシャモ告発の書、告発のアイヌ・イタㇰの書と言ったのは、そのしっかりと大地に立って生きるということとシャモ告発ということがアイヌ貝澤正さんにとっては決して切り離されてあるものではなく、一体化したものだということを、正さんの著述や対談自体から痛切に読みとれると思うからである。

その一体化したものを言わんがため、私はまず正さんは大地を耕し、動物を養い、森林を育てることを生活の基本とした人だと言った。そしてそういう大地に立って生きる人間、アイヌの生活基盤を根底からくつがえし奪った歴史をシャモが持っており、いまなおそれをシャモは止めない、だからおれは告発するのだと正さんは言っている、と思うのである。

もしも正さんがこの世におられ、本書の刊行に立ち合っておられたら、もちろん御自分で序文を書き、刊行の目的がどこにあるかを改めて記されるであろう。が、いまとなってはそれは所詮かなわぬ夢である。


夢を見たついでに、ひとつ記しておきたい。それは、正さんの笑顔のことである。

正さんは、笑顔の美しい人であった。一九七〇年一月、はじめて正さんにお会いしたとき、私の眼底にはっきりと焼きつき、以来お会いするたびに変ることがなかった。

はじめてお会いしたとき、私はある林業雑誌の取材記事を受け持っていた。そして森林や田畑や家畜に接する正さんの姿を見、話を聞かせていただいたのだが、話は御自身の生い立ちから少年期、青年期へと尽きることがなかった。吶々とした口調の、しかも厳しい人生の歩みの話であった。そして笑顔が絶えなかった。剛毅な男性そのもののお顔に似ぬ常に恥じらいを帯びた笑顔であった。人柄の優しさが、そこにありありとうかがえた。

本書を編む編集委員の一人として正さんの著述に改めて目を通させていただきながら、私の脳裏には絶えずその笑顔があった。そして厳しい人生を歩みながら、しかも笑顔を絶やさなかった正さんの人柄の大きさを改めて思ったことであった。

今年の四月、二風谷を訪ね、しづ夫人にお会いしたとき、夫人が言われた。

——兄弟思いだったし、誰にでも親切だったし、ほんとにしあわせな人だわ。人間がおおらかで、楽天的でね。

また、こうも言われた。

——経済力がないと人に馬鹿にされると言って、基盤つくりにいっしょうけんめいだった。

——いったん口に出したことは必ずやった。信用を大事にした人だね。

そして話が正さんが亡くなる前年秋から亡くなる二月に及んだとき、こんなことを話してくださった。

秋一一月、前の年に発見された直腸ポリープ治療のため、苫小牧の王子病院に三度目の入院をしなければならなくなったが、「紅葉を見てから」と入院をのばし、正月、「山に枯れたミズナラが三本ある。妹に薪にしてやりたい」と弟に頼み、「あー、すっきりした」と喜んだ。「とにかく山、木というとちがっていた人だったね」。そして一月、わずか三日間の帰宅ができたが、一晩目は熱もなく痛みもなく、二日目も熱、痛みがなく、「ダムを見たい」と言い、萱野茂さんと二人だけで反対している二風谷ダム建設現場に連れて行ってもらい、山には行きたがったが遂に行けなかった。そして三日目、「帰る」と言って病院に帰り、二〇日もしないで亡くなった。

正さんのあの笑顔が、直腸ポリープの猛威のもと急速に消えて行ったようすが偲ばれ、しづ夫人の前で私は言葉を失った。

エカシは逝った。

が、そのアイヌ・イタㇰはこの世にある。

そのイタㇰが、日本語の文章のかたちをとって私たちの前に最初にあらわれるのは、一九三一年、正さん二〇歳のときのものである。

本書第一章「わが人生」の冒頭に収めた「夕暮」と、第四章「怒りを胸に」のやはり冒頭に収めた「土人保護施設改正について」がそれである。

もちろん本書は、正さんの著述のすべてを収め得たわけではなく、入手し得たものの数分の一を収め得たにすぎない。また御家族や編集委員の目にふれていないものも、メモやノートのかたちでこの世のどこかにあることもありうるだろう。が、現在のところ、一九三一年の二篇が社会に姿をあらわした最初のものであることは確かである。以後四〇年間、正さんの著述を見ることはできない。

その後の四〇年間、正さんはどうくらし、生きていたのだろう。それは、一九七〇年代、八〇年代に御自身が記された幾篇もの著述にあらわれてくるのだが、この時代は正さんにとっても日本や世界にとってもひじょうに大きな変動、激動の時期であった。そしてその渦中で、正さんは重要な生活的変転と内的自覚の展開を経験しながら、二十代、三十代、四十代と人間的成熟の度を深めている。

特に注目すべきことは、一九四〇年から四三年にかけて、二九歳から三二歳にかけての内原訓練所や満州開拓団での生活体験と、そこでの内的転換であろう。

正さん御自身が記されているように、満州(中国東北地区)はシャモによる圧迫も差別もない理想的なアイヌ村をつくれるはずの理想郷であったが、しかしその夢は無残に破れた。日本国内での差別から脱出したはずの自分が、今度は異民族を差別する側にあることを、ある事件を通じて痛感したというのである。一九四一年九月、正さん三〇歳のときであった。

差別されて苦しんだものが、自ら選んだとはいえ他国侵略の先兵になって差別する側に立ってしまったこととの矛盾。それを自覚させられた衝撃の大きさは、新潟港から満州渡航の船で出航してわずか三カ月後に開拓団を退団していることにあらわれている。大きい人間的転機であった。

一九四三年、正さん三二歳。一旦帰国してしづ夫人と結婚。二人で渡満したが、肺結核発病。その年の夏、帰国。苫小牧の病院へ入院。結婚、発病、帰国、入院と連続する生活的肉体的激動を経験されたのだが、翌四四年、病床にありながら農業会から六〇〇〇円の融資を受け、一六・六町歩の山林を買っている。第二次大戦末期の六〇〇〇円は大金である。「よくそんな大金を借りましたねえ。また貸す方もよく貸しましたねえ」、そう直接正さんにお聞きしたことがある。「いや、炭を焼いて返した。炭はいくらでも売れたからね」、こともなげに正さんは言った。

私は、とっさに貝澤正という人の性根のすごさを感じた。私は私なりに、炭焼きという労働のきつさを知っている。また当時の貨幣価値のレベルも覚えている。私の想像できないのは、金を借りるということ、しかも病気の身でありながらそういう大胆なことを考えつく人のすごさである。兵庫県神戸の棟割長屋に住む子沢山の労働者の家に育った私には、借金というものは自らの首を締めるものであり、家庭を崩壊させる悪因であった。また病気というものもそうであった。

「わたしの家もそうだったよ」、と正さんは言った。そして、「病床に寝ながらいっしょうけんめい考えたものだよ」とも言った。

貝澤正という人は、よく本を読み、よく勉強する人であったことは、小学生ころの御自身のことを書いておられるものなどにもよくうかがえる。そして正さん夫妻の労働ぶりは、二風谷の人たちの語り草のひとつでもある。しづ夫人が言った。「私の体には六回メスが入っている」。激しかった労働ぶりを思わせるひとつの例である。

いかなる生命体も、外に向って大きく展開するためには、自分の内に力を蓄積する長い蓄積期間が必要なのだろう。そしてその期間ののちに、外への展開のはじまったことを悟らせる独自のしるしが見えはじめる。ちょうど草花の蕾があらわれ、ふくらみ、やがてそれが開いて行くようにである。

正さんの場合、それは著述のかたちで見える。正さんは、いつもペンを持っている文筆業の人ではない。それだけに、よけい鮮明にそれが浮かびあがるのである。

一九六〇年代には、二風谷養豚組合結成と組合長就任(六一年)、二風谷生活館落成(六二年)、日高銘石保存会結成と会長就任(六四年)など、次第に集落での新しい産業の試みや行事の責任者になっている。

そして一九七一年の「近世アイヌ史の断面」の前後には、平取町議会議員当選(六七年)、北海道ウタリ協会本部理事(六八年)、二風谷アイヌ文化資料館初代館長(七一年)、北海道ウタリ協会副理事長(七二年)と町から全道規模へとその任がひろがっている。

そして正さん自身にとってもアイヌ・ウタリにとっても画期的な転機となる第一次アイヌ訪中団(七四年)が生れるのである。正さんはその団長となり、以後はじまるアイヌと外国の諸民族との相互訪問、交流の時代がひらかれるのである。本書第三章「世界をあるく・歴史をあるく」の時代である。以後七〇年代、八〇年代、九〇年代へと著述の量がふえ、記される内容も国内的なアイヌの復権運動から国際的な連帯へ、あるいは農林業的な生産生活者から環境破壊への抵抗者へ、あるいはアイヌ文化擁護者へと多面的な軌跡が展開して行く。

そのめざましさは、たとえば七〇年代はじめにはじめて正さんにお会いした私のようなものにも文字通り目を見張らせるものであった。

正さんがこの世に生れたのは、一九一二年。つまり二〇世紀の初頭であり、やがてロシア革命(一九一七年)に代表される世界的な社会的政治的経済的大変化の時代の到来時期であった。

北海道日高地方の一隅の村で生れ育った正さんも、その時代の子であった。

たとえば、一九二九年、労農党代議士山本宣治氏が暗殺されたことを知り、ショックを受けたと後に御自身で記されている。一七歳の少年のときであった。なぜ、ショックを受けたのか。その前年、父の熱望もあって海軍志願兵を受験するなど皇国史観の洗脳を受けはじめていたアイヌの少年に、新しい社会主義的労農運動のリーダーの死はどう映ったのか。

翌年、両親とともに沢の奥の造材山の仮小屋で暮らし、夏は山畑の作物づくり、冬は造材人夫となって働いていた正少年が、この年結成された北海道アイヌ協会(一九六一年、北海道ウタリ協会に改名)の機関紙に、「土人保護施設改正について」を投稿しているのである。

はじめてこの文章や同年書かれた「夕暮」を読ませていただいたとき、私は体がふるえた。「何とこの少年のイタク、言葉の、痛切にして繊細なることよ」、私はそう思い、言いようのない感動にふるえながら、また「栴檀《せんだん》は双葉《ふたば》より芳《かんば》し」と思ったことであった。それらは、後年の正さんのイタク、言葉のすべての要素をすでに備えているといってよいほどのものであった。

その痛切にして繊細な正少年の心、内的世界が、後年、しつようなまでに自分の祖先、自分の血脈のことを調べ、記しつづけ、さらには、自分のふるさとの村二風谷の山や川、田畑のこと、またさらには同胞アイヌの歴史をしつようなまでに調べ、記しつづけさせたのではなかったか。

もしも、そのような自分や同胞、さらにそれが生きるモシリ(大地)への痛切にして繊細な傾注の力・魂を知性と呼ぶとすれば、貝澤正という人は、まさにその知性の人であった。知性のアイヌ、人間であった。

アイヌ語で、アイヌ・ネノ・アン・アイヌ（人間・らしく・ある・人間）、人間らしい人間という言葉がある。そしてそう呼ばれるにふさわしい年輩者をエカシと呼ぶとすれば、貝澤正という人は、またまさにそのエカシであった。

その正エカシのイタㇰ、言葉が、諄々《じゅんじゅん》と、そして痛烈に、民族差別、環境破壊を告発する。


（民族文化映像研究所所長）

あとがき

最後まで多くの人々を煩わせる人だ。「生きているうちに本にまとめては」と言うと、「そのうち誰かがやるさ」と、手をつけようとはしなかった。

そのとおり誰かがやった。時間を費してくださった編集委員の方々、正への思いを綴ってくださった方々、発表された物を使わせてくださった出版社、寛大に出版を御快諾くださった岩波書店、とくに編集部の馬場公彦氏、そのほか多くの人々の協力で出版する事ができました。心から御礼申し上げます。

やはり、己れの想いを貫くために色々な人に迷惑をかけている。確かに経済的には並の生活はしていたと思うが、四六年間同じ屋根の下で生活していながら、よく用事があるものだと思うほどほとんど毎日のように出かけていて、家族の語らいの時間はほとんどなかった。アイヌから逃げた祖父のもとで、シサムと対等になるには学問だと、人一倍勉強し、幸い成績は良かったようだ。しかし、いくら成績がよくても、アイヌである事に変わりはなかった。

苦しい生活、きびしい労働、そしてアイヌ。父はそれらから逃げるために、「五族協和」に憧れ、夢をいだいて旧満州へ渡ったのではとさえ思う。色々な人々に会い、学んだようだが、やはり、「五族協和」はなく、アイヌである事は捨てきれず帰国した。

帰国して、アイヌは広く物を見る目を持たなくては、それにには教育がまず第一、次に経済的に豊かになる事、それらにより民族としての誇りが持てるようになると確信した。

人の話にはよく耳を傾けたが、自分の筋はほとんど変えず進んでいた父は、それだけにきらわれている反面、とことん支持、応援してくださった方も多い。

家族の団欒も二の次で本に向かい続けていたが、死に近づいた二、三年前からは、特によく私の農作業を手伝ったり、自分の山へナタとノコを持ち手入れに歩いていた。

最後にたどりついたのは、人間が生き続けるには、自然があってこそであり、今の資本家のための日本が、自然を何の恐れもなく壊していく事を恐れていた。

死の直前まで、戸塚美波子さんを応援しろ（弟子屈ゴルフ場反対）、水野利行さんを応援しろ（トマムリゾート開発反対）と言い続け、見舞いに来るマスコミの人達にも説いていた。

約五〇〇年の間、日本は北海道の資源を食いつくした。ニシン、シシャモ、サケ、マス、シカ、クマ等々の動物も失われつつある。そしてついには森林までをも。大自然の北海道といわれているが、北海道には大木はない。大木の生い茂る大森林などない。国立公園といわれている所、その観光道路から横へ百—二百メートル入って見ると、値の高い良い大木はほとんど見る事ができず、弱々しい木々が立っているだけだ。これだけ森・川・平野を破壊して、災害が起きないはずはない。

自然を食い、儲けた資本家・政治家に、今もなお儲けさせているのだ。日本全土で。二風谷ダム一つを見ても、海から二十数キロ。ここで何の洪水を調整するのか。やはり、資本家・政治家のためのダムなのだ。これは数百年続いたアイヌ民族への略奪の象徴であり、民族としての精神文化・言語をもほとんどすべて奪い、無気力にしようとしている現実なのだ。

そんな政府への父の最後の抵抗であり、国民への訴えであり、同族への誇りの欲求であるのが、「ダムが完成して潭水《たんすい》されるまで私は生きながらえるかどうか予想はつかないが、その時に私は先祖の残してくれた大地に小屋を建て、湖水の底の人柱となる決心を固めている。そうでもしなければ先祖の所へ行って何とも弁解しようもない。アイヌモシリ破壊を認めた責任をとらなければならない」(本書一九六頁)という決意だ。最後まで生きる事ができず、さぞかし無念であっただろう。でも死を感じていたのか、何事もほとんど私に同意を求めない父であったが、この事だけは最初から同意の上で進めてきた。「死んだら僕がやるよ」とは言ってはいたが、こんなにすぐに来るとは思ってもいなかった。

「自然があってこそ人間は生き続ける事ができる」――侵略者は驕りを捨て、この事をアイヌ民族を始めとする世界の先住民族に学ぶべきであろう。

アイヌみずから訴えなくてはと生きつづけた父のために、多くの人々の理解と協力で今出版でき、心より感謝と御礼を申し上げます。

一九九三年七月

貝澤耕一

岩波人文書セレクションに寄せて

あれから二〇年

父は生前、アイヌ民族の仲間が、日本人として、先住民族として、楽しく暮らせることを常に願って「二風谷ダムを盾にアイヌの声を国に届けるのだ」といつも言っていました。その父が逝って、もう二〇年がたとうとしています。目的を達成せず、逝ってしまった父はどれほど無念だったことでしょう。父は、沙流川の二風谷ダム反対を決意する前に私に、

「ダムに反対をしたいが、結論が出るには一〇年かかるか二〇年かかるか分からない。お父さんは最後まで生きていないかもしれない。おまえどう思う。」と問いかけ、

「いいよ、死んだら引き受けるよ。」と答えたものです。父も萱野茂さんも車の運転ができないために、つねに三人での行動となってしまいました。父の死後、その強い思いを託された私は、使命感に後押しされながら、ただ無我夢中でダム建設中止の裁判に挑みました。

原告の一人となった私は、法律にはまるで詳しくないのですが、ただ弁護士の先生方に任せっぱなしというわけにはいかず、農業の傍ら、にわかに勉強をしました。今思うと、私の人生で一番勉

強した時期でした。裁判というものは、私にとっては、未知のものだけに、思いもしない展開になっていきます。そのたびに弁護士先生たちと話し合いをしながら進めていきました。

平取町内の土建業者の社長は、私のところに、幾度となく通ってきて、

「今すぐ百万やるから、裁判を下りてくれ。」といいました。ダム建設作業員として働いている地域の人たちから、

「ダムが中止になったら俺達の生活の面倒をみるのか。」

「うちの会社では、アイヌを何人も使っている、馘にしてもいいのか。」などと、色々なことを言われました。一番大変だったのは、萱野さんが参議院議員になったときで、国を相手に裁判をしてもよいのかと悩み、裁判を下りる選択をせまられた時でした。和解の席も二度ほどもちましたが、被告側は、

「要求は一切認めない、迷惑を掛けたのだから謝罪せよ。」の一点張りだったので、もちろん決裂でした。国を敵に回したこの裁判は、目に見える形、見えない形で、色々な圧力や、疎外がありました。裁判中はつらいこともありましたし、国を相手に勝てるとも思えませんでしたが、どうしても、日本の司法の判断を仰ぎたかったたし、司法は、人の心を持っていると信じたかったのです。無償で応援して下さった一五人の弁護士の先生方に応えるためにも
「あまりにも日本政府は、非道である。勝てない裁判ではあるが、この事を世に知らせよう。」と、決意をしました。

私は、陳述で次のように述べました。

「……皆さんが大事にしている物を奪われたら、皆さんはどうしますか。もちろん反対するでしょう。私の父がダムに反対したのはお金のためではありません。アイヌの心を和人の人々にも分かってほしかったからです。裁判の過程の中で、二風谷がどのような場所であり、そこでどのような人々が住んでいるかお分かりになったと思います。

アイヌがこの北海道に先住していた民族である事も分かっていただけたと思います。

私たちは、数では絶対的に少数です。民主主義は多数決で物事を決めることになっていますが、多数決で物事を決められたらアイヌの言い分は通らないのです。幸い、裁判所は原告と被告を対等に扱って下さいました。大塚先生、田端先生、相内先生には貴重な証言をして頂きました。裁判所もアイヌ民族のことについてよく理解していただけたと思います。

私たちが大切にしてきた場所を壊したり、水没させるとは何事でしょう。裁判所はこのことをよく見てください。できれば、二風谷にも来ていただきたかったと思います。

ダムを造るための手続きはよく分かりませんが、何一つ抜かりなく行われているでしょう。しかし、その手続きの中で、私たちは萱野さんが一回、私の父が一回意見を述べただけです。もっと二風谷にダムを造ることの意味を考えてほしかったと思います。今からでも遅くはありません。アイヌの言い分をよく聴いて判断して頂きたいと思います。

北海道には、アイヌという和人と違う文化を持った民族がいるのです。

このことを訴えて私の陳述とします。」(平成八年一二月一九日)

一九九七年三月二七日(平成九年)札幌地方裁判所において一宮和夫裁判庁裁判官は主文を言い渡した後、異例とも思われる判決理由の骨子、判決理由の要旨を読みあげました。

骨子は次のようなものでした。

1 土地収用法に基づく収用裁決の取消訴訟において、先行処分である事業認定の違法性を争い得る。その場合の判断基準時は事業認定であると解される。

2 国は、先住少数民族であるアイヌ民族の独自の文化に最大限の配慮をなさなければならないのに、二風谷ダム建設により得られる洪水調節等の公共の利益がこれによって失われるアイヌ民族の文化享有権などの価値に優越するかどうかを判断するために必要な調査等を怠り、本来最も重視すべき諸価値を不当に軽視ないし無視して、本件事業認定をなしたのであるから、右認定処分は違法であり、その違法は本件収用裁決に承継される。

3 しかし、既に二風谷ダム本体が完成し湛水している現状においては、本件収用裁決を取り消すことは公共の福祉に適合しないと認められるので、事情判決とすることとする。

そして、判決理由の要旨の最後は、

「よって、本件収用裁決は違法であるが、行政事件訴訟法三一条一項を適用して、原告らの本訴訟をいずれも棄却するとともに本件収用裁決が違法であることを宣言することとする。」としめくくられました。

判決が読み上げられていく時の、驚きと喜びは、今も脳裏に強く焼きついています。主文で「棄却」との言葉を聴いた瞬間私は、

「えっ、何が認められたのか」と聞き入りました。アイヌ民族は先住民族と認められて、アイヌ民族の文化享有権が認められ、二風谷ダムは違法ダムとして残ることになりました。法廷内は騒然となり裁判官が静止する中、裁判は終わり、私は、こみ上げる物を抑える事はできませんでした。

やがて、我が家にも日常が戻り、ふと二風谷を見ると、何も変わっていませんでした。裁判中にも着々と建設が進んでいたダムは、違法ダムとは言われてもそのまま残っていましたし、あれだけマスコミが騒いだのに、判決を知る人も、気にする人もあまりいませんでした。あの裁判は何だったのだろうという、思いの日々が続きました。

それは一〇年かけて少しずつ変わっていました。二〇〇一年ごろから、二風谷ダムの完成以来延び延びになっていた、沙流川の支流の額平川に造られる予定になっている平取ダムが着工の気配が見えてきました。二〇〇二年の春、このままでは二風谷ダムの二の舞になってしまいそうな状況の中、二風谷ダム裁判で勝ち得た判決文を持ち、自然保護団体の人たちと一緒に、室蘭開発に話合いに行ったのです。その席上で、二風谷ダムが、ダム建設地域に営々と育まれてきたアイヌ文化を無視して建設され、裁判によって、違法ダムになった事を問うと、

「二風谷ダム判決は何も考慮していない。」との回答なのです。私は、判決の骨子、要旨を読み上げ、地域住民によるアイヌ文化に関する環境調査のやり直しを申し入れ、帰って来たのでした。

その結果かどうかは分かりませんが、二〇〇三年度から、平取ダム建設地域のアイヌ文化環境調査が始まりました。国側が行うこの手の調査は、都合のよい内容を既成事実とするための調査に終わってしまう懸念がありました。一方的な見地からの調査にならずに、色々な立場の人達の意見が反映されるように、私は家業の農業を縮小して、調査に加わることにしました。十数名の調査員は地元から採用され、ダム審議委員はウタリ協会平取支部の役員と平取町議員、大学教授などで構成され、アイヌ文化環境調査が始まり、現在も続いています。調査とともに、平取町の山奥なのにもかかわらず、アイヌ文化の痕跡が次々に明らかになりました。ダムによって失われる、アイヌ文化は膨大なものになってしまうことになります。

二風谷ダム完成から約一五年、ダム建設の影響がだんだん見えてきました。アイヌ文化ばかりでなく、自然への影響も計り知れません。建設以前に一部の学者が警告していたように、常に崩れやすい土質の沙流川に作られた二風谷ダムは、二〇〇三年の一度の大水をきっかけに、完成からあまり時間の経たないうちに、少し大きめの砂防ダムとなってしまいました。

恐ろしいことに、最初はあれほど違和感のあった、ダムのある風景も一五年毎日見ているためか、今ではあまり感じなくなっています。私達はダムができる以前の風景を懐かしく思い出しますが、子供達にとってのふるさとの風景は、ダムのある二風谷だと思うと、情けなくて、さびしくなります。

私が飲める口なのはどうやら、父親似のようです。アイヌモシリ(現世)では、酒を交わしながら語らうことなど、めったになかった親子でしたが、私もカムイモシリに行くときが来たら、その後の、あれやこれやと、一日や二日では語りつくせぬ話題がありそうなので、ゆっくりと語らいたいものだと、今から楽しみにしています。

私達には、次の世代へより良いものを残す義務があります。今一度立ち止まり、考えてみましょう。

二〇一〇年一〇月

貝澤 耕一

■岩波オンデマンドブックス■

アイヌ　わが人生

1993年7月28日　第1刷発行
2010年12月10日　人文書セレクション版発行
2015年8月11日　オンデマンド版発行

著　者　貝《かい》澤《ざわ》　正《ただし》

発行者　岡本　厚

発行所　株式会社　岩波書店
〒101-8002 東京都千代田区一ツ橋2-5-5
電話案内 03-5210-4000
http://www.iwanami.co.jp/

印刷／製本・法令印刷

© 貝澤耕一 2015
ISBN 978-4-00-730258-9　Printed in Japan

貝澤正年譜

1　この年譜は，本書に収録した貝澤正の著述を読む際の参考にしていただくために作成したものである．

2　この年譜の作成にあたっては，貝澤正が自らの生涯における重要な出来事について記したノート（1983年フィルムアート社刊の記入式『自分史の本』に記述したもの．1991年6月23日までの書き込みがある）および貝澤正の著述をもとに，『二風谷』（二風谷自治会，1983年），『平取町史』（平取町，1974年），関係新聞記事などの文献を参照した．また，正の遺族による校閲をえた．

なお，表記上の繁雑さを避けるために，逐一の出典は記載しなかった．

3　上記『自分史の本』への正の記述は，その時その時における正自身の体験や実感を表現しているので，適宜その一部を年譜中に引用した．引用箇所は「　」で括って表記した．

4　本年譜の作成は，米田秀喜と小川正人が行った．最終的な文責は米田にある．

1912年（大正元）　11.18 北海道沙流郡平取村大字二風谷村（現平取町字二風谷）に生まれる．父与治郎・母ヘカスヌ．誕生は祖父ウエサナシの家でだった．正は7男2女の長男．

1919年　4.- 二風谷尋常小学校に入学．　6歳

1925年　3.- 二風谷尋常小学校卒業．卒業生代表で答辞を読む．4.- 平取尋常高等小学校高等科入学．二風谷小学校卒業生11名の中で高等小学校への進学は4名．内アイヌは正1人．「着物に下駄を履いての通学．講談本を友人から借りて登下校の際歩きながら読む」．　12歳

1927年（昭和2）　3.- 平取尋常高等小学校高等科卒業．平取の青年訓練所に入所．

8.- 正の生涯に大きな影響を与える穂坂徹，平取尋常高等小学校二風谷特別教授場教員（代用教員）として二風谷小学校に着任．

12.- 二風谷小学校で穂坂が指導する青年夜学校開講．「先生2人と生徒10人位」．　14歳

1928年	海軍志願兵を受検．学科は合格するが，身体検査で落ちる．右手が，人差し指のつけ根の傷で握力を失っていたため．　15歳
1929年	3.5「労農党代議士山本宣治の暗殺を知りショックをうける」．　16歳
1930年	このころ二風谷カンカン沢奥の造材山で両親と共に仮小屋生活をし弟・妹たちと別居．夏は畑仕事(主にイモ・カボチャを栽培)，冬は造材．　17歳
1931年	3.-「土人保護施設改正に就いて」を『蝦夷の光』2号に発表．同誌は前年に結成された北海道アイヌ協会の機関誌．3.2 札幌で開かれた全道アイヌ青年大会に平取の平村幸雄氏に連れられて参加．「アイヌの人々の雄弁に驚く」．バチェラー八重子に，札幌に出て勉強しないかとさそわれる．また，『蝦夷の光』3号応募原稿「夕暮」中の表現「メノコ共」は，まずいとたしなめられる．　18歳
1932年	2年連続の凶作で，救済土木工事が行なわれ川砂利の箱背負に従事．日当50銭．その後，三井山林で冬山造材の人夫として働く．日当80銭，食費50銭．徴兵検査を受け甲種合格となる．　19歳
1933年	沙流川上流の造材飯場をめぐり働く．　20歳
1934年	「父与治郎，村では初めて乳牛を飼う」．　21歳
1938年	弟与一，利一，満蒙開拓青少年義勇軍に入隊し中国大陸に渡る．　25歳
1940年	穂坂徹，満蒙開拓義勇軍幹部として中国大陸へ(前年他校への転勤命令を機に退職し，農業へ転じていた)．9.- 弟芳夫とともに茨城県内原の青少年義勇軍幹部訓練所に入所．　27歳
1941年	拓務省満州移住協会を通じて開拓団の紹介を受ける．6.- 新潟港を出航し，中国大陸佳木斯に入植．9.- 開拓団の実態に幻滅し，民族差別事件を契機に退団を決意．満州拓植公社長発屯弁事処の雑役夫に．　28歳
1942年	弁事処の閉鎖にともない，処長の山崎昇が中国人資本家と組んで始めたジャガイモ農場・でんぷん工場に就職．月俸50円．　29歳
1943年	1.- 満州から二風谷に一時帰郷．2.11 平村しづと結婚．平取義経神社の拝殿で式を挙げ，数日後2人で再び中国大陸へ．このころから微熱が続く．7.- 肺結核の治療のため日本へ戻り，苫小牧の病院へ入院．11.- 退院．以後，自宅療養を続ける．　30歳
1944年	2.- 農業会から6000円を借り16.6町の山を買う．3.12 長女幹子誕生．10.1 屋根裏から出火，自宅を全焼．「娘を外にのがし，

丸テーブルを外に出すだけがやっとだった」. 31 歳

1945 年 4.1 応召して横須賀の海兵団に入団. 病気のために 1 週間で帰郷. 「途中下車は禁止されたが上野駅周辺だけを見る」「帰路のため用意したパンは即日取り上げられ帰り際には石けんも出さされた」. 32 歳

1946 年 1.13 長男耕一誕生.「父は孫の名前を考え雪の上に光一を書並べたので父の希望を入れて命名した」. 2.24 静内町において「全道アイヌ大会」が開かれる. 3.13 社団法人「北海道アイヌ協会」創立. 農地改革法により農地委員を選出する初の選挙で小作側委員として当選. 乳用牛の種牛を飼養(当時平取町内でも種牛を飼っている人は少なかった). 33 歳

1947 年 平取村村議会選挙で二風谷より貝澤善助初当選. 正は選挙活動の責任者として采配. 4.25 新憲法制定後初の衆議院選挙において投票立ち会い人をつとめる. 12.- 二風谷に電灯がつく. 電気期成会の一員として奔走.「運動に食料持参で札幌・室蘭に通う」. 34 歳

1948 年 7.10 次男二郎誕生. 9.23 静内町で社団法人北海道アイヌ協会総会. 叔父の貝澤松雄に連れられて参加. 35 歳

1949 年 中国大陸から引き揚げ, 平取の兄のもとに身を寄せていた穂坂徹を「強引に二風谷校に着任させた」. 36 歳

1950 年 穂坂徹, 二風谷小学校の校長に. 7.5 次女道子誕生.「我が家の農業経営　正・しづ・幹子・耕一・二郎・道子・与治郎・ヘカスヌ・辰男・昭七・妙子・謙三・きみ江」,「農耕馬 3 頭・乳牛 4 頭・めん羊・豚・ニワトリ, 耕地 6.7 反, 畑作 19 種類, 水田 4 反, 牛乳 21.1, 個体 11.3, 農産 36.3, 合計 73.7 千円　税金 2.7 千円」. 37 歳

1951 年 乳牛の多頭飼育を始める. 38 歳

1952 年 貝澤正ほか二風谷の農家 2 名, 大豆多収穫共励会で全道一となる 39 歳

1953 年 「苫小牧王子製紙工場, 沙流川上流からの丸太散流の補償として, 川向いへの吊り橋を架ける. 人間が歩くだけのもの」. 二風谷の安田治男・黒田一彦・貝澤正が共同で外国製の畑作用トラクターを導入. 平取では一番早かったといわれる. 40 歳

1954 年 二風谷小学校改築. 村人総出の労力奉仕による. 日高支庁管内初のブロックづくり. 風呂場, 水洗便所もある学校としてマスコミにも紹介された. 41 歳

1959年　二風谷の貝澤松太郎が平取町議に初当選．正はこの時もこれまでと同様選挙責任者をつとめる．　46歳
1960年　北海道アイヌ協会再建大会．翌年の総会で北海道ウタリ協会と名称を変更．　47歳
1961年　二風谷共同養豚組合結成，組合長に就任．貧困対策として貸し付けられる世帯更生資金30戸300万円の資金を活用し，養豚センター建設．6.22 父与治郎病気（胃癌）により死去．　48歳
1962年　1.26 二風谷生活館落成式がアイヌプリ（アイヌ式）でおこなわれる．この生活館は全道で初めてのものであり，地域の集会や木彫講習の場として利用された．旭川の五十嵐広三（後の旭川市長，衆議院議員）に協力を依頼し，木工芸指導の講師を招く．　49歳
1964年　1.- 沙流川銘石ブームを受けて，庭石・鑑賞石の採取販売業者の団体である日高銘石保存会を結成，会長に就任．以後，関係者や地域の人たちから「会長」と呼ばれるようになった．平取町長選挙に二風谷小学校の校長だった穂坂徹を推して運動するが敗北．穂坂は札幌に転出．二風谷共同養豚事業経営不振のため組合解散し町へ移管．「借財の過半を背負わされた」．　51歳
1966年　N.G.マンロー旧邸が北海道大学文学部北方研究施設（通称マンロー館）となる．正はマンロー記念館建設協力会副会長．　53歳
1967年　2.8 平取町議会議員に初当選．選挙責任者は萱野茂．2期8年間在職．北海道ウタリ協会総会において議長をつとめる．　54歳
1968年　5.27 北海道ウタリ協会本部理事となる．9.26 金田一京助の歌碑除幕式．記念講演会も開催．正が会長をつとめる日高銘石保存会が建設主体．11.5 二風谷小学校創立75周年記念式典．アイヌの歌人違星北斗の歌碑除幕式をアイヌプリで行なう．正は記念事業協賛会の副会長．　55歳
1969年　二風谷養鯉組合設立（組合長貝澤正）．沢水を利用した池で鯉の養殖を試みたが，技術のなさと需要の低迷からすぐ行き詰まり，3年後平取町淡水魚養殖組合へ移管．　56歳
1971年　1.20 二風谷アイヌ文化資料館建設期成会発足，会長となり萱野茂とともに資金調達などに奔走．4.1 貝澤正を会長に二風谷老人クラブ発足．4.25 平取町議会議員2期目当選．「沙流川水系沙流川総合開発計画（二風谷ダム建設計画を含む）」発表．11.20 平取町去場出身の作家鳩沢左美夫を偲んだ文章「対談「アイヌ」のこと」を『日高文芸』第9号に発表．11.- 二風谷アイヌ文化資料館落成．初代館長となる．12.13 資料館でアイヌプリの完成内祝

い．その席で母のヘカスヌ倒れ，「正の腕の中で息を引きとった」．
58 歳

1972 年　5.－ 北海道ウタリ協会副理事長に就任．7.9 次男二郎死去．平取町より『平取町史』編集委員を委嘱される(町史は 1974 年 3 月に出版)．　59 歳

1973 年　商店街の振興をはかるため貝澤正を会長に二風谷商工振興会発足．12.－ 岡田春夫(衆議院議員)らの紹介で駐日中国大使陳楚氏二風谷来訪．「シシャモをしゃぶりながら村の人と懇談」．　60 歳

1974 年　2.20－3.13 北海道アイヌ中国訪問団(第 1 次アイヌ訪中団)15 名の団長として，北京・上海・杭州・内蒙古などを訪問．12.－ 金田一春彦より二風谷アイヌ文化資料館に寄贈された金成まつ筆録ユーカラノート 75 冊を受けとるために萱野茂とともに上京．
61 歳

1975 年　4.－ 平取町議会選挙で二風谷から萱野茂初当選．選挙責任者は貝澤正．　62 歳

1976 年　2.17－3.9 第 2 次アイヌ訪中団一行 15 名に長男耕一が秘書長として参加．ウタリ協会の機関誌『先駆者の集い』第 11 号より「歴史をたずねて」の連載を開始．1984 年発行の同誌 35 号掲載の第 19 回目まで，ほぼ毎号にアイヌ史関係の記事を寄せた．
63 歳

1977 年　9.11 旧土人保護法による給与地に関する調査に同行し厚岸町に．11.3 自治功労者として平取町から表彰される．　64 歳

1978 年　7.25－8.2 北海道アイヌとアラスカエスキモーとの文化交流団の一員としてアラスカのバローなどを訪問．団長北海道ウタリ協会理事長野村義一．萱野茂も同行．9.25－26 旧土人保護法による給与地に関する調査に同行し浜益村へ．第 3 次アイヌ訪中団に妻しづと長女幹子が参加．　65 歳

1979 年　4.1 北海道教育委員会より金成マツノート整理事務の委嘱．
66 歳

1980 年　北海道新聞のノンフィクション「北海道に生きて」作品公募に応募するため「我が家の歴史」を執筆．　67 歳

1981 年　5.29－6.7 旧満拓関係者一行とともに中国佳木斯訪問．妻しづ同伴．11.20－25 北海道連合遺族会主催の沖縄戦跡巡拝と北霊碑慰霊祭にウタリ協会派遣団(第 1 回沖縄戦没者キムンウタリの塔慰霊祭一行 23 名)の団長として参加．現地でイチャルパ(先祖供養)を実施．　68 歳

1982年　北海道ウタリ協会が刊行を計画した『アイヌ史』の編集委員会準備委員長となる．　69歳

1983年　1.- 二風谷自治会，二風谷の歴史等をまとめた『二風谷』を発刊．正は1978年以来，編集委員長として執筆・編集にあたっていた．7.1 北海道教育委員会よりアイヌ教育研究協議会の委員を委嘱された．この協議会は，教育の場におけるアイヌの歴史・文化の指導のあり方などを検討するために設置された．9.1『アイヌ史』編集委員会発足．委員長となる．11.6—11.20 第4次アイヌ訪中団(一行10名)の団長として北京・昆明・桂林を訪問．　70歳

1984年　2.10 北海道ウタリ協会の活動で長く苦労をともにした協会本部事務局長葛野守一死去．5.27 北海道ウタリ協会総会が「アイヌ民族に関する新しい法律(案)」を承認し，新法の制定と同時に「旧土人保護法」の廃止を国に対して要望することを声明．正は協会理事によって構成された新法問題特別委員会の委員として，この法律案の取りまとめに加わった．6.17—29 北欧サーメ民族との交流を目的にフィンランド・スウェーデン・ノルウェー・デンマークを訪問．白老民族文化伝承保存財団の山丸武雄団長ほか一行15名．12.5 世界人権宣言札幌集会がホテル・ニューオータニで開かれ，アイヌ問題で報告．　71歳

1985年　4.20—26 中国東北地区訪問．浛濱・佳木斯・北京．妻しづ，妹の青木とき同伴．7.18「中日友好協会名誉会長王震先生来道歓迎会に出る．8.25—26 娘道子らと富士登山．9.23—28 韓国訪問．在日韓国人訪問団とともに．妻しづ，娘幹子，青木とき・政子(ときの娘)同伴．　72歳

1986年　4.14 二風谷観光振興組合設立総会．組合長となる．9.8—15 社会党友好訪問団の一員として，ソ連サハリン訪問．妻しづ，青木とき同伴．9.21 マンロー墓碑建立．入骨式を行なう．　73歳

1987年　4.- 平取アイヌ文化保存会(会長萱野茂)の顧問となる．保存会は1951年に国の重要無形民俗文化財の指定を受けたアイヌ古式舞踊をはじめ，アイヌの伝統的な生活文化を保存伝承することを目的とした活動を行なう団体．6.20—30 ハワイで開かれた太平洋地域先住民族会議に萱野茂と出席．7.7—11 種子島・屋久島を旅行．主な目的は屋久島の縄文杉．8.5 白老で開かれたアイヌ民族文化財専門職員等研修会(北海道ウタリ協会主催)において「いまなぜアイヌ民族の新法を求めているか」をテーマに講演．11.5 平取町二風谷アイヌ語教室第1回運営委員会において委員長に選

ばれる．このアイヌ語教室は，それまで萱野茂が私塾として運営してきたアイヌ語塾にたいして，北海道から補助金が出されるようになったことを契機に発展的に改組され，ウタリ協会平取支部の事業として行なわれるようになったものである．以後，正は亡くなるまで運営委員長の任にあり，時には講師もつとめた．
74 歳

1988 年 2.15 二風谷ダム用地買収に応ぜず北海道収用委員会で申し立て意見を陳述．3.19 貝澤正が編集委員長をつとめる『アイヌ史』の刊行が始まる(資料編 1 から順次)．8.3 札幌で開かれたアイヌ文化財専門職員等研修会(北海道教育委員会主催)において「沙流川周辺におけるアイヌの歴史と今」をテーマに講演．11.5 二風谷小学校開校 100 周年記念式典．協賛会会長として「式辞」．11.6—11 韓国民俗村視察研修団の団長として韓国訪問．妻しづ同伴．
75 歳

1989 年（平成元） 2.3 北海道収用委員会，ダム建設のため国による二風谷川向いの農地強制収用を認める裁定．5.9—13 ソ連アムール川流域のナナイ民族との交流．萱野茂，札幌の豊川重雄，樺修一の各氏同伴．7.9—16 台湾で開催された「原住民と観光国際討論会」に参加．孫の新井かおり，通訳として同伴．8.7—11 札幌・平取・釧路を会場に「世界先住民族会議(実行委員長萱野茂)」が開かれ，主にアジア・太平洋地域の先住民が参加．二風谷会場における分散会で，正はダム問題を中心に報告．9.17 札幌市で開催された「はまなす国体」開会式に招待され出席．10.25 札幌で開かれたアイヌ文化財専門職員等研修会(北海道教育委員会主催)で「アイヌ文化と博物館について」をテーマに講演．
76 歳

1990 年 2.13—14 ニュージーランド・マオリ民族のマオリ土地裁判所長エドワード・ドゥーリー夫妻が二風谷に来訪．民宿二風谷荘での交流会の閉会あいさつにおいて，正はアイヌの若者の奮起を強く促す発言．8.20 直腸にポリープが発見されたため苫小牧王子病院入院．9.20 手術．10.13 退院．10.22 穂坂徹，札幌で死去．「心のよりどころを失う」．
77 歳

1991 年 3.8 二風谷ダム建設問題で，建設省において意見陳述．5.16 王子病院に再入院し検査．6.21 退院．6.23 虎丈浜温泉ホテルにて「子孫一同参集，退院祝と懇親会」．8.20 二風谷チプサンケ(舟おろしの祭り)．9.23 静内シャクシャイン法要祭に病気をおして参加．これらの行事は，正が毎年可能なかぎり出席してきた行事

であり，これが最後となった．9.20―22 長男耕一らとともに道東方面を旅行．本人の希望で，ナショナル・トラストなどの自然保護活動に取り組んでいる人たちに会ったり，木炭製作やきのこ栽培を通じた地域おこしの状況を視察．11.9 三井物産社長宛に書状を送る．11.16 建設省の土地収用問題の担当官による二風谷ダム現地検証に入院していた苫小牧の病院から駆けつけ立ち会う．
78 歳

1992 年　1.4 萱野茂に参議院比例代表区への立候補（日本社会党から）について助言し激励．2.3 苫小牧王子病院にて逝去（直接の死因は肝不全）．葬儀はウタリ協会平取支部葬．本人の遺言によりアイヌプリを基本にしておこなわれた．
79 歳

（米田秀喜・平取町立二風谷アイヌ文化博物館学芸員）
（小川正人・北海道大学教育学部大学院博士課程）